HISTORIA UNIVERSAL

roma
grecia
albania

HISTORIA UNIVERSAL

DK

DK | Penguin Random House

Una producción de cobalt id para DK
www.cobaltid.co.uk

Edición Marek Walisiewicz y Johnny Murray
Diseño Paul Tilby y Paul Reid
Coordinación editorial Hugo Wilkinson
Coordinación de arte Duncan Turner
Coordinación editorial Angeles Gavira Guerrero
Dirección de edición de arte Michael Duffy
Coordinación de producción Robert Dunn
Producción Meskerem Berhane
Diseño de cubierta sénior Surabhi Wadhwa-Gandhi
Diseño de cubierta sénior Sophia MTT
Maquetación Ashok Kumar
Dirección de arte Karen Self
Dirección de diseño Phil Ormerod
Subdirección de publicaciones Liz Wheeler
Dirección de publicaciones Jonathan Metcalf

De la edición española
Coordinación editorial Marina Alcione
Asistencia editorial y producción Malwina Zagawa

Publicado originalmente en Gran Bretaña
en 2022 por Dorling Kindersley Limited
DK, One Embassy Gardens, 8 Viaduct Gardens,
London, SW11 7BW

Parte de Penguin Random House

Título original: *Timelines of World History*
Primera edición 2022

Servicios editoriales: deleatur, s.l.
Traducción: Antón Corriente Basús y José Luis López Angón

ISBN: 978-0-7440-6432-2

Impreso en Emiratos Árabes Unidos

Para mentes curiosas
www.dkespañol.com

MIXTO
Papel | Apoyando la selvicultura responsable
FSC™ C018179

Este libro se ha impreso con papel certificado por el Forest Stewardship Council™ como parte del compromiso de DK por un futuro sostenible. Para más información, visita www.dk.com/our-green-pledge.

COLABORADORES

Tony Allen
Tony Allen es autor de numerosas obras de divulgación sobre historia, y fue el editor de los 24 volúmenes de *Time-Life history of the world*.

Kay Celtel
La autora e historiadora Kay Celtel ha escrito muchas obras populares sobre temas diversos, de la historia a la arquitectura, la cultura y la literatura.

R. G. Grant
El historiador R. G. Grant es un autor prolífico de libros para público adulto e infantil sobre aspectos muy diversos de la cultura, la tecnología y la guerra.

Ann Kramer
Es licenciada en historia por la Universidad de Sussex, y en su obra ha tratado desde la experiencia de las mujeres en la guerra hasta la historia afroestadounidense.

Philip Parker
Philip Parker historiador especialista en el mundo medieval, ha escrito libros sobre los romanos y los vikingos, entre otros muchos temas, y varios atlas históricos.

Marcus Weeks
El músico y autor Marcus Weeks ha escrito y colaborado en muchos libros sobre filosofía, artes e historia del mundo antiguo.

ASESORES

Michael Fisher
Profesor emérito de historia Robert S. Danforth en el Oberlin College (EE UU).

Connor Judge
Investigador posdoctoral de estudios chinos de la Universidad Somaiya Vidyavihar (India).

Tyesha Maddox
Profesora de historia africana de la Universidad de Fordham (EE UU).

Angélica Baena Ramírez
Exprofesora y doctora de historia en la Facultad de Estudios Superiores Acatlán de la Universidad Nacional Autónoma de México (UNAM). Investigadora y profesora invitada de la UNAM-UK y la UK Mexican Arts Society.

CONTENIDO

ВООРУЖЕННОЕ
ВОССТАНИЕ
В МОСКВЕ.

日本
日経平均
香港

Encargado por el emperador mogol Sah Yahan como mausoleo para su tercera esposa Mumtaz Mahal, el Taj Mahal, en Agra (India), es de mármol blanco y simetría perfecta, y se considera la culminación de la arquitectura indoislámica. Comenzado en 1632, tardó 16 años en completarse.

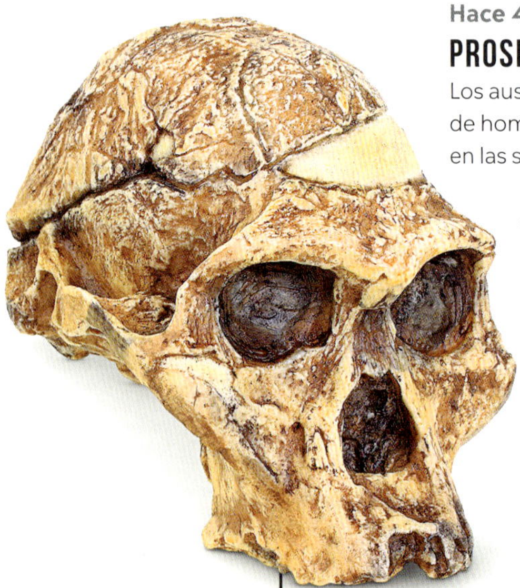

Hace 4 Ma

PROSPERAN LOS AUSTRALOPITECINOS

Los australopitecinos, un género antiguo de homininos bípedos, empiezan a prosperar en las sabanas de África.

◁ **Réplica del cráneo de *Australopithecus africanus*,** llamado Sra. Ples

Hace 1,9 Ma

USO DE HERRAMIENTAS ESPECIALIZADAS

Fruto de la evolución de los australopitecinos, *Homo erectus* era reconociblemente distinto de los anteriores antepasados simiescos de los humanos. Desarrolló la técnica de trabajar la piedra para crear útiles sofisticados para cortar y cazar y, hace aproximadamente un millón de años, aprendió a dominar el fuego.

△ **Bifaz de piedra** del Paleolítico inferior

HACE 4 MA

Hace 2,5 Ma
Surge *Homo habilis*, que emplea útiles simples de piedra.

Hace 300 000 años
Los primeros *Homo sapiens* aparecen en África.

▷ **Restos fosilizados,** sin el cráneo, de un joven neandertal

Hace 400 000 años

APARECEN LOS NEANDERTALES

Los primeros neandertales —nombre derivado del valle de Neander (Alemania) donde fueron descubiertos en 1856— se hallaron en Europa y Asia, donde prosperaron, bien adaptados al clima frío, hasta hace unos 40 000 años. Contrariamente a la extendida idea de que eran brutos primitivos, los neandertales estaban dotados de inteligencia e inventiva, eran hábiles fabricando herramientas, ropa y calzado, y enterraban a los muertos.

Hace 46 000–40 000 años

PRIMERAS PINTURAS RUPESTRES

El arte figurativo más antiguo conocido del mundo, de hace más de 45 000 años, se descubrió en las paredes de cuevas en la isla de Célebes (Indonesia). Aunque existe arte no figurativo anterior, este se considera el inicio del periodo de la pintura rupestre en varios lugares de Indonesia, Francia y la península Ibérica. Al mismo tiempo aparecen las primeras esculturas figurativas en Europa, talladas en hueso, marfil y piedra.

◁ **Pintura** de la cueva de Chauvet (Francia)

Hace 200 000 años
***Homo sapiens* comienza** a migrar desde África hasta Asia y Europa.

Hace 62 000 años
El arco y la flecha sustituyen a la lanza para la caza menor.

10 000 A. C.

Hace 18 000 años
La cerámica se desarrolla en China.

◁ **Casquete polar** durante la última glaciación

Hace 113 000 años

COMIENZA UNA GLACIACIÓN DE 100 000 AÑOS

La aceleración del cambio climático iniciado hace unos 200 000 años marcó el inicio de la última glaciación, que duraría más de 100 000 años. Al irse intensificando el fenómeno, fue desplazando a las poblaciones humanas en dirección al sur.

Hace 14 000–12 000 años

PRIMEROS ASENTAMIENTOS HUMANOS

A la última glaciación le siguió un periodo de rápido calentamiento y grandes cambios climáticos. Se extinguieron animales grandes adaptados al frío (como el mamut), escaseó la caza mayor y las nuevas condiciones obligaron a las poblaciones humanas a adaptarse. Algunas abandonaron la vida nómada de cazadores y recolectores, y se asentaron en comunidades pequeñas, donde se desarrollaron técnicas como la cerámica para fabricar utensilios.

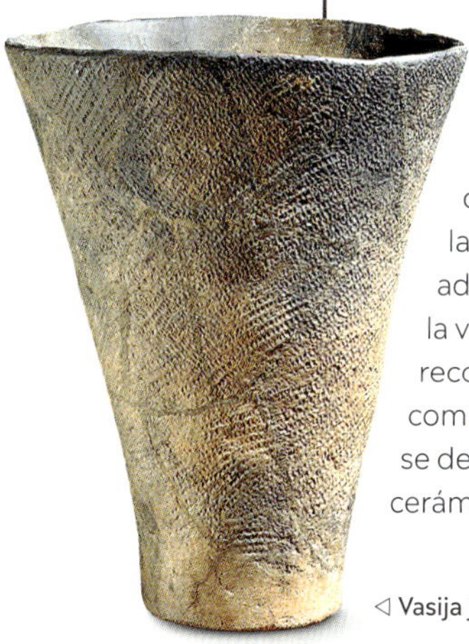

◁ **Vasija jōmon** reconstruida (Japón)

c. 4100-2900 a. C.

CIUDADES-ESTADO EN MESOPOTAMIA

Una de las civilizaciones más antiguas, Sumer, se desarrolló a partir de uno de los asentamientos de la región entre los ríos Tigris y Éufrates (actual Irak). Estos pasaron de aldeas a centros urbanos mayores, siendo el más importante, Uruk, la primera ciudad propiamente dicha, y el centro político y cultural de la región. En su apogeo, la ciudad-estado de Uruk tuvo hasta 80 000 habitantes, de los que la mitad vivía en la propia ciudad.

▷ **Templo Blanco de Uruk,** recreación moderna

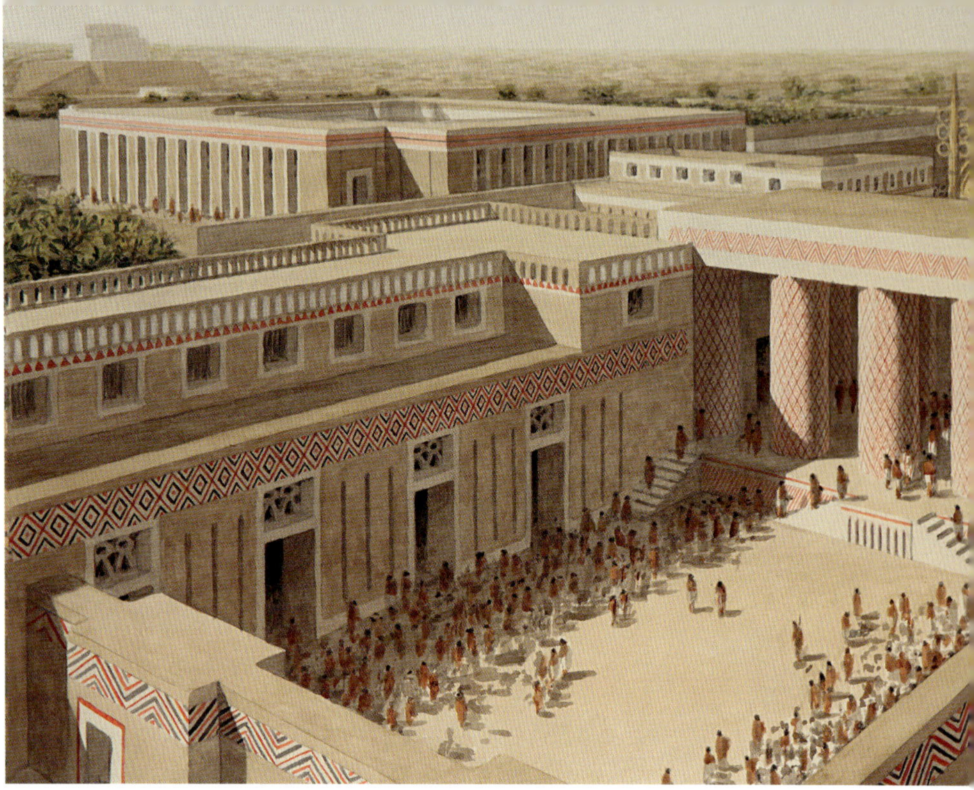

10 000 A. C.

c. 5500-2800 a. C. **De los asentamientos en el valle del Indo** nace la antigua civilización de Harappa.

c. 8000 a. C. **Asentamientos amurallados** como Jericó se protegen de inundaciones, además de invasores.

c. 5000-3520 a. C. **Asentamiento en aldeas** a comienzos del periodo Jōmon en Japón.

Los primeros metales trabajados fueron el oro y el cobre.

c. 9500 a. C.

TEMPLOS DE GÖBEKLI TEPE

En el yacimiento del sureste de Turquía hoy conocido como Göbekli Tepe se construyó un círculo complejo de pilares de piedra, en forma de T y con intrincadas tallas, insertos en cavidades abiertas a medida en el suelo de roca. Se cree que la disposición circular tenía fines religiosos o rituales, en cuyo caso sería la estructura más antigua del mundo de esta naturaleza.

◁ **Templo circular** de Göbekli Tepe

3100 a.C.
NARMER UNIFICA EGIPTO

Los dos reinos del Alto y Bajo Egipto fueron unificados por Narmer (también conocido como Menes), fundador de la dinastía I y primer faraón del Periodo protodinástico de Egipto. Este gran logro fue conmemorado en las imágenes y jeroglíficos inscritos en artefactos diversos, como la paleta de Narmer, una placa ornamental de pizarra que servía para moler y mezclar cosméticos.

▷ La paleta de Narmer

c. 4500 a.C. La fundición de metal se desarrolla con la extracción de cobre en horno.

c. 3500 a.C. Se funda Huaricanga, primera ciudad de la civilización de Norte Chico, en Perú.

c. 3500 a.C. Se construye el primer complejo hecho de tierra de América del Norte, en Watson Brake (Luisiana).

3000 a.C.

c. 3500 a.C.
PRIMER TRANSPORTE RODADO

Con la domesticación en Mesopotamia de animales mayores, como bueyes y asnos, los granjeros empezaron a usarlos como bestias de carga y de tiro para transportar y arar. Los carros sumerios de cuatro ruedas de madera maciza fueron de uso agrícola, y a partir de ellos no tardaron en desarrollarse otros vehículos, como carros de guerra o carruajes ceremoniales.

△ **Carro sumerio,** representado en el Estandarte de Ur

c. 9500–3500 a.C.
EVOLUCIÓN DE LA AGRICULTURA

El cambio del nomadismo a la agricultura y la ganadería fue el precedente de las primeras civilizaciones sedentarias.

c. 9500 a.C. En el creciente fértil de Egipto y el oeste de Asia se recolectan y cultivan herbáceas silvestres.

c. 8500 a.C. Cabras y ovejas son los primeros animales domesticados al establecerse asentamientos agrícolas y ganaderos en Oriente Próximo.

c. 5000–3000 a.C. La cultura de Yangshao surge en China entre el río Amarillo y partes de Gansu, basada sobre todo en el cultivo del mijo.

3500 a.C. Se inventan los primeros arados en varios lugares, y se emplean bueyes y asnos como animales de tiro.

△ **El dios Anubis** momifica un cadáver, pintura de la tumba de Amennakht

c. 2686-2181 a. C.

DESARROLLO DE LA MOMIFICACIÓN

En el Imperio Antiguo egipcio (c. 2686-2181 a. C.), los cuerpos de los faraones, sus parientes y otros nobles se conservaban por el proceso de momificación, embalsamados y envueltos en tela antes de ser depositados en una tumba con tesoros funerarios.

3000 A. C.

c. 3000 a. C. **Surge la civilización de Elam** a lo largo de la orilla este del golfo Pérsico.

c. 2560 a. C. **Se completa la gran pirámide de Guiza,** tumba del faraón Keops (Jufu).

c. 3000 a. C. **Comienza a construirse Stonehenge** en el llano de Salisbury (oeste de Inglaterra).

c. 2600 a. C. **Primeras pirámides escalonadas,** construidas en Caral, mayor ciudad de la civilización de Norte Chico, en Perú.

c. 2900 a. C.

ESCRITURA CUNEIFORME

En Mesopotamia, los sumerios crearon un método para registrar transacciones a base de impresiones en arcilla blanda con una caña afilada. De estas marcas simples se pasó a un método de escritura sofisticado con signos en forma de cuña para representar palabras y sílabas, en lugar de los pictogramas de los jeroglíficos.

△ **Tablilla de barro** con inscripción cuneiforme

2334-2279 a. C.

SARGÓN EL GRANDE DE ACAD

Con la conquista de los reinos vecinos, Sargón I el Grande extendió sus dominios desde Acad (al este del Tigris), y fue el primer soberano de un imperio de ciudades-estado sometidas.

> «Solo los dioses viven eternamente al sol. Los hombres tienen contados sus días.»
>
> *EPOPEYA DE GILGAMESH*, POEMA MESOPOTÁMICO (c. 2100 a. C.)

2112-2095 a. C.

SE CONSTRUYE EL GRAN ZIGURAT DE UR

Después de liberar Ur del dominio de Acad y los gutis, el rey Ur-Nammu fundó la tercera dinastía neosumeria de Ur. Mandó construir un gran zigurat (pirámide escalonada) en honor del dios Nannar. La monumental estructura cayó en el abandono después de caer la tercera dinastía, pero fue reconstruida en el siglo VI por Nabónido, rey de Babilonia.

△ **Zigurat de Ur,** restaurado y reconstruido

c. 2334-2279 a. C. Sargón el Grande conquista Sumer y Mesopotamia y funda el Imperio acadio.

c. 2200 a. C. Los hititas desarrollan la fundición de hierro en Anatolia, y guardan celosamente el secreto del proceso.

c. 2150 a. C. El reino de Nubia se establece en la región al sur de Egipto.

c. 2134 a. C. El faraón Mentuhotep II, fundador del Imperio Medio, reunifica Egipto.

c. 2100-2000 a. C. La *Epopeya de Gilgamesh* se inscribe en tablillas de barro en lengua sumeria.

2000 a. C.

▽ **Mohenjo-Daro,** ruinas de la ciudad (actual Pakistán)

c. 2500 a. C.

LA CONSTRUCCIÓN DE MOHENJO-DARO

La civilización de Harappa, en el valle del Indo, alcanzó su apogeo entre 2600 y 1900 a. C. Constaba de varias ciudades, entre ellas Harappa y Mohenjo-Daro, con poblaciones de unos 50 000 habitantes. Mohenjo-Daro fue notable por sus edificios de adobe, su planificación urbana metódica y sus sofisticados sistemas de irrigación y alcantarillado.

2070-1600 a. C.

DINASTÍA XIA EN CHINA

Según la tradición, Yu el Grande fundó la dinastía Xia, la primera de China, al conferirle el último de los míticos cinco emperadores el Mandato del Cielo. Yu se convirtió en legendario no solo por iniciar el gobierno dinástico en China, sino también por un liderazgo sabio y benevolente. Entre sus logros destacan las obras que encargó para controlar las inundaciones recurrentes que amenazaban su región natal, en el centro de China.

△ **Yu el Grande,** fundador legendario de la dinastía Xia

c. 2700–2200 a. C.

LA ERA DE LAS LAS PIRÁMIDES

El Imperio Antiguo de Egipto se conoce con frecuencia como era o época «de las pirámides», por abarcar los reinados de los grandes faraones constructores de las mismas, de las dinastías III (2686–2613 a. C.) a la VI (2345–2181 a. C.). En los 500 años desde aproximadamente 2700 a. C., los arquitectos desarrollaron las técnicas de cantería, transporte de cantidades enormes de piedra y construcción de los monumentos masivos que simbolizarían la majestad del antiguo Egipto.

Las primeras pirámides de Egipto se construyeron durante el reinado de Zoser, de la dinastía III. Zoser trasladó la capital a Menfis, e inició un programa de obras públicas para establecer allí la corte. Estas incluyeron un complejo funerario en la cercana Saqqara, supervisado por su arquitecto Imhotep, al que se atribuye el diseño de la primera pirámide. La sencilla pirámide escalonada de Saqqara inspiró a los sucesores de Zoser de la dinastía IV, como Snefru, que refinaron el diseño para crear una verdadera pirámide. La técnica constructiva culminó en la construcción de las grandes pirámides de Meidum y Dahshur, y las de Keops, Kefrén y Micerino, en el famoso complejo de Guiza.

MOMENTOS CLAVE

Siglo XXVII a. C. Primeras pirámides escalonadas
Las primeras pirámides egipcias se construyeron añadiendo sucesivos niveles cada vez menores de bloques de piedra sobre una base cuadrada o rectangular. El modelo fue la pirámide de Zoser (izda.), en Saqqara, de seis niveles y una altura superior a los 60 m.

Siglo XXVI a. C. Primeras pirámides verdaderas
Los arquitectos de la dinastía IV emplearon un número mucho mayor de niveles para lograr una forma piramidal más lisa y acabada en punta, como en la pirámide acodada de Dahshur (izda.). Para mayor efecto, el exterior se revestía con caliza pulida.

Siglo XXVI a. C. La Esfinge
Junto al complejo de pirámides de Guiza se encuentra otra estructura y otro icono del antiguo Egipto, la Esfinge (izda.). Esculpida en la roca madre, pero luego restaurada con bloques de caliza, es una estatua colosal de cuerpo felino y con el rostro del entonces faraón, Kefrén.

La gran pirámide de Guiza fue construida en el siglo XXVI a. C. como tumba del faraón Keops (Jufu). Con una altura original de 146,5 m, la mayor de las pirámides de Guiza representa la cúspide de la técnica constructiva de las pirámides. Es la más antigua de las siete maravillas del mundo antiguo.

1900 a. C.

CONSTRUCCIÓN DE STONEHENGE

Construido en el centro de una estructura de tierra que se remonta a 3000 a. C., el monumento conocido actualmente como Stonehenge se completó unos mil años después. Los grandes menhires rematados por dinteles forman un anillo alrededor de piedras menores dispuestas en forma de herradura, con un altar de piedra central. Al estar alineada la estructura y su vía de acceso con el sol naciente durante el solsticio de verano, se cree que tenía un propósito religioso o astronómico.

△ **El crómlech de Stonehenge,** en Inglaterra

c. 1900 a. C.

LA CONQUISTA AMORITA

Los amoritas (o amorreos), pueblo semita del Levante mediterráneo, comerciaron en la Mesopotamia dominada por los acadios durante el siglo XXI a. C. Ocuparon gran parte del sur de la región, en la que fundaron ciudades-estado independientes. Una de estas, Babilonia, destacaría como capital del posterior primer Imperio babilónico.

▽ **Antiguo relieve** babilonio

2000 a. C.

c. 1900 a. C. Los hititas fundan un imperio con capital en Hattusa, en Anatolia.

1772 a. C. El rey Hammurabi de Babilonia establece un código legal que da mayor importancia al castigo del delincuente que a la compensación de la víctima.

c. 1900 a. C.

PALACIOS MINOICOS

La civilización minoica se estableció en Creta en torno a 3000 a. C. Gran potencia comercial mediterránea, su prosperidad es manifiesta en los impresionantes palacios —edificios administrativos, principalmente— construidos desde c. 1900 a. C. en ciudades como Cnosos, Faistos y la isla de Tera (Santorini). Estos podían tener varios pisos, contaban con tuberías de abastecimiento y evacuación de agua, y estaban decorados con gran esplendor.

△ **Palacio de Cnosos,** hoy en parte restaurado y reconstruido

▽ **Amosis I,** estatua de caliza

1549-1069 a. C.

IMPERIO NUEVO DE EGIPTO

Bajo Amosis I, fundador de la dinastía XVIII, Egipto fue reunificado tras la expulsión de los soberanos hicsos del delta del Nilo. Con ello comenzó la época de mayor poderío de Egipto, el Imperio Nuevo, en la que Egipto se expandió por Nubia y el oeste de Asia. El faraón Amosis, miembro de la casa real de Tebas, trasladó al cercano valle de los Reyes las tumbas reales desde las pirámides.

c. 1650 a. C. Los hicsos del Levante mediterráneo, primeros dominadores extranjeros de Egipto, invaden y ocupan el norte del país.

c. 1600 a. C. Enfriamiento del clima global, quizá debido a erupciones volcánicas en varios lugares del mundo.

c. 1600 a. C. La catastrófica erupción volcánica de Tera (Santorini) precipita el declive de la civilización minoica.

1595-1530 a. C. Los hititas y los casitas emplean armas de hierro y carros de caballos en la invasión de Babilonia.

1500 a. C.

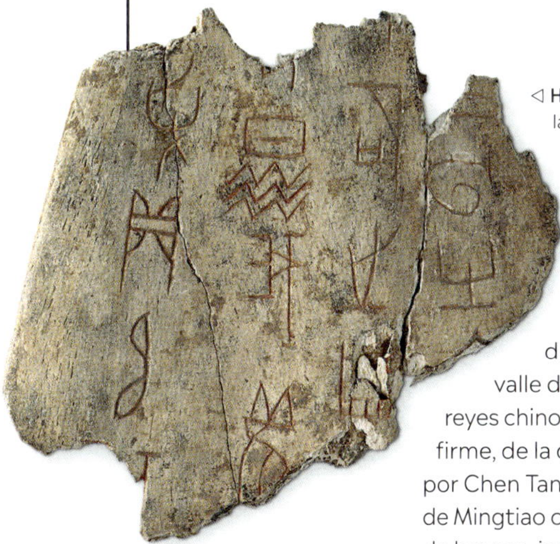

◁ **Hueso oracular** de la dinastía Shang

c. 1600 a. C.

SE ESTABLECE LA DINASTÍA SHANG

Después de la semimítica dinastía Xia, gobernaron el valle del río Amarillo los primeros reyes chinos de los que hay constancia firme, de la dinastía Shang, fundada por Chen Tang, vencedor de la batalla de Mingtiao contra los Xia. Los vestigios de bronce, jade y cerámica y los huesos oraculares (huesos con caracteres inscritos, empleados en la adivinación) dan fe de la sofisticación cultural de los Shang.

c. 1810-1750 a. C.

EL REY HAMMURABI

Hoy recordado por introducir el código legal babilonio que lleva su nombre, Hammurabi fue reverenciado durante su reinado por incorporar casi toda Mesopotamia al Imperio babilónico.

c. 1500 a. C.

EMERGE LA CULTURA DE NOK

La cultura de Nok, nombre de la aldea donde se descubrieron por primera vez sus vestigios, comenzó a desarrollarse en el territorio de la actual Nigeria. Conocido por sus figuras estilizadas de terracota, el pueblo de Nok descubrió la fundición del hierro en la época del inicio de la Edad del Hierro en Europa y Asia. Fue una civilización muy duradera, hasta su repentina y misteriosa desaparición, alrededor de 500 d. C.

◁ **Figura** de terracota de Nok

1500 a. C.

c. 1400 a. C. **Pueblos de habla sánscrita védica** migran a India desde el noroeste y se extienden por el norte del territorio.

1336 a. C. **El faraón Tutankamón** y la reina Nefertiti restauran la antigua religión de Egipto.

1348 a. C. **Con sus reformas religiosas en Egipto,** el faraón Ajnatón (o Amenofis IV) rechaza los antiguos dioses a favor del dios único Atón (disco solar).

1300 a. C. **La cultura de los campos de urnas,** nombre alusivo a urnas con cenizas de la incineración, surge en Europa central.

△ **Sello cilíndrico asirio** y su impresión

c. 1400 a. C.

INDEPENDENCIA DE LOS ASIRIOS

Después de siglos de existencia fragmentada y sometida a los imperios acadios y babilonios, Asiria comienza a surgir como un poder independiente bajo un Estado único.

1500-500 a. C.
LA EDAD DE HIERRO

La fundición del hierro se desarrolló en Asia, se generalizó en Oriente Próximo en el siglo XII a. C. y se difundió gradualmente por el mundo.

c. 1500 a. C. **En Anatolia,** los hititas desarrollan el trabajo del hierro, como esta cabeza de hacha, pero guardan el secreto de su técnica para mantener la ventaja tecnológica sobre sus vecinos.

c. 1000 a. C. **La tecnología del hierro** se difunde por Asia occidental y Europa hasta las islas Shetland, y es descubierta también por los pueblos de la cultura de Nok, en África occidental.

c. 500 a. C. **La metalurgia china** adopta la fundición y el trabajo del hierro y produce elaboradas piezas, como este prendedor de cinturón incrustado en oro.

1264–1244 a. C.

EXPANSIÓN EGIPCIA BAJO RAMSÉS II

Bajo el faraón Ramsés II, el Imperio Nuevo de Egipto se extiende a Nubia, al sur, rica en oro. Además de someter a los nubios, Ramsés promovió un gran proyecto de construcción en Nubia como símbolo duradero del poder de Egipto. El resultado fueron dos enormes templos excavados en la roca en Abu Simbel, con figuras gigantes en relieve esculpidas en la fachada: el Gran Templo estaba dedicado al propio Ramsés, y el Templo Menor, a su influyente reina Nefertari.

◁ **Ramsés II,** según el relieve de un templo

c. 1200 a. C. **El reino de Lidia** se establece en Asia Menor después de la decadencia del Imperio hitita.

c. 1200 a. C. **La cultura chavín** emerge en los Andes peruanos.

c. 1100 a. C. **Los navegantes fenicios** dominan el comercio marítimo mediterráneo.

c. 1100–800 a. C. **Comienza la Edad Oscura** griega tras el colapso de la civilización micénica.

1046 a. C. **La dinastía Zhou** conquista a la dinastía Shang reinante en China.

1000 A. C.

c. 1200 a. C.

CULTURA OLMECA

La civilización más antigua conocida de Mesoamérica, la cultura olmeca, se desarrolló a partir de asentamientos en la región del golfo de México, con centro primero en lo que hoy día es San Lorenzo y más tarde en La Venta. Un rasgo destacado de esta cultura es la talla en piedra: además de máscaras y hachas consideradas de uso ritual, los olmecas crearon las llamadas cabezas colosales, unas enormes esculturas en basalto volcánico.

▷ **Cabeza colosal olmeca**

La mercancía más valiosa de los fenicios era el tinte púrpura obtenido de los caracoles marinos *Murex brandari*.

c. 1000 a. C.

REINO NUBIO DE KUSH

Con el colapso del Imperio Nuevo de Egipto, los nubios, a los que habían sometido los egipcios, recuperaron el control de su territorio y fundaron el reino independiente de Kush, con capital en Napata (actual Karima, en Sudán). A lo largo de los dos siglos siguientes, los nubios controlaron el Alto Egipto e instalaron una dinastía kushita que luego reinaría en todo Egipto.

▷ **Cerámica** del reino de Kush

c. 969-936 a. C.

TIRO PROSPERA BAJO HIRAM I

La ciudad de Tiro estaba perfectamente situada para el comercio en la costa de lo que hoy en día es Líbano. Bajo el rey Hiram I, Tiro fue el núcleo de gran parte del comercio de la región, ya que Hiram atrajo a los comerciantes gracias a un programa de construcción que proporcionó almacenes en la ciudad fortificada.

▷ **Cabeza tallada** fenicia de Tiro

1000 a. C.

c. 1000 a. C. **El rey David une a las tribus israelitas** y conquista la ciudad de Jerusalén.

c. 1000 a. C. **La cultura adena** prospera a lo largo del río Ohio en América del Norte.

▷ **Barco mercante fenicio,** relieve

c. 1000 a. C.

PUERTOS FENICIOS

Los fenicios eran la potencia marítima dominante en el este del Mediterráneo cuando comenzó el siglo x a. C. Fundaron puertos para facilitar el comercio de bienes y productos en el área de Oriente Próximo, como Tiro, Sidón y Biblos, que crecieron hasta convertirse en ciudades-estado prósperas e independientes.

c. 1035-c. 970 a. C.

REY DAVID

Según el relato bíblico, David fue pastor y músico, y ascendió al poder después de matar al gigante filisteo Goliat. Sucedió a Saúl como rey de Israel, y condujo a su pueblo a la conquista de Jerusalén.

c. 950 a. C.

IMPERIO NEOASIRIO

Saliendo de una edad oscura de declive que afectó a gran parte de Oriente Próximo durante más de un siglo, Asiria comenzó a reconstruir su imperio. Al acceder al trono Adad-Nirari II en 911, se habían puesto ya los cimientos del Imperio neoasirio, y durante su reinado conquistó gran parte de Mesopotamia y otros territorios. El resultado de esta expansión fue el mayor y más poderoso imperio del mundo hasta entonces.

△ Bajorrelieve asirio

Hiram I proporcionó madera de cedro de Líbano para construir el Primer Templo en Jerusalén.

c. 930 a. C. Después de la muerte de Salomón, su reino se divide en Israel, en el norte, y Judá, en el sur.

901 A. C.

c. 910 a. C. Escitia, en Eurasia central, se convierte en patria de pueblos nómadas de las estepas de Asia.

c. 950 a. C.

CONSTRUCCIÓN DEL PRIMER TEMPLO EN JERUSALÉN

Según la tradición bíblica, el rey David trajo el Arca de la Alianza a Jerusalén, pero sería su hijo Salomón, al ascender al trono de Israel, quien hizo construir un templo para albergarla. El Primer Templo, como fue conocido, situado en el monte Moriá (monte del Templo), fue el centro espiritual y cultural de la ciudad hasta su destrucción por los babilonios en 586 a. C.

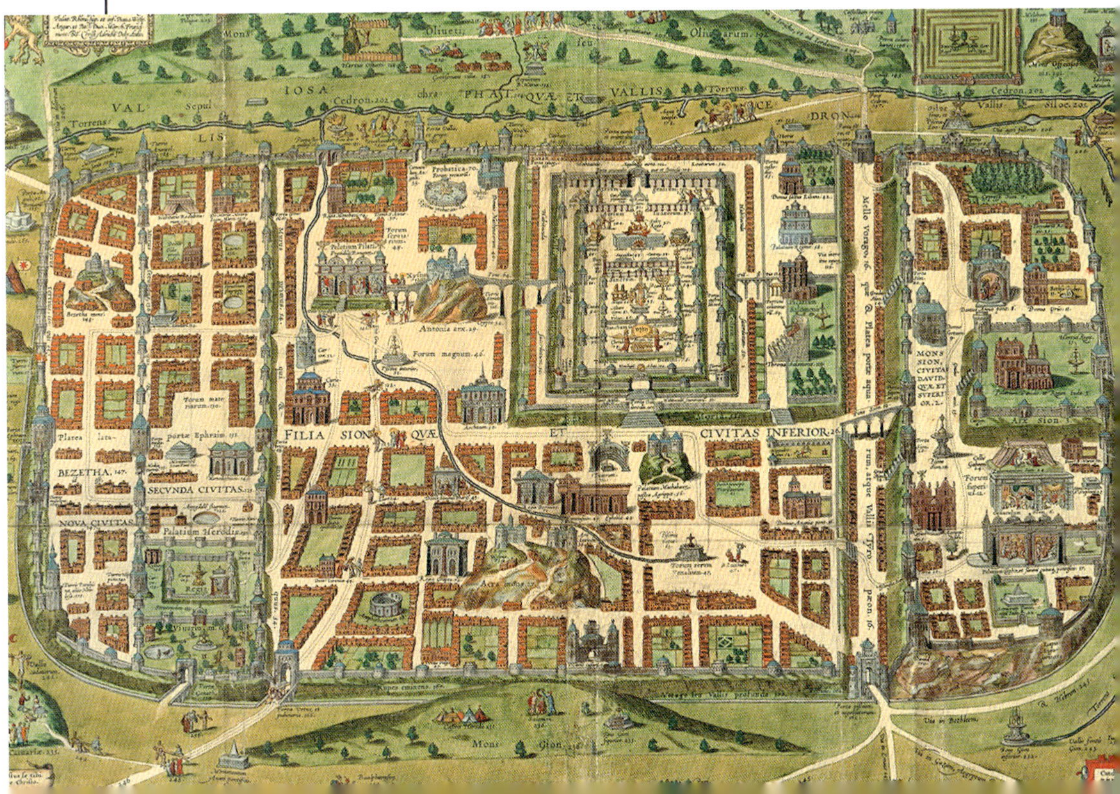

▷ Antiguo plano de Jerusalén

c. 900-400 a. C.

CIVILIZACIÓN ETRUSCA

En el siglo IX a. C., en el norte de Italia prosperaron varias ciudades-estado a partir de las cuales surgió una civilización etrusca propia, que predominó durante varios siglos, hasta ser asimilada por el Estado romano. Gran parte de lo que se conoce de la cultura etrusca procede del arte encontrado en tumbas familiares, como pinturas murales, cerámica y esculturas de bronce.

▷ **Recipiente etrusco** en forma de jabalí

c. 890-824 a. C.

SALMANASAR III

Durante su reinado, desde c. 859 a. C. hasta su muerte en 824 a. C., Salmanasar III emprendió una campaña incesante para continuar la expansión del Imperio asirio iniciada por su padre.

900 a. C.

c. 900 a. C. **Los fenicios extienden su influencia** por el Mediterráneo con la fundación de colonias en el norte de África y el sur de la península Ibérica.

Los glifos hallados en La Venta apuntan a los olmecas como primera civilización del Nuevo Mundo que tuvo un sistema de escritura.

c. 900 a. C.

AUGE DE LA CULTURA CHAVÍN

Una civilización surgida al norte de los Andes peruanos tuvo su centro en el actual Chavín de Huántar. La ciudad allí construida incluía un complejo arquitectónico religioso y ceremonial, adornado con piedras talladas en un estilo andino característico.

◁ **Adorno pectoral** chavín de oro

△ **Decoración** de las puertas de Salmanasar III, en Nimrud

863 a. C.

NIMRUD SE CONVIERTE EN CAPITAL DE ASIRIA

En el siglo IX a. C., el Imperio neoasirio revitalizó Asiria, que, con Assurnasirpal II como rey, se lanzó a una implacable campaña de expansión para restaurar su antigua gloria y su poder. Trasladó la capital de Assur a Nimrud (llamada Kalju por los asirios), donde hizo construir palacios imponentes. Tras su muerte, su hijo Salmanasar III siguió con entusiasmo los pasos de Assurnasirpal.

872 a. C. **El templo de Luxor** en Egipto se inunda durante una grave riada del Nilo.

836 a. C. **Estalla la guerra civil en Egipto** tras una lucha de poder entre facciones de la familia real.

801 A. C.

c. 850 a. C. **El reino de Van** (en la actual Armenia) afirma su independencia del Imperio asirio durante el reinado de su primer rey, Arame de Urartu.

△ **La pirámide principal** de La Venta, en México

c. 900 a. C.

LOS OLMECAS FUNDAN LA VENTA

Debido a daños en San Lorenzo, causados quizá por cambios medioambientales, sus habitantes olmecas fundaron lo que hoy es La Venta, a unos 75 km al noreste. La nueva ciudad fue construida a gran escala, con caminos pavimentados y dominada por una enorme pirámide de arcilla. Entre los muchos artefactos hallados hay hachas ceremoniales de jade, esculturas y cerámica.

c. 814 a. C.

FUNDACIÓN DE CARTAGO

La fundación de Cartago por los fenicios en la costa del actual Túnez está envuelta en leyendas, siendo la más conocida la de Dido (o Elisa) de Tiro, que se habría convertido en la primera reina de Cartago tras negociar la compra de tierras allí. Lo indudable es que a partir de una colonia fenicia se convirtió en una ciudad-estado próspera y en capital del poderoso Imperio cartaginés.

▷ **Busto de arcilla** cartaginés

c. 800 a. C.

PERIODO VÉDICO

La composición de textos en sánscrito, los Bráhmanas y primeros Upanishads, marcó el comienzo de la fase tardía del llamado periodo védico del norte de India, o civilización indovédica. Estos textos sagrados, junto con otros, fueron compilados en los cuatro Vedas, colecciones que constituyen el fundamento de las religiones brahmánicas y son la piedra angular de los principios de la cultura regional de Kuru, en el desarrollo de cuya estructura social jerárquica influyeron.

◁ **El sabio Viasa** habla con el rey Janamejaya, del clan real de Kuru, codificador de los textos védicos

800 a. C.

c. 800 a. C. **Los pueblos helenos** de ciudades-estado como Esparta, Atenas y Tebas emigran desde la Grecia continental a colonias en el mar Egeo.

776 a. C.

PRIMEROS JUEGOS OLÍMPICOS PANHELÉNICOS

Según la tradición, Olimpia acogió los primeros Juegos Panhelénicos en 776 a. C. Fiesta religiosa y competición atlética, sus fines eran también políticos, tanto por favorecer las relaciones entre las ciudades-estado griegas como por reavivar antiguas rivalidades. Los Juegos Olímpicos antiguos se celebraron cada cuatro años, y continuaron bajo la dominación romana, hasta el siglo IV d. C.

▷ **Atletas griegos desnudos** pintados en un ánfora

771 a. C.

COMIENZA LA DINASTÍA ZHOU ORIENTAL EN CHINA

Después de que la capital Zhou, Haojing, fuera invadida por los bárbaros, la familia real tuvo que huir al este, e hizo de Luoyi la capital de la dinastía Zhou Oriental. Fue el inicio de un periodo de declive del poder de los reyes Zhou, y la región se fragmentó en Estados más autónomos. La primera mitad de la dinastía Zhou Oriental se conoce como periodo de las Primaveras y Otoños (722-481 a. C.), por el nombre de una crónica oficial del Estado de Lu, *Anales de primavera y otoño*.

◁ **La espada de Goujian,** rey de Yue, uno de los líderes chinos de la época

753 a. C.

FUNDACIÓN DE ROMA

El mito sobre la fundación de la ciudad de Roma cuenta la historia de los hijos gemelos del dios Marte, Rómulo y Remo. Abandonados a orillas del Tíber al nacer, los rescató y amamantó una loba. En la edad adulta, volvieron al lugar con intención de fundar una ciudad. Una disputa entre ellos sobre el emplazamiento acabó en la muerte de Remo, tras la cual Rómulo fundó Roma en el monte Palatino en 753 a. C., y fue su primer soberano.

> «Después de un comienzo modesto y humilde, [Roma] ha crecido a tal magnitud que empieza a ser abrumadora por su grandeza.»
>
> TITO LIVIO, *HISTORIA DE ROMA* (10 a. C.)

◁ **Rómulo y Remo** amamantados por la loba

c. 750 a. C. El rey Piye de Kush invade Egipto y establece la dinastía XXV nubia.

c. 750 a. C. Los poemas épicos de Homero se ponen por escrito por primera vez, en un alfabeto de estilo fenicio.

745–727 a. C. El Imperio asirio se expande por Mesopotamia, hasta el Mediterráneo, y desde Escitia, al norte, hasta la península arábiga, al sur.

701 a. C.

Siglo VIII a. C.

HOMERO

El autor de la *Ilíada* y la *Odisea*, Homero, es una figura legendaria. Como parte de la tradición oral, es posible que algunos de sus poemas sean obra de varios autores, a lo largo de mucho tiempo.

▽ **Pirámides de Meroe**, en Sudán

c. 720 a. C.

CONSTRUCCIÓN DE LAS PIRÁMIDES DE MEROE

En el siglo VIII a. C., la capital del reino nubio de Kush estuvo en Napata, pero varios miembros de la familia real procedían de la ciudad de Meroe, al sur. Este fue el lugar elegido para las tumbas de esta parte de la familia, y se construyó allí un complejo funerario hacia 720 a. C. Las pirámides que contenían las tumbas eran de estilo nubio, con lados empinados.

685-668 a. C.
ESPARTA SE IMPONE COMO POTENCIA GRIEGA DOMINANTE
Esparta, cuyos ideales eran la fuerza y la disciplina, creó un ejército de temibles guerreros que destacaban en el campo de batalla por su vestimenta y sus cascos crestados característicos. Durante el siglo VII a. C., Esparta se convirtió en la mayor potencia militar de Grecia, valiosa como aliada y peligrosa como enemiga.

▷ **Guerrero espartano** de bronce

660 a. C.
PRIMER EMPERADOR LEGENDARIO DE JAPÓN
Según cuenta la tradición, Jinmu, descendiente de la diosa solar Amaterasu, fue el primer emperador de Japón tras conquistar todo el país. Hay pocas pruebas históricas de su existencia, y la leyenda parece combinar mitología y hechos reales. En cualquier caso, el día 11 de febrero, supuesta fecha de la llegada al trono de Jinmu, continúa celebrándose el Día de la Fundación Nacional en Japón.

700 a. C.

689 a. C. **El emperador asirio Senaquerib** destruye la ciudad de Babilonia.

671 a. C. **El rey asirio Asaradón** toma Menfis, la capital de Egipto; los egipcios la reconquistarán ocho años después.

c. 700 a. C.
EXPANSIÓN DE NÍNIVE
Senaquerib accedió al trono del Imperio neoasirio en 705 a. C. Además de continuar con la expansión del mismo, decidió trasladar la capital a la ciudad de Nínive. El traslado trajo consigo un extenso programa de renovación de la antigua ciudad, centrada en el llamado «palacio sin rival», que la convirtió en una de las mayores y más importantes ciudades del mundo en la época.

◁ **El «palacio sin rival»** de Senaquerib

△ **El emperador Jinmu** y el sol naciente

Siglo VII a. C.

LAS CIEN ESCUELAS DE PENSAMIENTO EN CHINA

La filosofía floreció en China durante el periodo Zhou Oriental. Las diferentes ramas, conocidas colectivamente como las Cien Escuelas de Pensamiento, tuvieron exponentes como Laozi (o Lao-Tsé, fundador del taoísmo), Confucio (o Kong Fu Tsé, fundador del confucianismo), Mozi (moísmo) y Han Feizi (legalismo).

△ **Laozi** montado en un buey

601 a. C.

621 a. C. **La llamada «edad de los tiranos»** comienza en muchas ciudades-estado griegas.

620-600 a. C. **Se acuñan las primeras monedas** en el reino de Lidia (en la actual Turquía).

620 a. C. **Dracón** (nombre del que deriva «draconiano») codifica las leyes de Atenas.

612 a. C. **La destrucción de Nínive** durante la rebelión de los babilonios y los medos desencadena el colapso del Imperio neoasirio.

▽ **Estela** de Asurbanipal

La biblioteca de Asurbanipal contenía textos en más de 30 000 tablillas de barro.

668 a. C.

ASURBANIPAL, EMPERADOR DE ASIRIA

Calificado a menudo como último gran rey de Asiria, Asurbanipal accedió al poder cuando el Imperio asirio estaba en su apogeo. Durante su reinado, Nínive quedó establecida como centro cultural, político y comercial del imperio, con una gran biblioteca que albergaba valiosos textos, como la *Epopeya de Gilgamesh*, y edificios espléndidamente adornados con estatuas y bajorrelieves.

c. 600 a. C.

LA REGENERACIÓN DE BABILONIA

Nabucodonosor II, soberano del Imperio neobabilónico (r. 605-562 a. C.), fue un líder militar inspirador, célebre por sus proyectos de construcción por toda Mesopotamia. El programa de regeneración para devolverle el prestigio perdido a la ciudad de Babilonia incluyó la reconstrucción del zigurat y —según la leyenda— la construcción de los famosos jardines colgantes.

◁ **Los legendarios** jardines colgantes de Babilonia

600 a. C.

590 a. C. **Los soberanos nubios** del reino de Kush trasladan la residencia real de Napata a Meroe.

587 a. C. **Nabucodonosor II** destruye el templo de Jerusalén al reprimir una revuelta judía.

550 a. C. **El templo de Artemisa** en Éfeso se reconstruye tras ser destruido el original en una inundación.

550 a. C.

CIRO EL GRANDE FUNDA EL IMPERIO AQUEMÉNIDA

Ciro, rey de Anshan, territorio sometido al Imperio medo, se rebeló contra este, y al conquistar Lidia fundó el nuevo Imperio aqueménida, el primer imperio de los persas. Después de someter también a Babilonia al Imperio aqueménida, Ciro hizo inscribir en un cilindro de arcilla su lista de títulos, precedida de la declaración: «Yo soy Ciro, rey del mundo [...]».

△ **El cilindro de Ciro**

600-322 a. C.
FILOSOFÍA GRIEGA

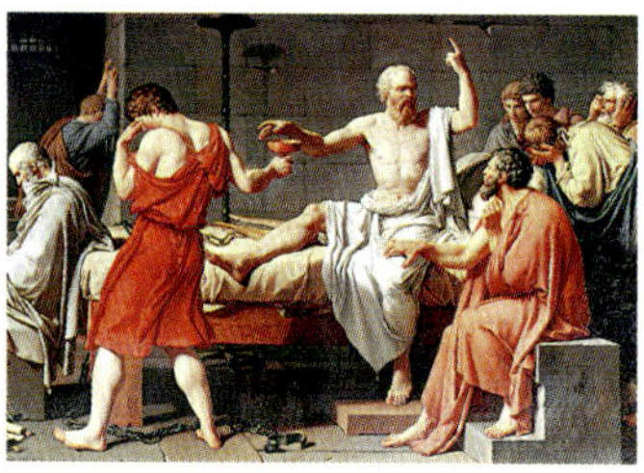

A partir del siglo VI a. C., pensadores griegos pusieron los fundamentos de la filosofía occidental, que culminaron en la Atenas de la época clásica.

c. 600 a. C. **Tales de Mileto** es uno de los primeros pensadores que especularon sobre el primer elemento constitutivo del universo.

c. 530 a. C. **Pitágoras** funda una escuela de matemáticas y filosofía en una comuna de Italia.

399 a. C. **Sócrates,** el primero de los grandes filósofos atenienses, juzgado por impiedad y por corromper a la juventud, opta por beber la cicuta antes que huir de Atenas.

c. 387 a. C. **Platón,** protegido de Sócrates, funda en Atenas la Academia, donde presenta sus ideas a jóvenes de toda Grecia.

508-507 a. C.

EL TIRANO HIPIAS ES DERROCADO EN ATENAS

Líderes llamados «tiranos» —no en el sentido actual, o no necesariamente— gobernaron las ciudades-estado griegas durante más de cien años. En Atenas, la edad de los tiranos acabó con el derrocamiento de Hipias, cuyo sucesor, Clístenes, introdujo un gobierno democrático, con reuniones de la asamblea en la colina del Pnyx. Esto fue un antecedente de la edad de oro de la Grecia clásica, con centro en Atenas.

△ **Los escalones** del Pnyx

◁ **Clístenes**

539 a. C. Ciro el Grande conquista Babilonia, cuyo imperio incorpora al Imperio aqueménida.

525-402 a. C. Egipto es conquistado por los persas e integrado en el Imperio aqueménida.

c. 509 a. C. Se establece la República romana después del derrocamiento de la monarquía.

501 a. C.

c. 550 a. C. Pueblos celtas comienzan a migrar desde sus territorios al norte de los Alpes y a asentarse por Europa.

△ **Entronización de Darío,** bajorrelieve

c. 335 a. C. Aristóteles, alumno de la Academia, funda una escuela propia, el Liceo, para ofrecer teorías filosóficas alternativas.

518 a. C.

DARÍO MANDA CONSTRUIR SU NUEVA CAPITAL, PERSÉPOLIS

Darío I gobernó el Imperio aqueménida en el apogeo de su poder, y las reformas de sus 36 años de reinado unificaron a los persas. Supervisó varios proyectos de construcción, la mejora de las calzadas y la regeneración urbana; el mayor proyecto fue la construcción de una capital ceremonial enteramente nueva, Persépolis, con un complejo palaciego impresionante.

c. 500 a. C.

LOS ZAPOTECAS FUNDAN MONTE ALBÁN

Al florecer su civilización, los zapotecas escogieron para su capital un lugar en el sur de la altiplanicie mexicana. Construyeron Monte Albán, la primera gran ciudad de Mesoamérica, en una ladera empinada del valle de Oaxaca.

△ **Monte Albán,** ruinas zapotecas

475 a. C.

COMIENZA EL PERIODO DE LOS REINOS COMBATIENTES

A comienzos del siglo V a. C., la China de la dinastía Zhou se había fragmentado en varios Estados más o menos independientes. La competencia entre estos por el poder en la región puso fin al periodo de Primaveras y Otoños e inició una época política convulsa conocida como el periodo de los Reinos Combatientes. Los conflictos continuarían durante dos siglos y medio, hasta que se impuso el Estado de Qin, caracterizado por un régimen autoritario estricto y un ejército disciplinado.

▷ **Conferencia de los seis Estados** durante el periodo de los Reinos Combatientes

500 A. C.

499-449 a. C. En las guerras médicas, los griegos se enfrentan a la invasión persa en una serie de batallas famosas.

496 a. C. Nace el dramaturgo griego Sófocles, autor de tragedias como *Antígona* y *Edipo rey*.

c. 490 a. C. Áyata Shatru funda Pataliputra (actual Patna) en el noreste de India, como capital del Imperio de Maghada.

480 a. C. Jerjes I construye puentes sobre el Helesponto y el ejército persa avanza hasta Atenas.

490 a. C.

LOS ATENIENSES DERROTAN A LOS PERSAS EN MARATÓN

Una batalla decisiva de las guerras médicas tuvo lugar en Maratón, en el Ática, durante la primera de las invasiones persas.

Darío I planeaba apoderarse de toda Grecia, y envió sus fuerzas al Ática por mar. Se enfrentaron en la llanura costera de Maratón a tropas atenienses que, aunque superadas en número, obtuvieron una victoria aplastante.

△ **Casco de combate** ateniense

△ **El Buda,** estatua sedente

c. 480 a. C.

LAS ENSEÑANZAS DEL BUDA

Sidarta Gautama, llamado más tarde el Buda (el Iluminado), pasó sus últimos 40 años predicando en el norte de India. Después de su muerte, sus discípulos recopilaron sus enseñanzas, siguieron difundiendo sus ideas y establecieron el budismo como una religión importante.

c. 484-*c.* 425 a. C.
HERÓDOTO
Originario de Halicarnaso, en el Imperio persa, el autor griego Heródoto es conocido como el autor de *Historias*, relato de los acontecimientos y protagonistas de las guerras médicas.

c. 479 a. C. **Muere Confucio,** cuyas enseñanzas y dichos compilan sus discípulos en las *Analectas*.

449 a. C. **En Roma,** los diez hombres gobernantes (el decenvirato) publican un código legal, la Ley de las XII tablas.

c. 440 a. C. **Heródoto** escribe *Historias*, en nueve volúmenes, la primera obra histórica conocida.

431-404 a. C. **Guerra del Peloponeso** entre la Liga de Delos, liderada por Atenas, y la Liga del Peloponeso, liderada por Esparta.

401 a. C.

▽ **Ruinas del Partenón,** en Atenas

447 a. C.
EMPIEZA A CONSTRUIRSE EL PARTENÓN
Tras la derrota de los persas por fuerzas griegas, Atenas prosperó de nuevo. Pericles supervisó la construcción de varios monumentos en la Acrópolis, entre los que destaca el Partenón —templo dedicado a la diosa Atenea, patrona de la ciudad—, en el lugar del templo destruido durante la invasión persa. Los trabajos de construcción se terminaron en 432 a. C.

336-323 a. C.
ALEJANDRO III DE MACEDONIA UNIFICA GRECIA

Cuando Filipo II de Macedonia fue asesinado, su hijo de 20 años Alejandro asumió el trono. Derrotó a los tebanos, uniendo a todos los pueblos griegos en un solo Estado, y continuó la labor de construcción imperial de su padre, liderando a los griegos en una campaña de diez años para conquistar Persia y poner todo el Imperio aqueménida bajo control griego. Su imperio llegaría hasta el valle del Indo.

▷ **Alejandro Magno** retratado como emperador bizantino

400 a. C.

375 a. C. **Dionisio de Siracusa** negocia un tratado de paz con los cartagineses, poniendo fin a una serie de guerras.

c. 400-350 a. C. **La cultura olmeca** entra en un periodo de rápido declive, posiblemente debido a cambios medioambientales.

356 a. C. **Shang Yang,** canciller del Estado chino de Qin, inicia reformas que acrecientan su prosperidad e influencia.

338 a. C. **Filipo de Macedonia** derrota a las fuerzas griegas aliadas y obtiene el control de casi toda Grecia.

356-323 a. C.
ALEJANDRO MAGNO

Alejando III de Macedonia, soberano de toda Grecia, fue un líder militar de éxito espectacular que en una serie de campañas extendió la influencia griega incluso hasta el subcontinente indio.

c. 350 a. C.
CUMBRE DE LA CULTURA CHAVÍN

El rápido crecimiento de la población en la cultura chavín, en Perú, provocó cambios en la estructura social a mediados de siglo. La mayor ciudad, Chavín de Huántar, en los Andes, perdió importancia como centro político y religioso con el desarrollo de asentamientos urbanos y centros ceremoniales en las tierras bajas, que difundieron la influencia cultural chavín por la región y a lo largo de la costa.

△ **Estela de piedra** chavín

305 a. C.

FUNDACIÓN DE LA DINASTÍA TOLEMAICA

Compañero y miembro de la guardia personal de Alejandro Magno, Tolomeo fue nombrado gobernador de Egipto después de morir Alejandro en 323 a. C. En 305 a. C. asumió el título de faraón. Como Tolomeo I, fundó la dinastía tolemaica, que gobernó Egipto como reino helenístico. Fue también escritor e historiador, y clave en hacer de su capital, Alejandría, un centro de la cultura griega.

▷ **Tolomeo I** funda la Biblioteca de Alejandría

332 a. C. Con la conquista de Egipto, el imperio de Alejandro Magno se extiende hacia el sur hasta el reino nubio de Kush.

c. 330 a. C. Nace Euclides de Alejandría, autor del tratado matemático *Elementos.*

301 a. C.

321-185 a. C.

EL IMPERIO MAURYA

Chandragupta Maurya estableció el Imperio maurya al reemplazar a la dinastía reinante Nanda en el norte de India. Cuando los griegos abandonaron los márgenes orientales del imperio conquistado por Alejandro Magno, Chandragupta aprovechó la ocasión de invadir y someter todo el norte de India al dominio maurya.

◁ **Copa de libaciones,** dinastía Maurya

c. 400-51 a. C.

LA GUERRA DE LAS GALIAS

La emigración celta desde el norte de los Alpes para asentarse en el valle del Po daría lugar a una larga serie de conflictos con Roma.

387 a. C. Breno de los senones dirige a los galos en el saqueo de Roma; según la leyenda, los gansos graznan en señal de alarma (arriba).

298-290 a. C. La alianza de los samnitas (casco, arriba), los galos y otros se enfrenta a Roma por el control del centro y sur de Italia.

125-121 a. C. Roma derrota a la tribu gala de los arvernos (moneda, arriba), e incorpora su territorio como provincia romana.

58-51 a. C. Julio César emprende una gran campaña militar con el objetivo de conquistar toda la Galia.

221-206 a. C.
LA DINASTÍA QIN

Los Qin establecieron un imperio unificado en 221 a. C., poniendo así fin al periodo de los Reinos Combatientes en China. Zheng, rey del Estado Qin, conquistó los otros seis Estados beligerantes, y como emperador autodenominado Shi Huangdi fundó la dinastía Qin, la primera dinastía imperial de China.

El éxito de Shi Huangdi se atribuye al estricto régimen disciplinario establecido en Qin, y aplicado luego a todo el imperio. Entre sus logros destacan la estandarización de la moneda, los pesos, las medidas y los sistemas de escritura. Encargó también varios grandes proyectos de infraestructuras, entre ellos, la construcción de una muralla al norte, que serviría de base para la Gran Muralla China, y de una gran red de carreteras que favoreció el comercio entre lejanas regiones del imperio. Uno de sus empeños más impactantes, inspirado por la vanidad, fue la construcción de un vasto mausoleo del tamaño de una ciudad para albergar su tumba, defendida por un ejército de estatuas de terracota.

La dinastía Qin fue vista como una tiranía por muchos en los Estados conquistados, y el régimen reprimió con dureza a las voces disidentes. Aun así, Shi Huangdi y sus consejeros lograron unificar el país después de siglos de conflictos. La dinastía no estaba destinada a durar: en 206 a. C., el segundo —y último— emperador Qin fue derrocado.

MOMENTOS CLAVE

221 a. C. Shi Huangdi toma el poder
El fundador de la dinastía Qin, Shi Huangdi (izda.), fue rey de Qin de 247 a 221 a. C., y se proclamó emperador de una China unida después de conquistar los otros reinos rivales. Su extenso programa de reformas puso los cimientos del aparato estatal de las dinastías chinas subsiguientes durante más de dos mil años. Después de su muerte, su sucesor Er Shi fue pronto derrocado por la dinastía Han.

221-210 a. C. Imposición del legalismo
El emperador Shi Huangdi centralizó el poder y acabó con la diversidad política y cultural de las Cien Escuelas de Pensamiento asociadas a los siete reinos combatientes. Con la ayuda del canciller imperial Li Si, impuso un gobierno autoritario inspirado en el legalismo, además de una purga brutal de los estudiosos clásicos de la anterior dinastía Zhou, y en la que, además de libros, fueron quemados vivos muchos eruditos (izda.).

El ejército de terracota que guarda el mausoleo del primer emperador es un símbolo del poder que detentó. Más de 8000 estatuas de soldados con rostros diferentes, junto con cientos de caballos y carros, fueron enterrados con el emperador como comitiva para el más allá.

268-232 a. C.

ASOKA GOBIERNA EL IMPERIO MAURYA

Asoka comenzó su reinado decidido a continuar la expansión del imperio iniciada por su abuelo, Chandragupta Maurya. Una vez completada la conquista del reino de Kalinga en 261 a. C., Asoka gobernaba todo el subcontinente indio, salvo su extremo meridional. Sintió remordimientos por la sangrienta campaña de Kalinga, y se convirtió al budismo. Pasó el resto de su reinado difundiéndolo, y mandó inscribir edictos morales y sociales sobre pilares rematados por estatuas de animales por todo el imperio.

▷ **Capitel de Asoka,** con cuatro leones

300 A. C.

280 a. C. Se completa el Coloso de Rodas, estatua a la entrada del puerto de la ciudad.

c. 260 a. C. Asoka se convierte al budismo y encarga construir la gran estupa de Sanchi.

285 a. C.

CONSTRUCCIÓN DEL FARO DE ALEJANDRÍA

La construcción de un faro monumental en el islote de Faros, junto a la costa de Egipto, se completó durante el reinado de Tolomeo II Filadelfo. Tras doce años de trabajos, se elevaba hasta unos 100 m de altura, lo cual hacía del faro el edificio más alto del mundo en su época. La estructura del faro de Alejandría se mantuvo hasta ser gravemente dañada por terremotos en el siglo x d. C. y posteriormente.

◁ **Faro** de Alejandría

264-241 a. C.

LA PRIMERA GUERRA PÚNICA

En el siglo III a. C. hubo tres largas guerras entre Roma y Cartago, enfrentadas por la supremacía en el Mediterráneo occidental. Los romanos lograron llevar la guerra al territorio norteafricano de Cartago, en particular tras la gran batalla naval frente al cabo siciliano de Ecnomo. Después de la primera guerra púnica, que duró 23 años, los romanos derrotaron a los cartagineses y se apoderaron de Sicilia.

«Encontraré un camino, o lo haré yo mismo.»
(«Aut viam inveniam aut faciam.»)

PROVERBIO LATINO ATRIBUIDO A ANÍBAL

247-c. 183 a. C.
ANÍBAL
Aníbal fue un táctico militar respetado que dirigió a las fuerzas cartaginesas contra Roma en la segunda guerra púnica. Después de la guerra, Aníbal fue un estadista reformador.

▽ **Muerte de Arquímedes,** mosaico

213-212 a. C.
EL SITIO DE SIRACUSA
Durante la segunda guerra púnica (218-201 a. C.), los romanos asediaron la ciudad estratégicamente importante y reino independiente de Siracusa, en Sicilia. Al final del asedio, un soldado romano asesinó por error a Arquímedes, cuyos ingeniosos inventos se habían usado para defender la ciudad.

221 a. C. El periodo de los Reinos Combatientes llega a su fin cuando Zheng, rey de Qin, une los reinos de China en un solo imperio.

206 a. C. La caída de la breve dinastía Qin marca el inicio de la guerra civil en China, al disputarse el control los reinos Chu y Han.

201 a. C.

218 a. C. El general cartaginés Aníbal cruza los Alpes con su ejército y 37 elefantes, y derrota a los romanos en la batalla de Cannas.

△ **Batalla del cabo Ecnomo**

△ **Caballo de bronce** de la dinastía Han

202 a. C.
LA DINASTÍA HAN
El descontento con el estricto gobierno legalista de la dinastía Qin acabó llevando a su caída y a cuatro años de conflicto, centrados en la llamada disputa Chu-Han. La dinastía Han resultó victoriosa, y unificó el imperio. Se mantendría como dinastía reinante durante siglos.

181 a. C.
SE FUNDA LA DINASTÍA SUNGA

Pusyamitra Sunga (r. 185 -149 a. C.), general del Imperio maurya, se hizo con el control del norte de India tras el asesinato de Brihadratha, último emperador maurya.

▽ **Tallas Sunga** con escenas de la vida de Buda

△ **Moneda** de la dinastía asmonea

165 a. C.
REVUELTA DE JUDAS MACABEO

Cuando el rey seléucida Antíoco IV prohibió el judaísmo en Judea y Samaria, Judas Macabeo y sus hermanos dirigieron una revuelta y tomaron Jerusalén en 164 a. C. Judas purificó el templo de Jerusalén, restauró el culto judío y fundó la dinastía asmonea, que gobernó hasta su derrocamiento por Herodes el Grande en 37 a. C.

▷ ***El triunfo de Judas Macabeo*** (1635), por Pedro Pablo Rubens

200 a. C.

171-168 a. C **Los romanos derrotan al rey Perseo de Macedonia** en la tercera guerra macedónica.

c. 150 a. C.
GRAN MONTÍCULO DE LA SERPIENTE

Los adenas, pueblo de los bosques del este de América del Norte, vivían en aldeas de casas circulares, cazaban ciervos y alces, recolectaban herbáceas comestibles y cultivaban distintas variedades de calabaza. Construyeron cientos de montículos, probablemente como monumentos funerarios, el más espectacular de los cuales es el gran montículo de la Serpiente, en Ohio, de formas sinuosas.

146 a. C.

DESTRUCCIÓN DE CARTAGO

Cuando Cartago atacó a la vecina Numidia, un ejército romano dirigido por el cónsul Escipión Emiliano desembarcó en el norte de África y asedió Cartago, que resistió un año. Escipión destruyó la ciudad y vendió como esclavos a sus habitantes, poniendo fin a 120 años de guerras púnicas.

▷ **Ruinas de Cartago,** en Túnez

146 a. C. Los romanos destruyen Corinto y anexionan Grecia a la provincia de Macedonia.

138 a. C. Wudi, emperador Han de China, envía a Asia Central a Zhang Qian; la embajada inicia una era de expansión hacia el oeste.

101 A. C.

▽ **Gran montículo de la Serpiente,** en Ohio (EE UU)

104 a. C.

EL GENERAL CAYO MARIO REFORMA EL EJÉRCITO ROMANO

Mario permitió a los pobres sin tierra entrar en el ejército, organizado en cohortes (de unos 480 hombres) y legiones (de unos 5500). Con sus armas habituales —*pilum* (jabalina) y *gladius* (espada corta)—, las nuevas legiones eran una fuerza formidable.

▷ **Retrato de Cayo Mario** (finales del siglo I d. C.)

«A los aficionados al trabajo, y a los que con presteza ejecutan lo que se les manda, se les llama mulos marianos.»

PLUTARCO, *VIDA DE MARIO* (c. 110 d. C.)

c. 100 a. C.

MONTE ALBÁN CRECE

La ciudad zapoteca de Monte Albán (México) siguió creciendo, adornada con templos de piedra, pirámides, una cancha de juego de pelota, una gran plaza y cientos de estelas de los Danzantes, misteriosas y grotescas figuras humanas labradas en piedra, que quizá representan a chamanes o prisioneros mutilados sexualmente. Al crecer la ciudad y extender su influencia por Oaxaca, alcanzó los 17 000 habitantes.

◁ **Relieve zapoteca de un «danzante»,** Monte Albán (México)

100 a. C.

91 a. C. **Estalla la guerra social** entre Roma y sus aliados de Italia que aspiran a la ciudadanía romana.

87 a. C. **El emperador chino Wudi** de la dinastía Han muere tras cinco décadas de éxito en el poder.

△ **Moneda del rey indoescita Azilises** (c. 40 a. C.)

88 a. C.

MITRÍDATES ATACA EL ASIA ROMANA

Cuando Mitrídates VI, rey del Ponto en el mar Negro, quiso expandir su territorio hacia el sur, los romanos consideraron amenazada la provincia de Asia (en Asia Menor, oeste de la actual Turquía). Mitrídates ignoró las amenazas romanas, marchó sobre Asia, y masacró 80 000 ciudadanos romanos. Roma envió un ejército, con Sila al mando, a un duro conflicto de cuatro años.

▷ **Busto de Mitrídates VI**

c. 80 a. C.

LOS SAKAS CONQUISTAN GANDHARA

A finales del siglo II a. C., los sakas (escitas), pueblo nómada de Asia central, se vieron obligados a emigrar al sur, a Bactriana. Bajo Maues, invadieron y conquistaron el reino de Gandhara alrededor de 80 a. C., y fundaron un Estado indoescita que dominaría el noroeste de India durante más de un siglo, hasta ser eclipsado por el Imperio kusana.

Más de 6000 rebeldes fueron crucificados después de la rebelión de Espartaco.

◁ **Combate de gladiadores,** mosaico romano

73 a. C.

REBELIÓN DE ESCLAVOS CONTRA ROMA

En una rebelión iniciada en Capua, el gladiador tracio Espartaco lideró un grupo de combatientes, gladiadores y esclavos fugitivos. Vencieron a varios ejércitos romanos, saquearon ciudades y casi llegaron a la propia Roma. En 71 a. C., un ejército mandado por Marco Licinio Craso derrotó a los rebeldes en la actual Calabria. Miles de ellos fueron crucificados en la vía Apia.

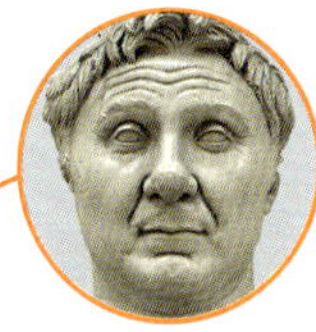

106-48 a. C.

POMPEYO EL GRANDE

Uno de los generales más grandes de Roma, y miembro del primer Triunvirato que la gobernó a partir de 59 a. C., Pompeyo se enfrentó a Julio César, perdió la guerra civil subsiguiente, y fue asesinado.

65 a. C. **Pompeyo derrota a Mitrídates** del Ponto y pone fin a las guerras mitridáticas.

61 A. C.

63 a. C.

ANEXIÓN ROMANA DE JUDEA

El general al mando del ejército romano en el este, Pompeyo el Grande, depuso en 64 a. C. al último rey seléucida de Siria, y convirtió esta en provincia romana. Luego intervino en Judea, desgarrada por la guerra fratricida entre Hircano II y Aristóbulo II. Hircano abrió las puertas de Jerusalén a las fuerzas de Pompeyo, que asediaron entonces el monte del Templo durante tres meses, y acabaron con la vida de miles de defensores en el asalto. Pompeyo se anexionó parte de Judea y dejó el resto en manos de reyes clientes, entre ellos, Hircano.

▷ **Profanación** del templo de Jerusalén

> «Amo el nombre del honor más de lo que temo a la muerte.»
>
> WILLIAM SHAKESPEARE, *JULIO CÉSAR* (1599)

44 a. C.

EL ASESINATO DE JULIO CÉSAR

Cuando se dirigía al Senado para oír una petición durante la primavera de 44 a. C., Julio César era ya dictador vitalicio, y muchos temían que pretendiera proclamarse rey. Al tomar asiento, César fue apuñalado por un grupo de senadores, liderados por Marco Bruto y Casio Longino. El asesinato desencadenó una nueva guerra civil.

▷ *La muerte de César,* por Vincenzo Camuccini

60 A. C.

60 a. C. El protectorado de los Han sobre las Regiones del Oeste extiende el control de China a la cuenca del Tarim, en el noroeste.

58 a. C. Julio César inicia la conquista de la Galia, que someterá en ocho años.

55 a. C. Julio César invade Britania, y regresa allí al año siguiente, pero se acaba retirando.

46 a. C. Reforma del calendario romano, debido a un desfase de 80 días con las estaciones.

59 a. C.

EL PRIMER TRIUNVIRATO TOMA EL PODER EN ROMA

Tras el caos de las décadas precedentes, Julio César, exgobernador (propretor) de Hispania, se unió al estadista Craso y al general Pompeyo en un triunvirato para gobernar Roma, excluyendo al Senado del poder. La muerte de Craso en combate contra los partos en 53 a. C. y las tensiones crecientes entre César y Pompeyo llevaron al colapso del Primer Triunvirato, y culminaron en la llegada de César a Italia con un ejército y al estallido de la guerra civil.

◁ **Lucio Licinio Craso,** senador romano

36 a. C.

LA FECHA DE CUENTA LARGA MÁS ANTIGUA DEL CALENDARIO MAYA

Para registrar fechas durante periodos muy largos, varios pueblos mesoamericanos usaron el sistema vigesimal de cuenta larga, expresado en *baktunes* (unos 394 años) y sus subdivisiones, a partir de un inicio en 3114 a. C. La inscripción de cuenta larga más antigua encontrada es la de una estela de caliza del pueblo mixe-zoqueano de Chiapa del Corzo (México), con fecha en 7.15.3.2.13, o el 8 de diciembre de 36 a. C.

◁ **Calendario maya tardío en piedra**

31 A. C.

31 a. C.

DERROTA DE CLEOPATRA VII EN ACTIUM

Octavio, Lépido y Marco Antonio, los vencedores en la guerra civil contra los asesinos de César, formaron el Segundo Triunvirato en 43 a. C., pero este se disolvió y comenzó otra guerra. Se impuso Octavio, que destruyó la flota de la reina Cleopatra VII de Egipto, comandada por Marco Antonio, en Actium, en la costa occidental de Grecia.

△ **Batalla de Actium,** relieve

50 a. C.-100 d. C.
LITERATURA ROMANA

La literatura romana nació apegada a modelos griegos, pero sus autores no tardaron en escribir épica, teatro, ficción y no ficción en latín.

55-43 a. C. **El estadista romano Cicerón** escribe obras sobre oratoria y política, entre ellas *De oratore (Del orador).*

42-19 a. C. **El poeta Virgilio** (sentado, arriba) escribe, entre otras obras, la Eneida, poema épico que relata la huida a Italia de Eneas.

c. 70-77 d. C. **Plinio el Joven** escribe *Historia natural*, que recopila todo el conocimiento científico romano (página del siglo XV, arriba).

70-100 d. C. **El jurista y orador Tácito** escribe *Anales* e *Historias*, entre las obras históricas de mejor prosa latina.

27 a. C.

EL PRIMER EMPERADOR ROMANO

Octavio, sobrino, nieto e hijo adoptivo de Julio César, derrotó a sus rivales en la guerra civil en 31 a. C. En lugar de restaurar la República romana, aceptó los poderes dados por el Senado y los títulos *augustus* («ilustre») y *princeps* («primero»), y se convirtió en el primer emperador, como Augusto. Conquistó territorios en Europa central, reconstruyó gran parte de Roma y legó el puesto a su hijastro Tiberio, emperador desde 14 d. C. hasta 37 d. C.

▷ **Augusto de Prima Porta,** copia romana del bronce original

«Podía presumir de haber encontrado una ciudad de ladrillo y haberla dejado de mármol.»

SUETONIO, *VIDAS DE LOS DOCE CÉSARES* (121 d. C.), SOBRE EL LEGADO DE AUGUSTO

30 a. C.

23 a. C. Los romanos invaden Meroe, al sureste de Egipto, y saquean la capital, Napata.

c. 25 a. C.

PRIMER CANON BUDISTA REDACTADO EN SRI LANKA

Las enseñanzas de Buda, que vivió en el siglo VI a. C., fueron transmitidas oralmente por sus seguidores durante generaciones. Al difundirse más allá de su lugar de origen en el norte de India, se hizo cada vez más necesaria una versión escrita. Alrededor de 25 a. C., se pusieron por escrito junto con análisis teológico y reglas para los monjes en Sri Lanka, en la colección llamada Tipitaka o Canon Pali (por la lengua pali en que fue escrita).

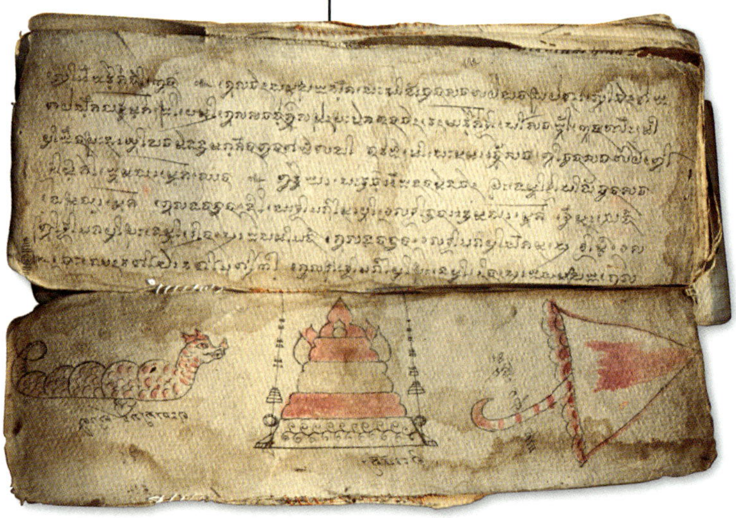

▷ **Páginas del Canon Pali**

c. 4 a. C.
NACIMIENTO DE JESÚS

Jesús, hijo de José, un carpintero humilde, y su esposa María, nació en el pueblo de Belén (Judea) hacia 4 a. C. En sus enseñanzas, Jesús incidió en la compasión y el perdón, y estas atrajeron a muchos discípulos, pero su identificación con la figura del Mesías, el salvador largo tiempo esperado por los judíos, le enfrentó a las autoridades judías en Palestina.

▷ **Jesús y María,** detalle del icono bizantino *Consuelo de los afligidos*

9 d. C. Tribus germánicas aniquilan tres legiones romanas en el bosque de Teutoburgo y detienen la expansión de Roma.

24 d. C.

9 d. C. El regente Wang Mang derroca al emperador niño Ruzi Ying y declara la dinastía Xin.

▷ **Maqueta** del templo de Herodes

19 a. C.
HERODES RECONSTRUYE EL TEMPLO

Nombrado rey de Judea por los romanos, Herodes mantuvo la independencia del reino procurando equilibrar los intereses romanos y judíos. Encargó varios proyectos en Jerusalén, entre ellos, en 19 a. C., la reforma del Segundo Templo (que databa del siglo VI a. C.), en la que se creó un nuevo patio exterior, niveló parte del monte del Templo para ampliar la explanada, y construyó una nueva muralla perimetral, cuyos restos son hoy el Muro de las Lamentaciones.

▷ **Espejo Han** (siglo I d. C.)

23 d. C.
MUERTE DE WANG MANG Y RESTAURACIÓN HAN

Después de arrebatar el poder a una dinastía Han debilitada en 9 d. C., Wang Mang fundó la dinastía Xi, e impuso reformas muy impopulares. Fue asesinado en la rebelión subsiguiente en 23 d. C., después de la cual los lealistas Han del emperador Guang Wudi aprovecharon el desorden y tomaron el poder en 25 d. C.

509 a. C.-395 d. C.
ARQUITECTURA ROMANA

Los romanos fueron ingenieros y constructores incansables. Muchos de los edificios de la era republicana (anteriores a 27 a. C.) que se conservan son templos, con podios elevados y columnas de estilo griego, o edificios públicos, como las basílicas rectangulares con espacios divididos por columnatas, que eran tribunales o salas de audiencias. En la era imperial, la arquitectura romana adquirió identidad propia, con nuevos materiales como el ladrillo y el hormigón romano *(opus caementicium)*, que incorporaba arena volcánica puzolana para aportar dureza y durabilidad. Estos permitieron construir cúpulas, grandes anfiteatros como el Coliseo, acueductos y grandes baños, como las termas de Diocleciano en Roma.

Los romanos adornaron sus edificios con frisos tallados, bustos y estatuas de mármol y bronce, a menudo basadas en originales griegos o helenísticos. Los interiores romanos se cubrían con estuco y frescos con diseños geométricos o escenas mitológicas. Los suelos y las paredes de las villas romanas se decoraban con mosaicos hechos de miles de teselas de mármol y caliza, con escenas legendarias o de gladiadores.

MOMENTOS CLAVE

c. 300 a. C.-395 d. C. Calzadas romanas
Los romanos construyeron una red de calzadas pavimentadas de 80 000 km (como la vía Apia, izda.) que conectaban las principales ciudades del imperio. Se construían rectas, sobre terreno nivelado, con capas de gravilla rematadas por una superficie dura de hormigón y bloques rectangulares de piedra. La combadura pronunciada y las cunetas ayudaban al drenaje.

c. 200 a. C.-395 d. C. Urbanismo romano
Los romanos fundaron ciudades dispuestas en un trazado en cuadrícula basado en el campamento militar romano. Una vía principal, el *decumanus maximus*, iba de este a oeste, y otra, el *cardo maximus*, de norte a sur, con los edificios principales y el foro, centro de la vida cívica, en la intersección. Para determinar el trazado, los agrimensores o topógrafos romanos usaban cuerdas, varas y la *groma*, una pértiga con un travesaño rotatorio y plomadas.

El puente del Gard se construyó en el siglo I d.C. para llevar agua sobre el río Gardon a Nimes, en el sur de Francia. La estructura en tres arcadas mide 275 m de largo, y es uno de los mejores ejemplos de acueducto romano que se conservan.

> «Todos los héroes varones agacharon sumisos la cabeza; solo las dos hermanas se levantaron orgullosas para vengar al país.»

POEMA VIETNAMITA DEL SIGLO XV SOBRE LAS HERMANAS TRUNG

▽ **Página de** *De medicina*

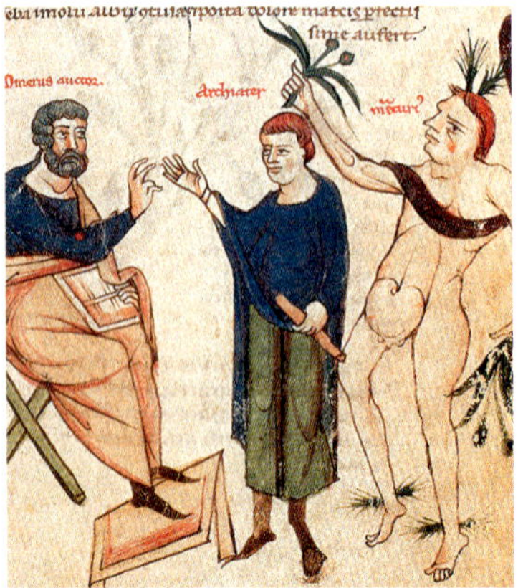

25

CELSO PUBLICA *DE MEDICINA*

El autor romano Aulo Celso compiló una enciclopedia general que incluía *De medicina*, resumen del conocimiento médico romano. Sus ocho volúmenes recogen técnicas quirúrgicas para trastornos como hernias, cálculos en la vejiga y abscesos, describen muchos tipos de fiebre, y fue el primero en usar el término «cáncer». Las obras de Celso se perdieron, no siendo redescubiertas hasta 1426.

25

40-43 Las hermanas Trung se rebelan contra la China Han y establecen brevemente un Vietnam independiente.

△ ***La crucifixión,*** de Giotto de Bondone

33

CRUCIFIXIÓN DE JESUCRISTO

Después de predicar durante tres años, Jesús fue detenido por las autoridades judías y juzgado por Poncio Pilatos, prefecto romano de la provincia de Judea, que lo acusó de sedición por pretender el título de «rey de los judíos». Ejecutado por crucifixión, más tarde sus seguidores afirmaron que había resucitado, creencia que fue el fundamento de una nueva religión, el cristianismo.

43

INVASIÓN ROMANA DE BRITANIA

El emperador Claudio envió una fuerza de 40 000 legionarios a invadir Britania. Desembarcaron en la costa sudoriental y, en duros combates, vencieron a los britanos dirigidos por Carataco, caudillo de los catuvelaunos, cuya capital Camulodunon (Colchester) tomaron pronto las legiones, y avanzaron sobre las Tierras Medias, iniciando una ocupación de Britania que duraría más de 350 años.

◁ **Carataco,** rey de los catuvelaunos

79
LA ERUPCIÓN DEL VESUBIO

En agosto de 79 d. C., la erupción del Vesubio en el sur de Italia cubrió Pompeya y Herculano con una lluvia de cenizas y pumita calientes. Un flujo de lava supercalentada arrasó Herculano; luego, una nube de gas tóxico asfixió a la mayoría de las 2000 personas que no habían huido de Pompeya, y una lluvia de rocas calientes y ceniza mató al resto. Ambas ciudades quedaron sepultadas hasta ser excavadas en el siglo XVIII.

▷ *El Vesubio en erupción,* por J. M. W. Turner

79

c. 65 El budismo llega por primera vez a China traído por monjes de India.

66–70 La revuelta judía contra la opresión romana acaba con la toma de Jerusalén.

69 Año de los cuatro emperadores: Vespasiano gana la guerra civil entre emperadores romanos rivales.

74 Los romanos toman Masada, y ponen fin a la resistencia de los zelotes.

◁ **Hebilla de oro kusana**

El flujo de lava que destruyó Pompeya superaba los 300 °C de temperatura.

60
LA UNIÓN DE LOS KUSANAS EN INDIA

Los kusanas, descendientes de los nómadas tocarios (o yuezhis), conquistaron el reino helenístico de Bactriana en el siglo II a. C., pero siguieron divididos en cinco reinos. Estos fueron unificados por Kujula Kadfises, y se expandieron al noreste de India. Tras conquistar parte de Gandhara, su imperio pronto dominaría el norte, y sería una de las mayores potencias de Eurasia.

80

SE INAUGURA EL COLISEO

El Coliseo, encargo del emperador Vespasiano en 72 d. C., tardó ocho años en construirse. Los juegos inaugurales del anfiteatro, celebrados en 80 d. C., duraron más de cien días, con luchas de gladiadores y cacerías de animales salvajes, algunos exóticos, como rinocerontes. Fue el mayor anfiteatro del imperio, con 80 entradas separadas y capacidad para 50 000 espectadores.

△ **El Coliseo,** en Roma

80

100 Se completa el *Shuowen Jiezi*, primer diccionario para clasificar los caracteres chinos, que incluye más de 9000.

c. 110 Enviados de India visitan al emperador Trajano en Roma, según algunas fuentes.

▷ **La pirámide del Sol,** en Teotihuacán

c. 100

SE CONSTRUYE LA PIRÁMIDE DEL SOL

Los habitantes de Teotihuacán, en México central, construyeron una vasta pirámide al este de la calzada de los Muertos, avenida principal de la ciudad. De más de 70 m de alto, estaba cubierta de caliza y pintada con murales. La estructura sirvió probablemente como templo; en 2013 se encontró cerca de la cima una estatua del dios del fuego Huehuetéotl.

101

EL EMPERADOR TRAJANO CONQUISTA DACIA

Trajano emprendió dos campañas (101–102 y 105–106) para expandir el imperio más allá del Danubio invadiendo el reino dacio de Decébalo (en la actual Rumanía). Tras una tregua inicial, las legiones regresaron y arrasaron la capital, Sarmizegetusa, capturaron a Decébalo y redujeron Dacia a provincia romana.

◁ **Segunda campaña dacia,** detalle del relieve de la columna de Trajano

76–138

EL EMPERADOR ADRIANO

Adriano, hijo adoptivo de Trajano, detuvo la política expansionista de su predecesor, consolidó las fronteras imperiales, construyó el muro de Adriano (Britania) y viajó por todo el imperio.

c. 130 **El rey kusana** Kanishka invade el norte de India, y llega hasta Mathura.

132 **Zhang Heng hace una demostración** del primer sismógrafo en la corte imperial Han.

132 **Barcokebas (Simón bar Kosebá)** encabeza la segunda revuelta judía contra Roma.

139

△ **Muro de Adriano,** visto desde Hotbank Crags

122

CONSTRUCCIÓN DEL MURO DE ADRIANO

En una visita a Britania en 122, el emperador Adriano mandó erigir una barrera para delimitar el norte de la provincia. Al completarse, el muro de tierra y piedra de 5 m de alto atravesaba 80 millas romanas desde Wallsend, junto al río Tyne, hasta el fiordo de Solway, con 16 fuertes y numerosas fortificaciones menores y torres para una guarnición de 9000 hombres.

105–868 EL PAPEL Y LOS LIBROS

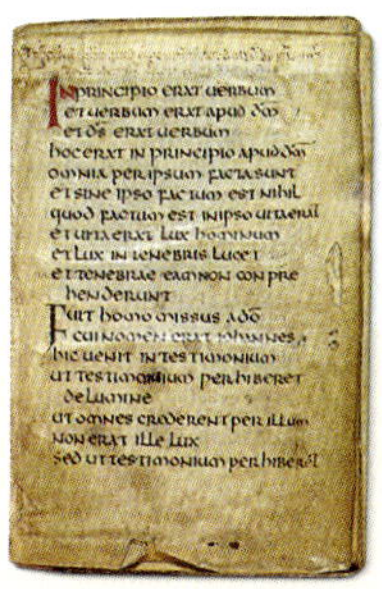

El papel permitió producir material de lectura mucho más barato que el papiro y la vitela antes usados en Egipto y Grecia.

105 **El funcionario chino Cai Lun** hierve trapos y corteza de árbol y seca la pulpa para hacer papel, duradero y económico.

c. 400 **Los códices (libros)** de hojas cosidas (como el Evangelio de San Cuthbert, del siglo VII, arriba) sustituyen a los rollos.

868 **El *Sutra del diamante*,** tratado devocional budista, es el libro impreso más antiguo conocido, hecho usando una sola plancha de madera por página.

166
INICIO DE LAS GUERRAS MARCOMANAS

En el siglo II d. C. comenzó a crecer la presión de los bárbaros en las fronteras romanas. Tribus germánicas invadieron la provincia de Panonia en 166 d. C., y, dos años después, los marcomanos, asentados en las inmediaciones del Danubio en Bohemia, invadieron Italia. Marco Aurelio los rechazó y llevó la campaña al Danubio, pero la guerra contra los marcomanos duró 14 años de duros combates.

▷ **Combate entre romanos y germanos,** según este detalle del sarcófago de Portonaccio

140

169 El coemperador Lucio Vero muere a causa de una epidemia de viruela en el Imperio romano.

143-161 La frontera romana en Britania se desplaza temporalmente al norte, al muro de Antonino.

150
LA CULTURA DE NOK FLORECE EN ÁFRICA OCCIDENTAL

En la región fértil alrededor del río Benue, en Nigeria central, la cultura de Nok desarrolló la fundición de hierro y produjo estatuillas humanas y animales de terracota de gran sofisticación. Aunque dominó una región extensa, la cultura de Nok no duró más de 50 años, tal vez debido a la superpoblación o a una invasión de pueblos vecinos.

▷ **Estatuilla de terracota de Nok**

▷ **Complejo de templos** de Hatra (Irak)

160
APOGEO DEL REINO DE HATRA

Uno de los primeros Estados árabes fuera de la península arábiga, Hatra, en el norte del actual Irak, se enriqueció al dominar una ruta de caravanas importante, y alcanzó su cénit en la década de 160 d. C. Resistió los intentos de conquista romanos en 117 y 199 d. C., y cayó al fin ante el rey sasánida Sapor I en 240 d. C.

197
FIN DE LA GUERRA CIVIL EN ROMA

Tras los asesinatos del emperador romano Cómodo y su sucesor Pertinax, el gobernador de Siria Pescenio Níger, el gobernador de Britania Clodio Albino y el gobernador de Panonia Septimio Severo se enfrentaron y compitieron por el poder. Aliado al principio con Albino, Severo se impuso a Níger, y en 197 d. C. derrotó a Albino, restaurando la paz y estabilizando las fronteras del imperio.

▷ **Septimio Severo,** busto de mármol

180 El emperador Cómodo acuerda el fin de las guerras marcomanas.

184 Estalla en China la revuelta de los Turbantes Amarillos.

189 Dong Zhuo pone fin al poder de los eunucos en la corte China y saquea la capital, Luoyang.

199

«El Cielo Azul está ya muerto; el Cielo Amarillo pronto se alzará.»

ZHANG JUE, LÍDER DE LOS TURBANTES AMARILLOS, EN EL *HOU HAN SHU (LIBRO DE HAN POSTERIOR)*, DEL SIGLO V

△ **Iaksa** (espíritu de la naturaleza), de la civilización de Champa

c. 192
SE ESTABLECE EL REINO DE CHAMPA

Enfrentada la dinastía Han a luchas internas, sus dominios en el Sureste Asiático se empezaron a separar. El pueblo cham fundó cuatro reinos en torno a Hue (actual Vietnam) en 192 d. C. Absorbieron influencias indias y chinas, dominaron el comercio y se expandieron al norte, hacia China, y al oeste, por la región jemer de Camboya.

250-900
LA CIVILIZACIÓN MAYA CLÁSICA

En la Mesoamérica precolombina surgió una civilización sofisticada en lo que hoy es el sur de México, Guatemala, Belice, El Salvador y Honduras. Los indígenas, hoy en día llamados mayas, formaron sociedades complejas a partir de *c.* 2000 a. C., y se asentaron en ciudades en torno a 750 a. C. La cultura maya característica floreció durante el periodo clásico (250-900 d. C), marcado por la introducción del calendario, llamado calendario de cuenta larga. En esta época, la civilización maya consistía en una red de ciudades-estado autónomas con lazos comerciales y hasta con rivalidades por la influencia en la región. Centros urbanos como Tikal, Calakmul, Copán, Palenque y Yaxchilán fueron gobernados por dinastías de reyes «divinos» —líderes espirituales, además de políticos y militares— y una aristocracia cada vez más poderosa. Destacan los palacios, monumentos y templos piramidales de la sociedad maya clásica, además de observatorios y canchas para juegos de pelota ceremoniales. Del desarrollo de un sistema de escritura surgió una clase educada en la astronomía y las matemáticas, cuyo mecenazgo favoreció una edad dorada de las artes y la artesanía.

MOMENTOS CLAVE

250-900 Ascenso de Tikal y Calakmul
La civilización maya del periodo clásico se definió por el auge de ciudades-estado poderosas, destacando las rivales Tikal y Calakmul (izda.), que se disputaron el dominio de la región durante este periodo.

***c.* 250 Escritura maya**
En torno a 250 d. C., los mayas tenían un sistema de escritura a base de símbolos para representar sílabas o palabras. Los símbolos, o glifos, se disponían en bloques para formar palabras u oraciones sobre un soporte similar al papel hecho de corteza de árbol, o bien sobre piedra o cerámica (izda.).

***c.* 750-900 Fin del periodo maya clásico**
Las ciudades-estado mayas de las tierras llanas del sur entraron en declive por motivos aún misteriosos. Hacia 900 d. C. estaban casi abandonadas (izda.), y el centro de la civilización maya posclásica se desplazó al norte, a ciudades como Chichén Itzá.

Rodeado de selva tropical, el templo de las Inscripciones se construyó sobre la pirámide y tumba de K'inich Janaab' Pakal, cuyo reinado (615–683) corresponde a la cumbre de la influencia de la ciudad-estado maya clásica de Palenque.

▷ **Vasija** mochica con asa de estribo

200-300

AUGE DE LA CULTURA MOCHICA EN PERÚ

El valle de Moche, habitado por el pueblo mochica, en la costa norte de Perú, fue un centro de innovación y creatividad cuyos artesanos produjeron hermosas joyas galvanizadas con oro y plata y vasijas con asa de estribo. El templo del Sol —una gran pirámide escalonada— y las elaboradas tumbas reales en Huaca Dos Cabezas son muestra de una cultura rica y sofisticada.

212

EDICTO DE CARACALLA

Hasta el siglo III d. C., la ciudadanía romana se limitó a los habitantes de Italia, las colonias romanas y los recompensados por el servicio militar. En 212 d. C., el emperador Caracalla la extendió a todos los adultos libres del imperio. El motivo pudo ser económico, por los impuestos a la herencia o para contrarrestar su impopularidad, pero ayudó a cohesionar el imperio en las décadas siguientes.

△ **Placa militar** que concede la ciudadanía romana

200

c. 200 El manuscrito indio de Bajshali es el más antiguo que contiene un signo para el cero.

220-280

LOS TRES REINOS DE CHINA

En la década de 190 d. C., la dinastía Han había perdido la mayor parte de su territorio a manos de caudillos militares. Uno de estos, Cao Cao, unificó el norte, pero en 208 d. C. fue vencido al invadir el sur de China, en la batalla de los Acantilados Rojos. A partir de 220 d. C. China se escindió y entró en el periodo de los Tres Reinos, Wei, Shu y Wu, desunión que duraría 60 años.

▷ **Cao Cao** observa la luna de noche antes de la batalla de los Acantilados Rojos

161-223

LIU BEI

Tras servir a los Han como general, Liu Bei se alió con Cao Cao, pero se volvió contra él durante la campaña de los Acantilados Rojos, en 208 d. C. Fue el primer rey de Shu, uno de los Tres Reinos.

241
MANI COMIENZA A PREDICAR EN PERSIA

En el caos resultante de la caída de la dinastía arsácida persa, crecieron nuevos movimientos religiosos. Mani, criado en una de tales sectas, los mandeístas, predicó una fe nueva que combinaba elementos del zoroastrismo, del budismo y del cristianismo gnóstico, con énfasis en el combate cósmico entre el bien y el mal. Fundó el maniqueísmo, religión que prohibía el matrimonio a sus sacerdotes, y ganó muchos conversos tanto en Persia como el Imperio romano.

▷ **Escritos de Mani,** manuscrito iluminado

249

235 Maximino el Tracio, un humilde oficial amotinado, se convierte en emperador y comienza la «anarquía militar» en el Imperio romano.

249 La familia Sima toma el poder en el reino chino de Wei.

△ **Investidura de Ardasir I,** relieve en piedra

224
ARDASIR I DERROCA A LOS PARTOS

La dinastía arsácida, dueña de Persia desde mediados del siglo III a. C., quedó debilitada por invasiones romanas y una guerra civil que dividió el reino. Después de una invasión romana en 216 d. C., Ardasir, rey local de Fars, en el suroeste, se rebeló. Ocho años después derrotó al último rey parto, Artabán IV, y fundó la nueva dinastía sasánida, que reinaría en Persia durante los siguientes cuatro siglos.

235
ASESINATO DE ALEJANDRO SEVERO

La estabilidad del Imperio romano lograda por Septimio Severo desde 194 d. C. fue breve. La conducta aberrante de su bisnieto Heliogábalo provocó una revuelta, y fue asesinado para entronizar a su primo, Alejandro Severo. En 235 d. C., este fue también asesinado por soldados amotinados en Germania. Durante el siguiente medio siglo reinaron brevemente 25 emperadores, y muchos de ellos eran oficiales del ejército.

◁ **Alejandro Severo**

◁ **Cabeza de guerrero,** del periodo Yamato

c. 250

REINO DE YAMATO EN JAPÓN

El reino de Yamato se fundó en el área de la montaña sagrada Miwa, cerca de Nara. En una fuente china de 238 d. C. se menciona a la reina Himiko, uno de sus primeros soberanos. De cultura metalúrgica, agrícola y basada en clanes, se expandió gradualmente por el centro de Japón. Mantuvo relaciones con Corea y China. De China recibió la influencia budista, la escritura y su sistema de funcionariado.

250

251 El emperador romano Decio muere en la batalla de Abrito contra los godos.

260 El rey persa sasánida Sapor I derrota y hace prisionero al emperador romano Valeriano.

260 Póstumo funda el Imperio galo, escindido del romano.

275 San Antonio funda un monasterio copto ortodoxo en el desierto de Egipto.

▷ **Ruinas de Tiahuanaco,** en Bolivia

c. 250

FUNDACIÓN DE TIAHUANACO

Tiahuanaco, situada cerca del lago Titicaca, en el oeste de Bolivia, inició un periodo de auge a partir de una agricultura en plataformas elevadas regadas por canales. Los excedentes alimentarios permitieron construir una gran capital ceremonial, con la monumental puerta del Sol y el templo semisubterráneo de Kalasasaya, adornado con cabezas de piedra de seres humanos y sobrenaturales. Son características las vasijas cerámicas policromadas en forma de cabeza humana, jaguar y puma.

269
ZENOBIA DE PALMIRA CONQUISTA SIRIA Y EGIPTO

Después del asesinato de su esposo Odenato, aliado de Roma, Zenobia de Palmira se rebeló contra los romanos. Sus ejércitos ocuparon Siria y Egipto (269 d. C.), y atacaron luego Asia Menor. Ante la amenaza en Oriente, el emperador Aureliano marchó a enfrentarse a ella, derrotó a los palmiranos en Antioquía, y en 272 d. C. puso sitio a Palmira, donde hizo prisionera a Zenobia.

◁ ***La reina Zenobia dirigiéndose a sus soldados*** (*c.* 1725-1730), por Giambattista Tiepolo

«Exiges mi rendición como si no supieras que Cleopatra prefirió morir como reina, antes que seguir con vida.»

RESPUESTA DE ZENOBIA DE PALMIRA AL EMPERADOR AURELIANO, EN *HISTORIA AUGUSTA* (SIGLO IV)

299

▽ **Wudi (o Sima Yuan),** emperador Wu de Jin

280
LOS JIN OCCIDENTALES REUNIFICAN CHINA

En 265 d. C., Sima Yuan, nieto de un general imperial, obligó al último emperador Wei, Cao Huan, a abdicar en su figura, e inauguró una nueva dinastía, la Jin Occidental. Estableció un nuevo código legal, devolvió el poder a los príncipes imperiales y, en 280 d. C., conquistó el Estado oriental de Wu. La reunificación de China, sin embargo, no duraría mucho más allá de la muerte de Sima Yuan, una década después.

284
DIOCLECIANO ES DECLARADO EMPERADOR

Diocleciano, de origen humilde, ascendió en el ejército y fue proclamado emperador tras la muerte en circunstancias misteriosas de Numeriano, en campaña contra Persia. De carácter fuerte y con buenas dotes organizativas, comprendió que un solo hombre no podía poner fin a la anarquía militar, y en 286 d. C. nombró coemperador a otro oficial, Maximiano, y extendió más tarde el sistema a cuatro emperadores (tetrarquía).

◁ **Los tetrarcas,** escultura de pórfido

300

301 Diocleciano promulga el Edicto sobre Precios Máximos para intentar controlar la inflación.

303 Diocleciano ordena perseguir a los cristianos; muchos murieron por negarse a abjurar de su fe.

c. 300 Comienza el periodo maya clásico en Mesoamérica.

304

EL NORTE DE CHINA SE DIVIDE EN 16 REINOS

La dinastía Jin Occidental dependió cada vez más de soldados nómadas no chinos del norte, como los xiongnus meridionales. En 304 d. C., Liu Yuan, líder militar de origen xiongnu, derrocó al último emperador Jin y declaró su propia dinastía Han Zhao. El norte de China se disgregó en un mosaico caótico de Estados menores, los Dieciséis Reinos, gobernados por otros grupos nómadas como los xianbei y jie, hasta la reunificación por la dinastía Wei del Norte en 439 d. C.

◁ **Escultura** china del periodo de los Dieciséis Reinos

320

CHANDRAGUPTA FUNDA EL IMPERIO GUPTA

Nieto de Gupta, fundador de un pequeño Estado en Magadha, al noreste de India, Chandragupta asentó el poder de la dinastía con su matrimonio con una princesa del Estado vecino, de la dinastía Licchavi. Incorporó Ayodhya y el sur de Bihar a sus dominios, iniciando la expansión del Imperio gupta que dominaría el norte de India hasta el siglo v.

◁ **Escultura de Krishna** matando al demonio Keshi, de la dinastía Gupta

312
BATALLA DEL PUENTE MILVIO

La tetrarquía de Diocleciano (los cuatro soberanos del Imperio romano) quedó desestabilizada por la muerte de Constancio I, en 306 d. C., y la proclamación de su hijo Constantino como emperador. Este se enfrentó a Majencio, hijo de Maximiano, anterior coemperador de Diocleciano, por el dominio del oeste del Imperio. Aliado con Licinio en Oriente, Constantino marchó sobre Italia y derrotó a Majencio en la batalla del puente Milvio, en las afueras de Roma.

◁ **Batalla del puente Milvio**

330
CONSTANTINO FUNDA UNA NUEVA CAPITAL ROMANA ORIENTAL

Tras derrotar a su último rival, Licinio, Constantino I escogió el emplazamiento de la antigua ciudad griega de Bizancio para fundar allí una nueva capital y consolidar su reinado. La llamó Nova Roma, aunque no tardó en ser conocida como Constantinopla, y mandó construir en ella un nuevo Senado, un gran palacio imperial, termas, un gran hipódromo e iglesias imponentes. La nueva ciudad, capital imperial durante más de mil años, fue embellecida con estatuas tomadas de todo el imperio.

◁ **Columna de Constantino,** en Estambul

320 Ezana del reino etíope de Aksum se convierte al cristianismo.

325 El Concilio de Nicea, sínodo de obispos cristianos, acuerda la primera doctrina cristiana oficial.

359

«Debemos, por consiguiente, dar, así a los cristianos como a todos los otros, libre oportunidad para profesar la religión que cada uno desee.»

EDICTO DE MILÁN (313 d. C.)

45-500
LA DIFUSIÓN DEL CRISTIANISMO

El cristianismo se propagó a partir de Judea a mediados de la década de 40 d. C. con las misiones de san Pablo a Antioquía y Asia Menor.

301 Armenia es el primer Estado cristiano, tras la conversión de su rey Tirídates III por san Gregorio el Iluminador.

313 Por el Edicto de Milán, Constantino I tolera el cristianismo y otras religiones en el Imperio romano.

391 Teodosio I prohíbe el culto pagano en el Imperio romano. Muchos templos clásicos son dañados por los zelotes, fanáticos cristianos.

497 El rey franco Clodoveo se convierte al cristianismo al aceptar el bautismo por la Iglesia católica romana.

c. 250-476

LA DECADENCIA Y CAÍDA DE ROMA

En el siglo IV, el Imperio romano estaba bajo la presión creciente de bárbaros decididos a saquearlo o asentarse en él. El coste y la burocracia necesarios para defenderlo eran inasumibles; el imperio no podía con ataques en múltiples frentes, y sufrió frecuentes incursiones que devastaron las regiones fronterizas. Para hacer frente a la amenaza, hubo que reclutar a mercenarios bárbaros, y hasta los mejores generales, como Flavio Estilicón (c. 359-408), eran también de origen germánico.

Desde la década de 390, Alarico y los godos devastaron los Balcanes e invadieron Italia; en 407, un gran grupo de vándalos, alanos y suevos cruzaron el Rin, entraron en la Galia y ocuparon gran parte de Hispania y el norte de África. Con el menguante control imperial, la capacidad de recaudar impuestos se redujo mucho, y el Imperio fue incapaz de defender las provincias occidentales. Roma fue saqueada por los vándalos, y el último emperador de Occidente, Rómulo Augústulo, fue depuesto en 476 por el caudillo germano Odoacro. Por el contrario, los emperadores del Imperio de Oriente estabilizaron los Balcanes, y su linaje logró sobrevivir casi mil años.

MOMENTOS CLAVE

c. 250-476 Protección de las fronteras
Un Imperio romano debilitado respondió a la amenaza bárbara reforzando las fronteras. El ejército se dividió en guarniciones fronterizas (izda.) y tropas móviles de élite, en un sistema costoso de mantener.

c. 409-800 Los reinos germánicos
Los bárbaros germánicos establecieron reinos en las provincias romanas que ocuparon: los francos, en la Galia; los visigodos (izda.), en Hispania; y los ostrogodos, en Italia. Salvo en Britania, sus soberanos se instalaron en antiguas ciudades romanas, y emplearon a funcionarios romanos en sus gobiernos.

452 El papa León I se reúne con Atila
Atila, rey de los hunos, cruzó el Danubio y llegó hasta el norte de Italia, y conquistó diez ciudades. Una embajada encabezada por el papa León I (izda.) trató de convencer a Atila de no marchar sobre Roma. Los hunos se retiraron, tal vez en vista del duro invierno.

Exquisitamente tallado en mármol proconnesio, el sarcófago Ludovisi, de mediados del siglo III, muestra una batalla entre romanos y bárbaros, posiblemente godos. La figura central a caballo representa tal vez al militar romano a quien estaba destinado el sarcófago.

378

DERROTA ROMANA

En la década de 370 d. C., los godos quisieron asentarse en el Imperio romano de Oriente. Primero se les negó, luego fueron maltratados por funcionarios romanos, y en 378 d. C. invadieron los Balcanes. El emperador de Oriente Valente los interceptó cerca de Adrianópolis. Al ver menos godos de los que se esperaba, atacó sin esperar refuerzos, y la caballería goda —al volver de una expedición de avituallamiento— destruyó a los romanos.

◁ **La batalla de Adrianópolis**

360

360 El reinado del emperador romano Juliano inicia un resurgimiento pagano.

378

SIYAJ KAK CONQUISTA LA CIUDAD MAYA DE TIKAL

Los mayas de Tikal, cerca del lago Petén Itzá, se habían expandido lentamente por las tierras bajas de Guatemala, pero, en 378 d. C., una nueva dinastía se hizo con el poder cuando Siyaj Kak, un extranjero de la ciudad de Teotihuacán (centro de México) derrocó a la dinastía nativa e instaló a Yax Nuun Ayiin como soberano. La influencia externa en Tikal creció, y, con el nuevo orden, la ciudad se expandió al norte y al este y se convirtió en la ciudad-estado maya más poderosa.

▷ **Ruinas del templo** de la ciudad maya de Tikal

386
LOS TUOBA WEI REUNIFICAN EL NORTE DE CHINA

El caótico periodo de los Dieciséis Reinos comenzó a resolverse en 386 d. C., cuando los Tuoba —un grupo túrquico, no Han— afirmaron su independencia. Su rey Tuoba Gui se declaró primer emperador de la dinastía Wei del Norte en 399 d. C., e inició la expansión del territorio Tuoba, que reunificó el norte de China en unos 40 años. Los Wei del Norte adoptaron el budismo, y fueron mecenas del arte budista.

◁ **Tallas budistas** de la cueva de Yungang, encargadas por los Wei del Norte

> «La ilustre ciudad y cabeza del Imperio romano se ha consumido en un incendio.»
>
> OROSIO, CARTA A GAUDENCIO, SOBRE EL SAQUEO DE ROMA EN 410

404 Gwanggaeto, rey de Silla, en Corea, derrota a los invasores Yamato del Japón.

405 San Jerónimo completa la Vulgata, traducción latina de la Biblia.

406 Bárbaros vándalos, suevos y alanos atraviesan la frontera del Rin y entran en el Imperio romano.

419

410
LOS GODOS DE ALARICO SAQUEAN ROMA

Frustrado por años de promesas romanas de tierra para su pueblo, el caudillo godo Alarico invadió Italia para tomar la propia Roma. Levantó el primer asedio tras el pago de un cuantioso rescate, pero el emperador Honorio interrumpió las negociaciones, y tras un nuevo sitio, los godos entraron en la ciudad y saquearon muchos de sus edificios en 410.

▷ **Saqueo de Roma** por los godos de Alarico

400-1700 DESARROLLO DE LA PINTURA CHINA

A partir del siglo v, los pintores chinos desarrollaron técnicas de pincelada avanzadas y establecieron una tradición paisajística que perduraría durante siglos.

c. 400 Gui Kaizhi, pintor de los Wei del Norte es uno de los primeros grandes exponentes del paisajismo.

c. 750 Wang Wei introduce la pintura de paisajes con tinta durante el renacimiento artístico Tang.

c. 1500 Los «Cuatro Maestros» de la dinastía Ming, entre ellos Shen Zhou, llevan a nuevas alturas la expresión individual en la pintura china.

1650-1700 Bajo los primeros Qing surgen estilos de pintura individuales, como la pincelada fluida de Shitao (arriba).

c. 450

APOGEO DEL REINO DE AKSUM

El reino cristiano de Aksum (en las actuales Eritrea y Etiopía) alcanzó su cumbre en el siglo v. Fue el primer Estado subsahariano en acuñar moneda, y sus comerciantes viajaban hasta Alejandría, donde se conectaban con las redes mediterráneas. Sus reyes erigieron grandes estelas en la capital, Aksum.

▷ **Estela del rey Ezana** de Aksum (siglo iv)

△ ***El curso del imperio, destrucción,*** por Thomas Cole, recrea el saqueo de Roma

420

439 Los vándalos toman Cartago, capital del norte de África romano.

450 Ejecución de Cui Hao, principal artífice de las reformas de los Wei del Norte en China.

426

SAN AGUSTÍN DE HIPONA COMPLETA *LA CIUDAD DE DIOS*

Después de unos años como profesor en Milán, Agustín se convirtió al cristianismo y se ordenó sacerdote, y más tarde fue nombrado obispo de Hipona, en su provincia africana natal. Sus escritos ayudaron a reconciliar la filosofía clásica y las enseñanzas cristianas, y en *La ciudad de Dios* cuenta la historia del mundo desde el punto de vista de la providencia divina, y niega que el saqueo de Roma en 410 fuera un castigo divino como rechazo del paganismo.

◁ ***La ciudad de Dios*, de san Agustín,** en una traducción al castellano

«El mundo perece, el mundo envejece, el mundo se viene abajo y respira con dificultad.»

SAN AGUSTÍN DE HIPONA, SERMÓN 81

455

LOS VÁNDALOS SAQUEAN ROMA

En 442, el emperador Valentiniano III acordó mantener la paz con los vándalos (en Cartago), y prometió a su hija Eudocia con el príncipe vándalo Hunerico. Tras ser asesinado Valentiniano, Petronio Máximo se autoproclamó emperador y rompió este acuerdo, y el rey Genserico, padre de Hunerico, indignado, desembarcó con su flota cerca de Ostia y marchó sobre Roma, saqueando sus últimos tesoros antiguos y tomado como rehenes a las hijas y la mujer de Valentiniano. Luego, Hunerico desposó a Eudocia. Las flotas romanas enviadas en 460 y 468 a Cartago fracasaron en su intento de venganza, lo cual confirmó la debilidad terminal de Roma.

451 **Atila** fracasa en el intento de derrotar a un ejército romano-godo en los Campos Cataláunicos.

455 **Comienza la invasión de Britania** por anglos y sajones, pueblos germánicos (fecha tradicional).

467 **La muerte de Skandagupta** marca el inicio del declive del Imperio gupta en India.

479

▷ **Rómulo Augústulo,** busto

476

ÚLTIMO EMPERADOR DE OCCIDENTE

En 475, el funcionario romano Orestes depuso a Julio Nepote, y elevó al trono a su hijo Rómulo Augústulo. Los mercenarios germanos del ejército se rebelaron, y exigieron un tercio de la tierra de Italia. Al negarse Orestes, su general, Odoacro, tomó Rávena, la capital imperial, y depuso a Rómulo, el último soberano del Imperio romano de Occidente.

▽ **El Mono,** geoglifo de las líneas de Nazca

c. 450

GEOGLIFOS DE NAZCA EN EL DESIERTO

A mediados del siglo v, el pueblo de Nazca, en el desierto del sur de Perú, creó algunos de los geoglifos (diseños gigantescos hechos con arena y gravilla de colores depositada en zanjas) más espectaculares del mundo. Algunos miden cientos de metros, representan animales como monos, colibríes y arañas, y solo pueden apreciarse claramente desde el aire.

493
EL REY OSTROGODO TEODORICO DERROTA A ODOACRO

En 489, Teodorico, rey de los ostrogodos, invadió Italia, animado por el emperador romano de Oriente Zenón para derrocar al rey germano Odoacro, que amenazaba la frontera romana. Después de una guerra prolongada, Teodorico entró en Rávena en 493, y aprovechando una tregua, asesinó a Odoacro. Gobernó Italia como rey, respetando las leyes y los derechos romanos.

◁ **Teodorico,** rey de los ostrogodos

480

480 Los heftalíes de Asia central invaden el Imperio gupta y precipitan su colapso.

c. 500 El reino mon de Dvaravati, en Tailandia, abre la región a la influencia cultural india.

497 Bautismo del franco Clodoveo, el primer rey germano en convertirse al catolicismo.

△ **Plato con baño de plata** del rey Peroz

484
LOS HEFTALÍES MATAN AL EMPERADOR SASÁNIDA

En 484, el emperador sasánida Peroz marchó al este para hacer frente al acoso de los heftalíes, o hunos blancos, en la frontera oriental de Persia desde la década de 450. Sufrió una gran derrota y murió cerca de Balj. Persia fue saqueada y se hundió en el caos hasta la llegada al trono de su nieto Cosroes I casi 50 años después.

c. 500
LA CULTURA HUARI

Los huari prosperaron en el centro de los Andes peruanos y se expandieron desde Huari, cerca de Ayacucho, con sus recintos monumentales de piedra y templos en forma de «D», y ocuparon gran parte del antiguo territorio mochica. Los textiles de colores vivos y la cerámica con imágenes del llamado dios de los báculos, figura rectangular con un rico tocado, se difundieron por todo el imperio.

△ **Chal** huari

529
EL CÓDIGO DEL EMPERADOR ROMANO DE ORIENTE JUSTINIANO

Con el fin de racionalizar las leyes imperiales acumuladas a lo largo de siglos, el emperador Justiniano encargó a una comisión de diez miembros crear un código legal único. Dos años más tarde, en 529, lo completaron, y el Código (y sus revisiones posteriores) fue la única fuente del derecho en el Imperio romano de Oriente, y continuó siendo enormemente influyente durante muchos siglos.

◁ **Una edición posterior** del *Corpus iuris civilis*, o Código de Justiniano

482-565
JUSTINIANO I

Uno de los más grandes emperadores romanos de Oriente, Justiniano reconquistó el norte de África, Italia y una parte de Hispania, dejó un nuevo código legal y mandó construir la basílica de Santa Sofía en Constantinopla.

507 Clodoveo derrota a los visigodos en Vouillé, y los empuja hacia Hispania.

c. 535 Nubia se fragmenta en tres reinos, Nobatia, Alodia y Makuria.

536 El general romano de Oriente Belisario arrebata Roma a los ostrogodos.

539

△ **Templo de Asuka-dera** (u Hōkō-ji), en Asuka (Japón)

538
EL BUDISMO LLEGA A JAPÓN

Deseoso de contar con aliados contra China, el rey coreano de Baekje envió una embajada a Japón. Llevaron imágenes de Buda y textos sagrados, y los nobles japoneses se opusieron a la nueva religión, pero el emperador Kinmei confió los regalos al gran ministro Soga no Iname, cuyo clan formó la primera comunidad budista de Japón y construyó el primer templo, Asuka-dera.

Las temperaturas medias estivales en Europa cayeron 2 °C en el año 536, dando inicio a la década más fría en más de 2000 años.

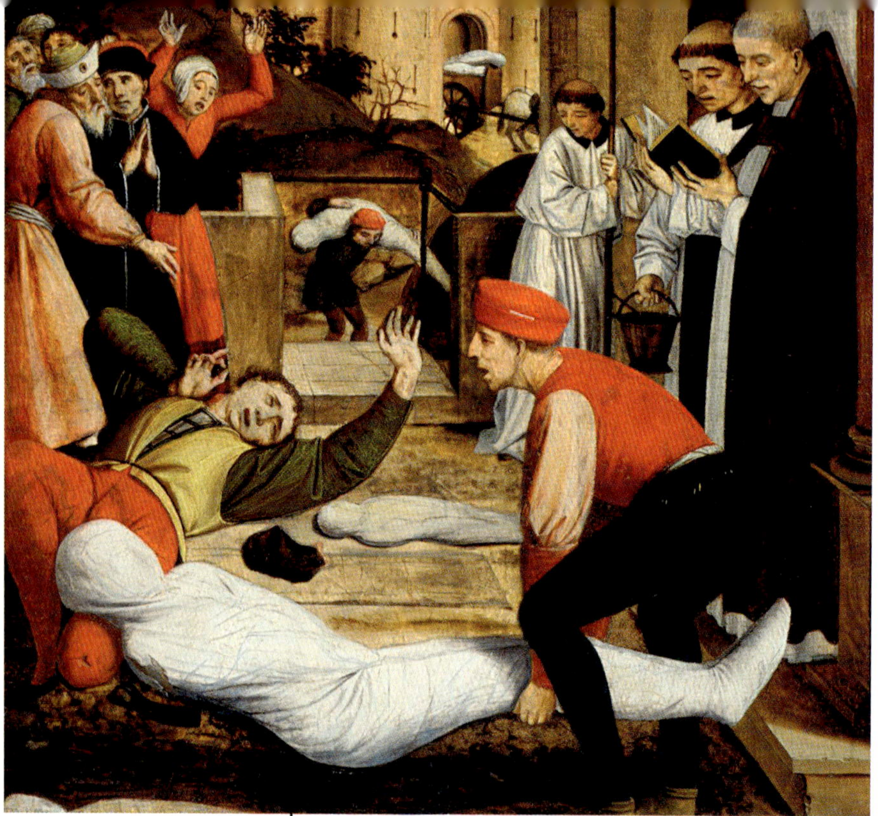

542
PESTE DE JUSTINIANO

La primera epidemia conocida de peste bubónica llegó al Imperio bizantino a través del puerto de Pelusio, en Egipto, desde donde se propagó hasta alcanzar la capital imperial, Constantinopla, donde hubo una gran mortandad. El emperador Justiniano contrajo la enfermedad, pero se recuperó. La peste, que acabó con el aproximadamente 40 % de la población del Mediterráneo oriental, trastornó la agricultura, el comercio y el reclutamiento militar, todo lo cual debilitó mucho al Imperio romano de Oriente.

◁ **Plegarias por las víctimas** de la peste de Justiniano

540

550 **Se funda el reino de Ghana,** primero de los grandes Estados de África occidental.

c. 570 **Khan Bayam** funda el reino de los ávaros en Europa central.

En 542, unas 10 000 personas morían cada día en Constantinopla.

568
LOS LOMBARDOS INVADEN ITALIA

Los lombardos, pueblo germánico asentado en Panonia (actual Hungría), aprovecharon la debilidad del Imperio romano de Oriente tras la larga guerra contra los ostrogodos y la peste de Justiniano, y cruzaron los Alpes hasta Italia. Su rey Alduino ocupó rápidamente el norte y tomó Rávena en 572, pero el reino lombardo se fragmentaría pronto en ducados mal avenidos.

◁ **Detalle del casco** del rey lombardo Agilulfo

587
EL REY VISIGODO DE HISPANIA SE CONVIERTE AL CATOLICISMO

Los visigodos, convertidos al cristianismo arriano como otros pueblos germánicos, adoptaron el catolicismo al convertirse Recaredo, rey de Hispania, en 587. El nuevo credo fue proclamado en el Concilio de Toledo, en 589. A pesar de las esporádicas rebeliones contra la nueva política religiosa, esta contribuyó a la integración de visigodos e hispanorromanos y favoreció el apoyo de la Iglesia católica a la monarquía visigoda.

◁ **Bautismo de los visigodos** en Hispania

593
EL PRÍNCIPE SHOTOKU, REGENTE DE JAPÓN

Después de que su tía Suiko se convirtiera en emperatriz de Japón, Shotoku Taishi fue elegido regente por el líder del poderoso clan Soga. Gobernó sabiamente, reforzando los vínculos con China y estableció un sistema burocrático jerárquico de tipo chino. Introdujo la Constitución de 17 Artículos, un código moral para la clase gobernante, y promovió el budismo con la construcción de grandes templos, como el Hōryū-ji en Ikaruga.

◁ **El príncipe Shotoku**

599

570 **Nace el profeta Mahoma** en La Meca, en el oeste de la península Arábiga.

597 **Agustín de Canterbury llega a Kent (Inglaterra),** enviado por el papa Gregorio I para convertir a los anglosajones.

589
UNIFICACIÓN DE CHINA

En 581, un funcionario de la corte, Yang Jian, derrocó a los Zhou del Norte e instauró a la dinastía Sui. Como emperador Wendi, se apoderó del norte, y luego invadió el sur de China, derrotando a la dinastía Chen y tomando su capital, Nankín. Unida de nuevo China en 589, después de tres siglos, emprendió planes como la construcción del Gran Canal, cuyos costes contribuyeron al colapso de la dinastía antes de 30 años.

△ **El emperador Wendi y barcos** en el Gran Canal

642
CONQUISTA DE LA PERSIA SASÁNIDA

Después de la rápida conquista por los ejércitos árabes musulmanes de las provincias romanas de Palestina y Siria, estos invadieron el Imperio sasánida persa, logrando victorias en Al Qadisiyya y otros lugares. Más adelante acabaron con el último gran ejército persa en Nihavand, en 642. Muertos la mayoría de sus generales, el soberano persa huyó, dejando su imperio en manos del califato islámico.

△ **La batalla de Al Qadisiyya,** según una ilustración de un manuscrito persa

600

613 El profeta Mahoma comienza a predicar en La Meca.

622 La hégira *(hiyra)*, la huida de Mahoma y sus seguidores de la Meca a Medina, inaugura la era islámica.

618
FUNDACIÓN DE LA DINASTÍA TANG

Las fracasos militares y los gigantescos proyectos emprendidos por Wendi, emperador Sui de China, desencadenaron revueltas generalizadas. Para remediar el caos, el general del ejército Li Yuan asumió el control, depuso al emperador y proclamó la dinastía de los Tang. En menos de seis años, como emperador Gaozu, derrotó a los rebeldes y unificó China, por un periodo de casi 300 años.

◁ **Gaozu, emperador Tang de China**

«Con la historia como espejo, puede comprenderse el auge y caída de una nación.»

TAIZONG, SEGUNDO EMPERADOR TANG, PUBLICADO PÓSTUMAMENTE (c. 640)

646

REFORMAS TAIKA EN JAPÓN

Un golpe del príncipe Naka no Ōe y Nakatomi no Kamatari puso fin a su influencia de los corruptos Soga en la corte japonesa, dominada por ellos durante medio siglo. Fue instalado un nuevo emperador cuyo reinado inauguró el periodo Taika. Las reformas instituidas se basaron en el modelo de la China Tang. Se abolió la propiedad privada de la tierra, se impuso el control directo del emperador sobre la administración, se codificaron leyes y se estableció un sistema justo de impuestos. Las reformas revitalizaron Japón.

◁ **Nakatomi no Kamatari**

▷ **Osario de piedra** de la dinastía Silla

668

UNIFICACIÓN DE COREA BAJO LOS SILLA

En 660, el rey Munmu del Estado coreano de Silla atacó al reino rival de Baekje. Antes de ocho años se impuso a Baekje y al tercer reino de Corea, Goguryeo, expulsó a las fuerzas chinas Tang y unificó por primera vez Corea, donde estableció una forma de gobierno basada en la de los Tang.

699

672 **Tikal conquista Dos Pilas** y pasa a ser la ciudad-estado maya dominante.

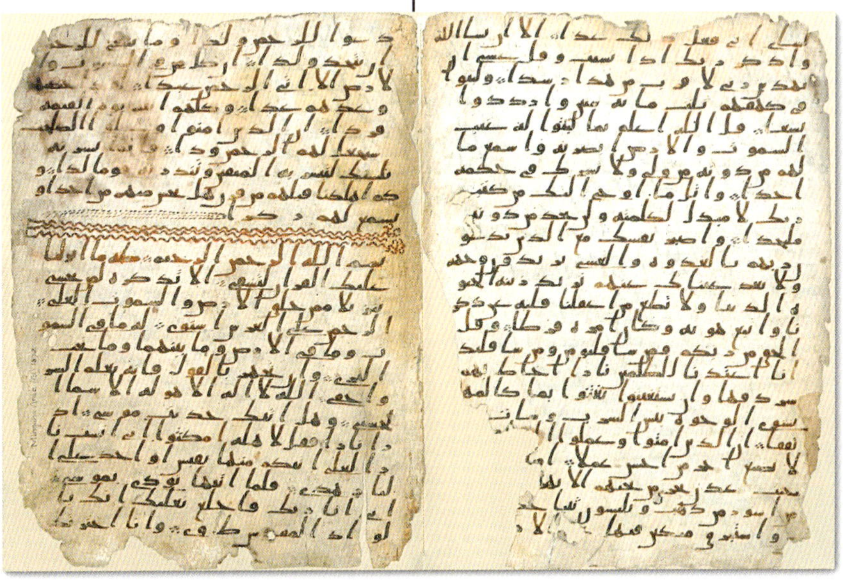

650

COMPILACIÓN DEL CORÁN

Después de la muerte del profeta Mahoma, en 632, surgieron disputas sucesorias, y se planteó la necesidad de fijar un texto acordado para el Corán, transmitido oralmente hasta entonces. El proceso de redacción del libro sagrado se completó bajo el califa Otmán alrededor de 650, y los manuscritos más antiguos conservados son de fecha un poco posterior.

◁ **Manuscrito de Birmingham** del Corán

711

UN EJÉRCITO ÁRABE Y BEREBER INVADE HISPANIA

Conquistado ya el norte de África, fuerzas del califato omeya cruzaron el estrecho a la Hispania visigoda en 711. El ejército árabe y bereber liderado por Tariq ibn Ziyad venció al rey visigodo Rodrigo en Guadalete, y en seis años se había apoderado de toda la península Ibérica salvo un pequeño enclave cristiano en el norte.

700

732 Los francos derrotan a un ejército musulmán en Tours y detienen el avance al norte del Imperio islámico.

725 Los hohokam construyen asentamientos con canales de irrigación en el desierto de Sonora, en la actual Arizona.

726

LA ICONOCLASIA EN EL IMPERIO BIZANTINO

La veneración de iconos (retratos de Cristo y los santos) era popular en el Imperio bizantino, pero, en el año 726, el emperador León III aplicó una política iconoclasta que prohibía venerarlos y ordenaba su destrucción. León y sus clérigos principales atribuyeron las derrotas bizantinas frente a los árabes a la cólera divina por la veneración de los iconos. Aunque la iconoclasia fue impopular entre gran parte del pueblo, duró más de 60 años.

◁ Iconoclastas bizantinos

◁ La batalla de Guadalete

751
PIPINO III, REY DE LOS FRANCOS

La dinastía merovingia de Francia había quedado debilitada y dominada por los mayordomos de palacio, cargo más influyente de la corte (como el de un primer ministro), y que procedían de la familia de los carolingios. En 751, el carolingio Pipino el Breve depuso al último rey merovingio, Childerico III, y, con el apoyo del papa, fue coronado rey y restauró la autoridad real.

◁ **Pipino III el Breve,** rey carolingio

751 **Un ejército árabe** del califato abasí derrota con sus aliados a los chinos Tang en la batalla del río Talas.

752 **Los lombardos conquistan Rávena,** último territorio bizantino importante en Italia.

755 **La rebelión de An Lushan** debilita al Imperio Tang de China.

759

756 **Abderramán I** proclama el emirato omeya de Córdoba en Al Ándalus.

750
LOS ABASÍES DERROCAN A LOS OMEYAS

El descontento creciente con los califas omeyas radicados en Siria condujo a la revuelta de Abu al Abbas al Saffah, descendiente del tío de Mahoma. Derrotó al califa omeya Marwan II y estableció el califato abasí en Irak, donde su sucesor Al Mansur fundó Bagdad.

◁ **Bagdad** en la época de Al Mansur

715-1450
MANUSCRITOS ILUMINADOS MEDIEVALES

Las obras religiosas o históricas ilustradas a mano se crearon durante mil años desde 500 d. C., primero en monasterios, y más tarde, al extenderse la alfabetización, para mecenas ricos.

c. 715 ***Evangeliario de Lindisfarne,*** así llamado por el monasterio donde se guardaba, con joyas incrustadas en la cubierta.

781 ***Evangeliario de Godescalco,*** encargado por el soberano carolingio Carlomagno.

c. 1113 **La *Primera crónica eslava*** relata la historia de Rusia desde sus inicios hasta el reinado de Vladímir III.

1405-1408 ***Las muy ricas horas del duque de Berry*** y otros manuscritos de oración similares fueron del gusto de mecenas ricos.

786

HARÚN AL RASID, CALIFA ABASÍ

Harún accedió al trono tras la muerte de su hermano, e inició una edad de oro del califato abasí en la que florecieron las artes y las ciencias y se enviaron embajadas a lugares tan lejanos como Francia y la China Tang. Con la ayuda de los visires, reforzó el control califal, cuyo centro trasladó de Bagdad a Al Raqa (Siria).

▷ Harún al Rasid

c. 800

TEMPLO DE BOROBUDUR

Los soberanos Sailendra de Java central sufragaron este gran templo budista gracias a la riqueza de su imperio marítimo. Es el mayor monumento budista del mundo, construido en forma de mandala tridimensional. La estructura guía a los peregrinos a través de tres niveles que simbolizan el viaje del alma al nirvana. Siguió siendo un centro importante de veneración budista, hasta su abandono en el siglo XI.

▷ Templo de Borobudur

760

774 El rey franco Carlomagno conquista el reino de Lombardía (Italia).

787 El Concilio de Nicea pone fin a la controversia iconoclasta en el Imperio bizantino y declara de nuevo legal la veneración de iconos.

794 La capital imperial de Japón se traslada a Heian (la actual Kioto).

▷ **La piedra de Lindisfarne** ilustra una incursión vikinga

793

PRIMER ATAQUE VIKINGO EN EL NOROESTE DE EUROPA

Con el asalto al monasterio de Lindisfarne, en la costa nororiental inglesa, comenzaron dos siglos de depredación de las costas del norte de Europa por aventureros escandinavos, llamados vikingos, varegos y normandos. Gracias a sus embarcaciones rápidas y aptas para desembarcar en aguas poco profundas y a sus dotes guerreras, los normandos conquistaron la mayor parte de la Inglaterra anglosajona y llevaron a los reinos francos al borde del colapso.

c. 747-814

CARLOMAGNO

Carlomagno reforzó el gobierno y el sistema legal del reino franco, y asumió el título de «emperador de los romanos». Su poder se proyectó en la península Ibérica, Sajonia, Italia y Europa central.

El gran templo (o estupa) de Borobudur contiene 504 estatuas de Buda.

802

JAYAVARMAN II FUNDA EL IMPERIO JEMER

Jayavarman se declaró *chakravartin* (soberano universal), reafirmando así la independencia de los jemer de los Sailendra de Java. Se estableció en la región de Angkor, siendo el primer rey jemer en hacerlo. Más adelante sus sucesores construyeron el enorme templo budista de Angkor Wat.

△ Jayavarman II

809

800 Ibrahim ibn Aglab establece el emirato suní aglabí, con capital en Kairuán (en la actual Túnez).

801 La dinastía Gurjara-Pratihara se refuerza bajo Nagabata II, y conquista luego Kanauj, en el norte de India.

▽ **Coronación** de Carlomagno

800

CARLOMAGNO ES CORONADO EMPERADOR DE LOS ROMANOS

El papa León III coronó al rey franco Carlomagno en la basílica de San Pedro, en Roma. La ceremonia, el día de Navidad, invistió de manera simbólica a Carlomagno como heredero del Imperio romano de Occidente, respaldó su poder, e inició una línea de sacros emperadores romano-germánicos que llegaría al siglo XIX.

800-1300
CIENCIA ISLÁMICA

Desde el año 800 se vivieron cinco siglos de florecimiento de la ciencia en el ámbito islámico, que aportó avances al legado de los imperios precedentes. Con la conquista de las provincias orientales del Imperio romano y la del Imperio sasánida persa, se incorporaron al califato grandes bibliotecas y tradiciones eruditas. Las exigencias prácticas de la medicina, la arquitectura y el comercio, y la necesidad de conocer la geografía de un ámbito tan vasto, movieron a los soberanos musulmanes a encargar traducciones de textos como el *Almagesto*, del astrónomo griego Tolomeo.

Las cortes de los califas omeyas y abasíes en Damasco y Bagdad, y también en la de Córdoba (en Al Ándalus), fueron centros del conocimiento donde la experimentación y los avances científicos no tenían igual en Europa. Pensadores como Al Juarismi (c. 780-850) desarrollaron el álgebra como disciplina propia, y aportaron soluciones a ecuaciones de segundo grado. En el siglo XI, Avicena (Ibn Sina) desarrolló nociones sobre el empuje y la inercia que iban más allá del trabajo de Aristóteles. Al Biruni (973-1048) calculó el radio de la Tierra midiendo la altura de una montaña.

A partir del siglo XV surgieron nuevos imperios islámicos centralizados en India, Anatolia y Persia, y la ciencia islámica, más que innovar, produjo compendios del conocimiento existente. Así comenzó una lenta decadencia.

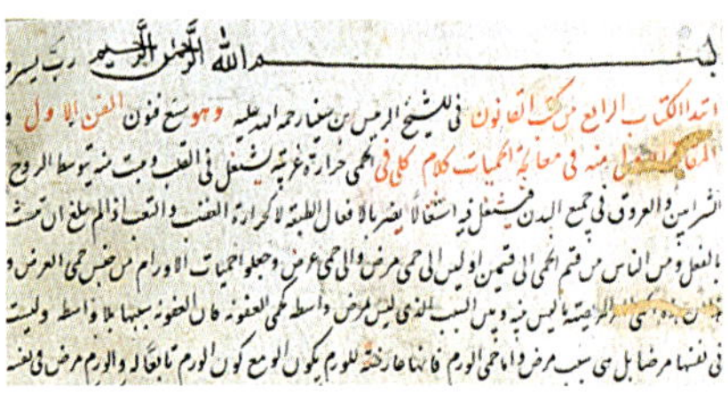

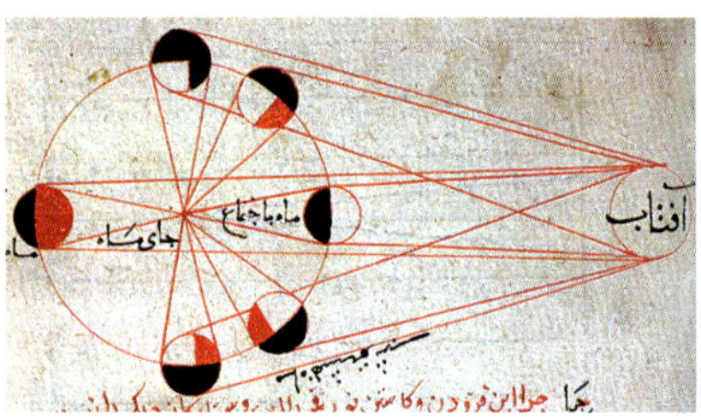

MOMENTOS CLAVE

Desde c. 770 Traducción de obras clásicas
Los califas abasíes, desde Al Mansur (r. 754-775) mantuvieron una biblioteca en Bagdad, la Bait al Hikma (Casa de la Sabiduría), que atrajo a estudiosos que tradujeron al árabe manuscritos clásicos griegos y latinos, como *De materia medica*, de Dioscórides (izda.).

Desde c. 800 Medicina islámica
Médicos como el persa Al Razi (854-925) realizaron observaciones importantes (como distinguir, por primera vez, entre el sarampión y la viruela), y *El canon de medicina*, de Avicena (980-1037), fue un libro de texto médico clave durante siglos (izda.).

Desde c. 800 Las ciencias físicas
Los estudiosos islámicos realizaron grandes avances en la óptica, clasificaron sustancias químicas por primera vez y produjeron mapas astronómicos sofisticados, como esta exposición de las fases de la Luna (izda.), del polímata Abul Rayhan al Biruni (973-1050).

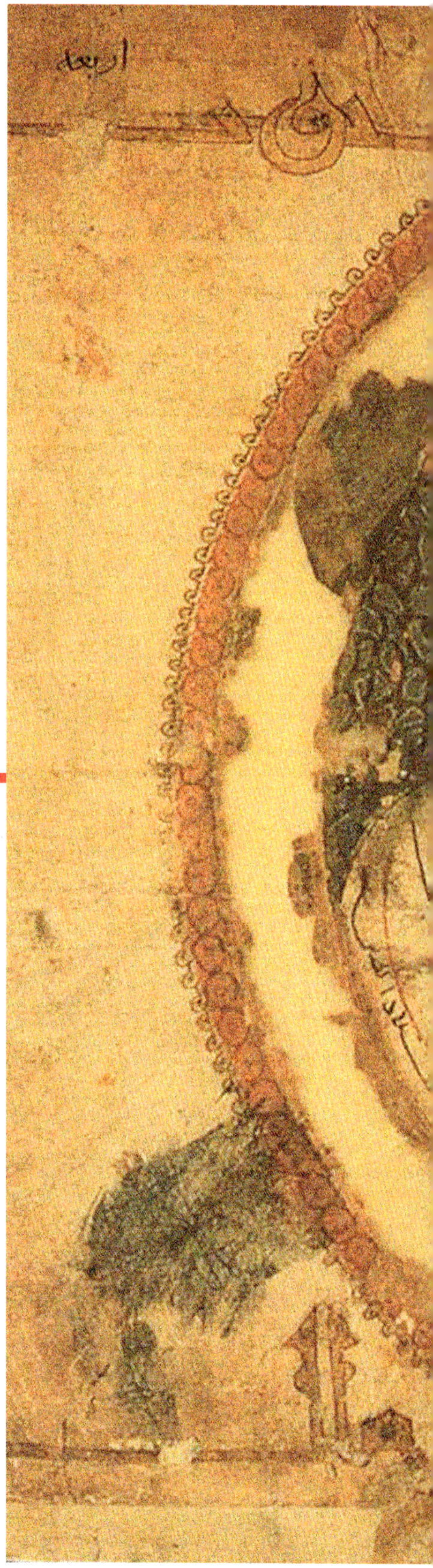

El mundo islámico desarrolló una tradición cartográfica sofisticada, comenzando por la escuela de Al Balji en Bagdad en el siglo IX. Este mapa de c. 970, elaborado por el geógrafo Al Istajri, muestra el mundo dividido en dos mitades por dos grandes mares.

822
SE FUNDA LA BAIT AL HIKMA (CASA DE LA SABIDURÍA)

La Bait al Hikma, centro de erudición y, en particular, de traducción al árabe de textos griegos y latinos, se fundó en Bagdad por el califa Al Mamun. Allí trabajaron estudiosos como el matemático Al Juarismi, padre del álgebra, y la institución permitió a los pensadores árabes e islámicos acceder a obras clásicas filosóficas y científicas.

△ La Casa de la Sabiduría

810

c. 811 Aparece en China el primer papel moneda, conocido como «dinero volante».

811 El kan búlgaro Krum derrota y mata al emperador bizantino Nicéforo I en Pliska, y extiende por primera vez el territorio del primer Imperio búlgaro.

831
CAÍDA DE PALERMO

Tras la toma de Palermo (Sicilia) por fuerzas suníes aglabíes, el emirato con centro en el actual Túnez consiguió dominar la isla entera en 902. Palermo prosperó bajo el gobierno de Ziyadat Alá I (r. 817-838) y de sus sucesores, convertido en un núcleo comercial importante con aportes islámicos, bizantinos, judíos y cristianos occidentales a una cultura híbrida admirable que se desarrolló hasta el siglo XIII.

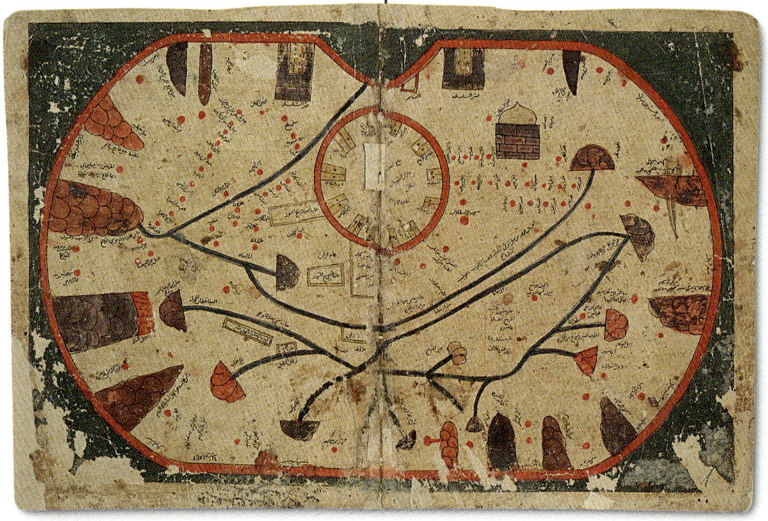

△ Mapa árabe de Sicilia

843
EL TRATADO DE VERDÚN

A la muerte de Carlomagno, su gran imperio fue heredado por su hijo, quien reinó como Ludovico Pío durante 26 años. Cuando murió Ludovico, en 840, sus hijos se enzarzaron en una guerra civil. Tras dos años de amarga lucha se acordó un reparto en Verdún: a Carlos el Calvo le correspondió Francia; a Luis, las tierras alemanas; y a Lotario, la región entre ambas (Lotaringia).

◁ **Tratado de Verdún,** miniatura

804-872
FUJIWARA YOSHIFUSA

En 858, Fujiwara Yoshifusa fue nombrado *sessho* (regente) de su nieto de nueve años Seiwa. Inició una línea de regentes Fujiwara que serían gobernantes efectivos de Japón hasta mediados del siglo XII.

848 El pueblo mranma (o myanma) funda la ciudad-estado birmana de Pagán en el valle del Irawadi.

869

850 El rey Vijayalaya, de la dinastía Chola, arrebata la ciudad de Thanjavur (o Tanjore), en el sur de India, a los Pandya.

858 Yoshifusa del influyente clan japonés Fujiwara, ocupa la regencia e inicia tres siglos de los Fujiwara en el poder.

841
LOS VIKINGOS FUNDAN DUBLÍN

Dublín, la capital irlandesa, nació como *longphort* (fortaleza naval) para incursiones tierra adentro. En la década de 850, el enclave creció para formar el reino de Dublín bajo Olaf el Blanco y su hermano Ímar, y sus soberanos controlaron la zona, a menudo en alianza con el reino de York, hasta el siglo XI.

◁ **Hacha** de guerra vikinga

▷ **Antigua representación china** del uso de armas de fuego

c. 850
INVENCIÓN DE LA PÓLVORA

En su búsqueda de un elixir de la inmortalidad, monjes taoístas chinos crearon la fórmula de la pólvora. Se conocían las propiedades medicinales del nitrato de potasio, pero mezclarlo con azufre y carbón lo volvía combustible. En el siglo XI se utilizó para producir las primeras armas de fuego, como lanzallamas y flechas explosivas.

874
LOS VIKINGOS PUEBLAN ISLANDIA

Liderados por Ingólfur Arnarson, cientos de vikingos emigraron de Noruega a Islandia, y miles más les siguieron en la época del llamado *landnám* («asentamiento»). Pronto crearon granjas por toda la isla, y desarrollaron una Mancomunidad Islandesa, gobernada desde 930 por uno de los primeros parlamentos del mundo, el Althing.

◁ **Figura de bronce vikinga** de Thor (Islandia, c. 1000)

c. 882
OLEG, CAUDILLO DE LOS VIKINGOS DEL RUS, SE CONVIERTE EN REY DE KIEV

Desde su base en Nóvgorod, el príncipe varego Oleg derrotó a sus rivales Askold y Dir y tomó Kiev, adonde trasladó su capital, y desde donde atacó a tribus locales eslavas como los drevlianos, a los que obligó a pagar tributo. Kiev fue creciendo de manera gradual y se convirtió en el núcleo del Rus de Kiev.

△ **Oleg de Nóvgorod** en batalla

870

896 El zar Simeón de Bulgaria derrota a un ejército bizantino en Bulgarófigo (Turquía).

878
ALFREDO EL GRANDE DERROTA A LOS VIKINGOS

En la batalla de Edington, Alfredo salvó su reino de Wessex de ser conquistado por el gran ejército vikingo danés de Guthrum, que había derrotado uno por uno a los reinos anglosajones desde su llegada a Inglaterra en 865. En 875, los vikingos sorprendieron a Alfredo, que tuvo que huir a los pantanos de Athelney (Somerset), pero se reagrupó y obtuvo la victoria en Edington, obligando a los vikingos a someterse y pedir la paz.

▷ **El rey Alfredo el Grande**

«Los paganos, aterrados de hambre, frío y miedo, y finalmente desesperados, pidieron la paz.»

ASSER, *VIDA DEL REY ALFREDO* (c. 900)

◁ **Estatua** tolteca de Tula

c. 900

FLORECE LA CAPITAL TOLTECA DE TULA

Tula (estado de Hidalgo, México) fue la capital de los toltecas. Con un área de 8 km^2, la ciudad contenía varios templos piramidales (entre los que destaca la pirámide de la Serpiente Emplumada, o Quetzalcóatl), canchas de juego de pelota y muchas grandes estatuas de guerreros. Tula fue la mayor ciudad de la región entre la caída de Teotihuacán y el ascenso de Tenochtitlán, aunque no está claro si los toltecas construyeron un imperio o su influencia fue solo cultural.

La antología japonesa *Kokinshū* contiene 1111 poemas.

905 Compilación del *Kokinshū*, primera antología de poesía japonesa.

909 El califato fatimí comienza con el derrocamiento de los suníes aglabíes en el norte de África por Abd Alá (o Mahdi).

918 El rey Parantaka I, de la dinastía Chola, conquista el reino de Pandya en el sur de India.

919

907

CAÍDA DE LOS TANG EN CHINA

Tras un largo periodo de soberanos débiles, una corte dominada por eunucos y varias rebeliones, el último emperador Tang fue depuesto por Zhuwen, antiguo señor feudal rebelde convertido en general y fundador de la breve dinastía de los Liang Posteriores. En las décadas siguientes —el periodo de las Cinco Dinastías y Diez Reinos—, China se disolvió en un mosaico de reinos que no fue reunificado hasta los Song del Norte en el año 960.

▷ **Caballería Tang,** pintura de una tumba

929

EL CALIFATO OMEYA DE CÓRDOBA

El emir omeya Abderramán III se declaró califa en Córdoba como respuesta a la amenaza de invasión de Al Ándalus por los califas fatimíes. Abderramán unificó Al Ándalus y redujo a los reinos cristianos del norte al vasallaje. Durante su reinado, Córdoba entró en su etapa más deslumbrante, durante la cual se construyó el complejo palaciego de Medina Azahara y una universidad que atrajo a alumnos de todo el ámbito islámico y de la Europa cristiana.

▷ **Estatua** de Abderramán I en Almuñécar (Granada), antepasado de Abderramán III y primer emir omeya de Córdoba

920

c. 950 Tihuanaco, centro de una civilización andina poco conocida en Bolivia, es abandonado.

946 La dinastía de los chiíes persas buyíes conquista Bagdad.

935

LA UNIFICACIÓN DE COREA

El rey Taejo de Goguryeo unificó Corea al conquistar Baekje Posterior, después de su victoria sobre Silla Posterior un año antes. Taejo y sus sucesores redujeron el poder de los caudillos militares regionales, aumentaron la recaudación de impuestos y reformaron la burocracia. Del reforzamiento del poder real surgió un Estado centralizado y fuerte.

▷ **El rey Taejo**

960
SE FUNDA LA DINASTÍA SONG DEL NORTE

Zhao Kuangyin, general bajo la dinastía de los Zhou Posteriores del norte de China, tomó la capital Kaifeng, y se declaró emperador Taizu de la dinastía Song del Norte. Durante los siguientes 20 años conquistó el resto de China, reunificada tras el periodo de las Cinco Dinastías y los Diez Reinos. Fomentó la educación y las academias científicas, y reforzó la burocracia china con un examen de ingreso en el funcionariado.

◁ ***El festival Qingming junto al río***, una de las pinturas chinas más famosas, representa la vida en la capital Song, Bianjing (después llamada Kaifeng)

961 **Nicéforo Focas,** como emperador bizantino Nicéforo II, arrebata Creta a los sarracenos.

962 **El rey alemán Otón I** es coronado sacro emperador romano.

c. 965 **El rey Harald Blåtand** de Dinamarca se convierte al cristianismo.

969 **Los fatimíes conquistan Egipto** y trasladan allí el califato.

969

▽ **Corona imperial** de Otón I

955
OTÓN I DERROTA A LOS MAGIARES

En la batalla de Lechfeld, la caballería pesada del rey Otón I aplastó a la caballería magiar (húngara). La muerte de la mayoría de los líderes magiares puso fin a sus incursiones hacia el oeste. En 962, Otón fue coronado sacro emperador por el papa Juan XII.

930-1789
HISTORIA DE LOS PARLAMENTOS

Para defender derechos frente a los monarcas, en la Edad Media se crearon asambleas populares que evolucionaron hasta los parlamentos democráticos de hoy.

930 **El Althing,** el primer parlamento, se establece en la Islandia vikinga. Las leyes se acordaban en reuniones anuales.

1188 **Las Cortes de León,** primer parlamento de la Europa continental, reúnen a clero, nobles y representantes de las ciudades.

1295 **Eduardo I** convoca el Parlamento modelo inglés, integrado por nobles y por dos representantes de cada municipalidad.

1789 **El primer Congreso de EE UU** reúne en Nueva York a representantes de los 13 estados elegidos por sufragio.

988
BAUTISMO DE VLADÍMIR DE KIEV

El gran príncipe Vladímir fue bautizado en Kiev. Se cuenta que envió a embajadores a los territorios vecinos para informarse sobre sus religiones, y que todas le desagradaron salvo el cristianismo ortodoxo griego. El bautismo favoreció la alianza con Bizancio, por el matrimonio con la hermana del emperador bizantino Basilio II.

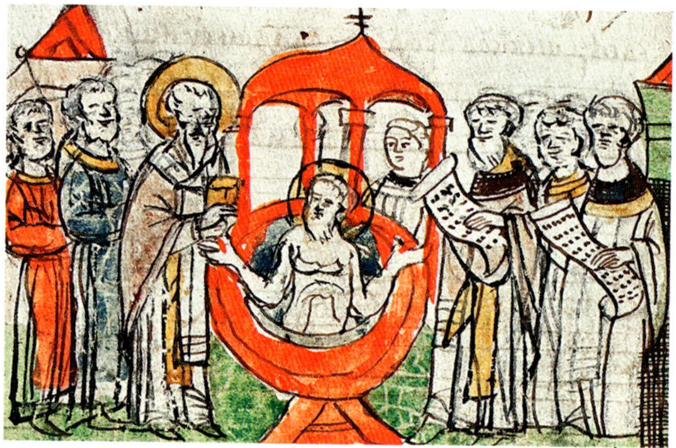

▷ Bautismo del príncipe Vladímir

«Beber es la alegría de toda la Rus. No podemos existir sin ese placer.»

RESPUESTA DE VLADÍMIR DE KIEV A LA EMBAJADA BÚLGARA MUSULMANA ENVIADA PARA CONVERTIRLO (*c.* 987)

970

973 Parantaka II derrota a los rashtrakutas y establece la supremacía de la dinastía Chola en el sur de India.

975 El emperador bizantino Juan Tzimisces reconquista Damasco tras una campaña victoriosa en Siria.

982 El reino del Dai Viet destruye la capital del reino de Champa, Indrapura.

987 Hugo Capeto, elegido rey tras la muerte del último rey carolingio, funda la dinastía Capeto francesa.

985
LOS VIKINGOS COLONIZAN GROENLANDIA

Exiliado de Islandia en 982 por matar a un hombre en una pelea, Erik el Rojo navegó hasta la tierra que llamó Groenlandia («tierra verde»). Acabado su exilio, volvió a Islandia y convenció a miles de personas para colonizar Groenlandia en 985. Formaron dos asentamientos al este y oeste del extremo sur de la isla, y sobrevivieron durante más de 400 años.

▷ Erik el Rojo

987
LA INFLUENCIA TOLTECA LLEGA A YUCATÁN

En la ciudad maya de Chichen Itzá, la aparición de arquitectura de estilo tolteca de Tula, incluidos los altares de ofrendas llamados *chac mool*, grandes estatuas de guerreros y el templo-pirámide de Kukulkán, apuntan a la llegada de gentes de México central a la península de Yucatán. No está claro si los toltecas llegaron como invasores, pobladores o como nueva élite, o bien si los mayas locales simplemente asimilaron la cultura tolteca.

◁ Estatua de un guerrero tolteca

▽ **Basilio II** recibió el apodo Bulgaróctono («matador de búlgaros»)

996

CAMPAÑA DE BASILIO II CONTRA LOS BÚLGAROS

Basilio II fue un gobernante capaz que reforzó la autoridad imperial bizantina dentro y fuera de sus dominios. Neutralizó al ambicioso reino búlgaro, al tomar baluartes clave como Skopje. En 1014 infligió una derrota devastadora al zar búlgaro Samuel en la batalla de Belasitsa (o de Kleidion), en la que murieron 15 000 búlgaros, y se cuenta que le sacó los ojos a 99 de cada 100 supervivientes. El primer Imperio búlgaro se desmoronó, y durante 150 años los búlgaros no volvieron a amenazar al Imperio bizantino.

1001 **Esteban es coronado primer rey de Hungría,** nación erigida en Estado poderoso en Europa.

1009

△ **Pueblo Bonito**

c. 1000

FLORECE LA CIVILIZACIÓN PUEBLO DEL CAÑÓN DEL CHACO

La antigua civilización pueblo del suroeste de América del Norte construyó las llamadas «casas grandes», como las de Pueblo Bonito, redes de calzadas y sistemas de irrigación que hicieron posible practicar la agricultura a pesar del duro clima. En un siglo, la cultura del Chaco decayó, quizá debido a cambios medioambientales.

1001

MAHMUD DE GAZNI INVADE INDIA

Las de Mahmud de Gazni fueron las primeras incursiones musulmanas importantes en India. En 17 campañas, sus ejércitos llegaron hasta Kannauj y Gwalior, y saquearon el templo de Shiva en Somnath (Guyarat). Muchos soberanos indios fueron reducidos al vasallaje, pero el Imperio gaznávida solo ocupó partes del noroeste.

▷ **Mahmud de Gazni**

1010

1010 Fundación de la dinastía Ly en Vietnam por Ly Thai To.

1014 El rey supremo irlandés Brian Boru derrota a una coalición vikinga en Clontarf.

1017 El danés Canuto es coronado rey de Inglaterra.

1018 El rey Rajendra I, de la dinastía Chola, conquista Sri Lanka y las islas Maldivas.

974-1028

EL EMPERADOR LY THAI TO

Al frente de la guardia del palacio Dai Viet en Thang Long (Hanoi), Ly tomó el poder después de morir el último emperador Le. Trasladó la corte al delta del Río Rojo y promovió el budismo en su reino.

△ **Boleslao I** entra en Kiev

1024

BOLESLAO ES CORONADO REY DE POLONIA

Boleslao (posteriormente llamado «el Valiente») heredó el ducado de Polonia después de morir su padre, Miecislao I, en 992, y expandió luego sus territorios con campañas de conquista al este, oeste y sur. Al apoderarse de un arzobispado independiente del poder alemán, Boleslao se coronó primer rey de Polonia en 1024, seis meses antes de morir.

1021
SE ESCRIBE *LA HISTORIA DE GENJI*

La hija de cortesanos llamada Murasaki Shikibu tardó diez años en completar *La historia de Genji* (o *La novela de Genji*), considerada la primera novela japonesa. La obra es una exquisita narración de la vida, las costumbres y la etiqueta del Japón Heian durante el reinado del clan Fujiwara. La historia se cuenta desde el punto de vista de un cortesano, Genji, privado de su rango y reducido a condición plebeya.

◁ **«Las mariposas»**, capítulo XXIV de *La historia de Genji*, ilustrado en un biombo del siglo XVI

«Las cosas reales, a oscuras, no parecen más reales que los sueños.»

MURASAKI SHIKIBU, *LA HISTORIA DE GENJI* (1021)

1041-1048
INVENCIÓN DE LOS TIPOS MÓVILES

Las planchas de madera se habían usado mucho antes en China para imprimir páginas enteras, pero Bi Sheng, artesano de la dinastía Song, ingenió el sistema de tipos móviles, con bloques de caracteres individuales que se podían combinar y reutilizar para imprimir muchas páginas distintas.

◁ **Tipos móviles,** bloques de arcilla moldeados a mano

1031 Colapso del califato omeya de Córdoba, desgarrado por la guerra civil.

1049

1040
LOS SELYÚCIDAS DERROTAN A LOS GAZNÁVIDAS

Los selyúcidas —originalmente turcos nómadas del pueblo oguz de Asia central— invadieron Jurasán (en los actuales Irán, Turkmenistán y Afganistán) en 1037. Liderados por Tugril Beg, derrotaron a los gaznávidas en Dandanqan en 1040. Después de la huida del sultán gaznávida Masud a India, los selyúcidas establecieron un nuevo imperio islámico que acabaría llegando hasta Asia Menor.

△ **La batalla** de Dandanqan

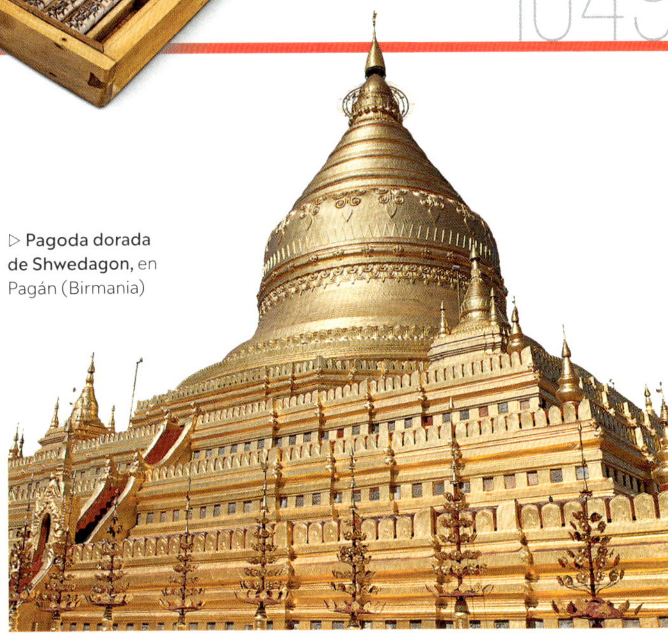

▷ **Pagoda dorada de Shwedagon,** en Pagán (Birmania)

1044
EL PRÍNCIPE ANAWRATA, REY DE PAGÁN

Anawrata convirtió un pequeño principado de la Alta Birmania en un imperio unido. Conquistó los reinos mon en el sur, y se expandió al norte hasta los límites de Nanchao, y al oeste hasta Arakan. Su conversión al budismo theravada en 1056 trajo reformas religiosas y la construcción de muchas pagodas en el llano de Pagán, mientras que un ejército reforzado garantizó el futuro de Birmania.

960-1279
LA CHINA SONG

Mientras gran parte de Europa padecía bajo el sistema feudal, en la China Song el pueblo vivía en paz en una tierra de ciudades prósperas y comercio en expansión. Los ocho emperadores Song del Norte se apoyaron en una burocracia meritocrática para supervisar la vida cívica. Las ciudades atraían población rural, y algunas de ellas superaron el millón de habitantes. El comercio floreció a lo largo de los canales de nueva construcción, y se financiaron expediciones comerciales a Japón y al Sureste Asiático en juncos de varias cubiertas equipados con las primeras brújulas magnéticas del mundo. Gracias a las monedas de cobre y los primeros billetes impresos del mundo, las transacciones se simplificaron. La élite metropolitana disfrutaba de teatros, restaurantes y clubes dedicados a la poesía, la pintura, la cocina o la equitación. La alfabetización se difundió con la producción a gran escala de papel y con la imprenta. Otras innovaciones tecnológicas fueron la pólvora y las armas de fuego, y una industria en expansión alcanzó un récord de producción de hierro fundido de 125 000 toneladas anuales.

Incluso después de la pérdida del norte ante invasores en 1127, la China Song del Sur, centrada en Lin'an (actual Hangzhou) siguió siendo próspera. Pasaría otro siglo y medio antes de que la dinastía sucumbiera finalmente a los invasores mongoles en 1279.

MOMENTOS CLAVE

1005 Mantenimiento de la paz
Tras 25 años de guerra intermitente, los Song llegaron a un acuerdo con el Imperio Liao, en su frontera norte: el pago de un tributo anual en plata y seda cruda (izda.) a cambio del fin de las hostilidades.

1070 Nuevas políticas económicas
Enfrentados a un déficit presupuestario creciente, los Song nombraron canciller al filósofo Wang Anshi (izda.). Terratenientes y gremios de comerciantes se resistieron a sus reformas contra la evasión de impuestos por los ricos y la desigualdad social creciente, pero fueron exitosas.

1127 Los Jin yurchenos toman Bianjing (después llamada Kaifeng)
La frontera norte de China quedó rota por la invasión, la toma de la capital y la captura del emperador y su heredero por los yurchenos. Su hijo más joven estableció una nueva corte al sur del río Yangtsé, inicio del periodo Song del Sur (dragón de los Song del Sur, izda.).

Esta pintura del periodo Song del Norte representa un molino hidráulico. Fue una época de gran innovación tecnológica y auge del comercio. Gran parte del comercio era por vía acuática, a lo largo de los miles de kilómetros de un sistema de ríos y canales.

c. 1050

LA CULTURA YORUBA FLORECE EN IFÉ

La ciudad de Ifé (actual Nigeria) fue el centro de los *oni*, soberanos yoruba a los que se atribuía origen divino. En Ifé se desarrolló una cultura urbana avanzada y una tradición escultórica de bustos de terracota y bronce.

◁ **Busto** de bronce de Ifé

1054

EL GRAN CISMA

La separación formal de la Iglesia en las ramas ortodoxa oriental y católica romana se produjo en 1054, después de numerosas controversias sobre el credo. La exigencia del enviado del papa León IX al patriarca Miguel I Cerulario de que reconociera la supremacía papal los llevó a excomulgarse mutuamente, y así continuaron hasta 1965. Pese a muchos esfuerzos, nunca se produjo la reunificación.

◁ **Excomunión del patriarca** Miguel I Cerulario

1050

1053 Los normandos ganan la batalla de Civitate y comienzan a dominar el sur de Italia.

1055 Gruffydd ap Llywelyn se convierte en rey de todo Gales.

1062 Se funda el Emirato almorávide bereber musulmán en Marrakech.

1066

CONQUISTA NORMANDA DE INGLATERRA

Al morir el rey anglosajón Eduardo el Confesor, Guillermo, duque de Normandía, creía tener la prioridad como heredero al trono inglés. Sin embargo, la sucesión estuvo en disputa, y, en enero de 1066, el conde anglosajón Harold Godwinson se hizo coronar rey. Guillermo invadió Inglaterra, y logró derrotar y matar a Harold en la batalla de Hastings. Los acontecimientos que rodearon la sucesión y la batalla se representaron en el famoso tapiz de Bayeux.

Unos 15 000 hombres lucharon en la batalla de Hastings.

▷ Batalla de Manzikert

1071

LA BATALLA DE MANZIKERT

Ante las continuas incursiones selyúcidas en sus fronteras, el emperador bizantino Romano IV Diógenes marchó con su ejército hacia el este de Anatolia. Sorprendido por una fuerza numerosa, fue capturado, y su ejército quedó destruido, quedando franco el camino a la conquista turca permanente de gran parte de Asia Menor.

> «Mi castigo es mucho peor. Os perdono, y os dejo libre.»
>
> EL SULTÁN ALP ARSLAN A ROMANO IV DIÓGENES DESPUÉS DE LA BATALLA DE MANZIKERT (1071)

1075 El papa Gregorio VII decreta la prohibición de la investidura de obispos por poderes laicos.

1079

1077 El sultanato selyúcida de Rum se establece en Asia Menor.

△ **Tapiz de Bayeux,** fragmento que representa la muerte del rey Harold

1077

PENITENCIA DEL SACRO EMPERADOR ROMANO ENRIQUE IV

Enrique IV se enfrentó al papa Gregorio VII por el derecho de las autoridades seglares a investir y trasladar obispos, al que el papa se oponía, lo que generó la querella de las investiduras. Gregorio excomulgó a Enrique en 1076, liberando a la nobleza de sus juramentos de vasallaje y desencadenando una revuelta. Enrique hizo penitencia en Canossa (Italia), esperando tres días bajo una tormenta para suplicar la absolución del papa.

▷ **La penitencia** del emperador Enrique IV

▷ **Alfonso VI** de León

1086

DERROTA DE ALFONSO VI DE LEÓN Y CASTILLA

Alarmado por los avances cristianos en la península Ibérica, el emir de Sevilla pidió ayuda a los almorávides, dinastía bereber del norte de África. Las fuerzas almorávides bajo Yusuf ibn Tasufín derrotaron a los ejércitos cristianos de Alfonso VI en la batalla de Sagrajas en 1086. Aunque Yusuf ibn Tasufín regresó por un tiempo a África, los almorávides pronto volvieron, reunificaron Al Ándalus y avanzaron hacia el norte.

▷ **Reloj** astronómico Song

1092

RELOJ DE AGUA CHINO

El polímata e ingeniero chino Su Song construyó un reloj mecánico impulsado por agua en la capital Song, Kaifeng. El reloj estaba alojado en una torre de 12 m de altura, y lo movía el agua que caía por una serie de cubos. Indicaba la hora, el día, el mes y también la fase de la Luna. El reloj fue destruido por los invasores yurchenos en 1126.

1080

1088 **Se funda la universidad de Bolonia,** la más antigua de Europa.

1092 **El Imperio selyúcida** empieza a descomponerse tras la muerte del sultán Malik Sha.

1085

ENCARGO DEL *DOMESDAY BOOK*

Guillermo de Normandía encargó elaborar un censo para determinar los impuestos que aplicaría en su nuevo reino inglés. Los encargados del registro fueron enviados a constatar quiénes eran dueños de tierras, cuántos animales y siervos había en ellas y quién era su dueño en la época de Eduardo el Confesor (r. 1042-1066). Los resultados se reunieron en un libro mayor.

◁ El *Domesday Book*

El *Domesday Book* registra 13 418 propiedades.

1099
EL EJÉRCITO DE LA PRIMERA CRUZADA TOMA JERUSALÉN

Un ejército cruzado dirigido por Raimundo de Tolosa, Godofredo de Bouillón y Bohemundo de Tarento marchó en 1096 para responder a la llamada del papa Urbano. Su objetivo era restablecer el control cristiano de Tierra Santa. Se abrieron paso luchando a través de Asia menor y pusieron sitio a Antioquía, antes de asaltar Jerusalén y masacrar a sus habitantes, tanto musulmanes como cristianos.

◁ **La toma** de Jerusalén

1109

1098 **La Orden Cisterciense** es fundada por monjes benedictinos.

c. 1100 **La cultura Sicán** del norte de Perú prospera en la nueva capital, Túcume.

1100
CONSTRUCCIÓN DE GRAN ZIMBABUE

En el sur de África, Gran Zimbabue fue probablemente la capital del Imperio de Monomotapa, enriquecido por el comercio entre el interior y la costa africana oriental. La ciudad, que estaba rodeada por murallas de piedra, tenía unos 20 000 habitantes, y fue el núcleo dominante de la región hasta aproximadamente 1400.

△ **Ruinas** de Gran Zimbabue

◁ **Mango** de un peine thule

c. 1100
COMIENZA LA MIGRACIÓN DE LOS THULE

Los thule (ancestros de los inuit) empezaron a desplazarse desde su hogar ancestral en Alaska hasta el Ártico canadiense. Con arpones sofisticados y botes de piel de foca, cazaban ballenas boreales y focas lejos de la costa, y desplazaron a la cultura Dorset, presente hasta entonces en el este del Ártico. Alcanzaron Groenlandia alrededor de 1200.

1121

COMIENZAN LAS CAMPAÑAS DE CONQUISTA ALMOHADES

El movimiento reformista islámico almohade, fundado en el norte de África por Muhammad ibn Tumart, obtuvo pronto el apoyo de los bereberes del Atlas. Ibn Tumart (muerto en un ataque fallido a Marrakech en 1130) y sus sucesores derrocaron a la dinastía almorávide reinante en Marruecos, y en la década de 1170 ocuparon la mayor parte de Al Ándalus.

▷ **Consejo** almohade para tratar temas de guerra

1110

1110 El Imperio bizantino persigue la comunidad herética de los bogomilos en los Balcanes.

1112 Accede al trono Alaungsithu, durante cuyo reinado Pagán (en la actual Birmania) alcanza la cumbre de su poder.

1113 El príncipe Mstislav manda construir la catedral de San Nicolás en Nóvgorod, la más antigua de Rusia.

▷ **Angkor Wat** en construcción

1113

SE CONSTRUYE EL TEMPLO DE ANGKOR WAT

El vasto complejo de templos que integra el de Angkor Wat se construyó en la capital real, Angkor, durante el reinado del rey jemer Suryavarman II (r. 1113–1150). Dedicado al dios hindú Vishnú, sus torres representan el monte sagrado Meru, y sus extensas galerías estaban decoradas con escenas talladas de las epopeyas hindúes.

Con una superficie de 82 hectáreas, el templo de Angkor Wat es el mayor monumento religioso del mundo.

▷ **Concordato de Worms,** conmemorado en una vidriera

1122

EL CONCORDATO DE WORMS

El concordato firmado por el papa Calixto II y el sacro emperador romano Enrique V puso fin a la querella de las investiduras, al establecer que los obispos serían nombrados por el papa e investidos con sus galas espirituales por el clero, pero debían vasallaje al emperador por las tierras que poseyeran; en el caso de debate sobre nombramientos, el emperador decidiría.

1139

GUERRA CIVIL EN INGLATERRA

Después de la muerte del rey Enrique I, su hija la emperatriz Matilde y su sobrino Esteban de Blois se disputaron el trono, apoyados por sus respectivos partidarios. La autoridad central se vino abajo en el periodo conocido como la anarquía, que duró hasta 1153, cuando Esteban firmó el Tratado de Winchester, por el que el hijo de Matilde, Enrique, heredaría el trono después de él.

◁ **La emperatriz Matilde** (o Maude)

1139

1125 La elección de Lotario II como sacro emperador desata la guerra civil entre güelfos y gibelinos en Italia.

1127

LOS YURCHENOS OCUPAN EL NORTE DE CHINA

En 1125, los yurchenos, confederación de tribus de la frontera nororiental china, se apoderaron de Kaifeng y capturaron al emperador Song, Huizong. Los Song restablecieron la dinastía como Song del Sur en Hangzhou, al sur, mientras los yurchenos fundaban la dinastía Jin en el norte. Fueron adoptando gradualmente las costumbres chinas, y dominaron el norte hasta ser derrocados por los mongoles en 1234.

▷ **Jinete de la dinastía Song**

1143
ALFONSO I RECONOCIDO REY DE PORTUGAL

Después de haber derrotado a los musulmanes en Ourique en 1139, Alfonso Enríquez se hizo llamar rey de Portugal, aunque Portugal fuera aún parte del reino de León. Cuatro años más tarde, Alfonso VII de Castilla y León reconoció a Alfonso I como rey de Portugal.

▷ **Estatua** de Alfonso I Enríquez

«Esta isla tiene forma de cabeza de avestruz, y contiene ciudades prósperas, montes elevados, ríos caudalosos y tierra llana.»

DESCRIPCIÓN DE GRAN BRETAÑA, DEL *LIBRO DE ROGER*, TEXTO QUE ACOMPAÑA A LA *TABULA ROGERIANA* (1154)

1140

1145 Suryavarman II de Angkor invade el reino de Champa y saquea la capital, Vijaya.

1147 Los almohades invaden Al Ándalus tras las pérdidas almorávides ante el avance cristiano.

1148 La segunda cruzada queda deshecha tras el fracaso del asedio de Damasco.

1145
SE CONVOCA LA SEGUNDA CRUZADA

Cuando Imad el Din Zangi, *atabeg* (gobernador) de Mosul, tomó la fortaleza cruzada de Edesa, el papa Eugenio III convocó la segunda cruzada. Dirigida por el rey Luis VII de Francia y el sacro emperador Conrado III, partió hacia el Levante en 1147. Una grave derrota en Dorilea diezmó a los cruzados, que fracasaron en el ataque a Damasco y no lograron ninguno de sus objetivos.

△ **Luis VII** parte a la cruzada

1150
AUGE DE LA CIUDAD DE CAHOKIA

En Cahokia, el principal asentamiento de la cultura misisipiense, conocida por sus plataformas o montículos ceremoniales, vivían unas 20 000 personas, dedicadas al cultivo del maíz, frijoles y calabazas, y que produjeron pipas de tabaco y artículos y obras de cerámica de gran calidad. Su cultura entró en decadencia y se desmoronó en el siglo XIV, posiblemente debido a la sobreexplotación de los recursos.

△ **Efigie de una madre amamantando,** recipiente cerámico de Cahokia

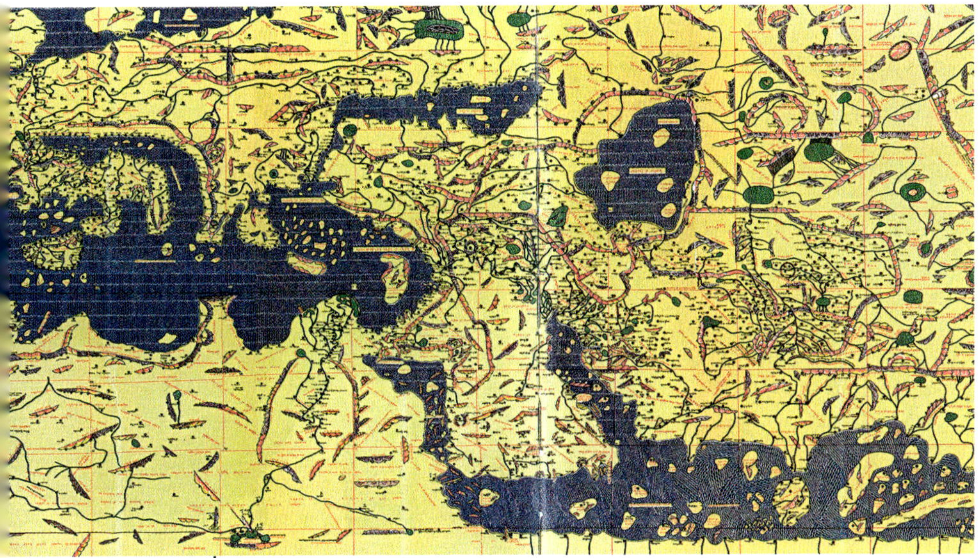

1154

SE COMPLETA LA *TABULA ROGERIANA*

Como encargo de Roger II de Sicilia al geógrafo árabe Al Idrisi, este produjo un mapamundi muy preciso, la *Tabula Rogeriana*, acompañado de un rico texto geográfico fruto de largos estudios y testimonios de numerosos viajeros, el *Libro de Roger* (o *Kitab Ruyar*). Dicho mapa fue el más fiable de su clase durante más de dos siglos.

◁ ***Tabula Rogeriana*** (detalle)

1169

1161 El rey de Georgia Jorge III arrebata la gran ciudad de Ani a su emir kurdo shaddádida.

1161 La armada Song del Sur derrota a los Jin en la batalla de Zaishi y detiene su avance sobre el sur de China.

1169

INVASIÓN ANGLONORMANDA DE IRLANDA

Diarmaid Mac Murchada, rey de Leinster forzado al exilio por sus rivales, reclutó un ejército de caballeros anglonormandos para recuperar el trono. Dirigidos por el segundo conde de Pembroke Ricardo de Clare, llamado Strongbow («Arco Fuerte»), retomaron sus tierras. De Clare se casó con la hija de Mac Murchada, Aoife, y fue declarado heredero al trono de Leinster. Enrique II de Inglaterra, contrario a un reino anglonormando independiente en Irlanda, invadió el país, obtuvo la sumisión de parte de la nobleza e inició los 750 años de dominación inglesa en Irlanda.

▷ ***La boda de Strongbow y Aoife,*** por Daniel Maclise

1175

MUHAMMAD DE GUR INVADE INDIA

Al invadir el norte de India y avanzar sobre el Punyab, el sultán del Imperio gurí (en el actual Afganistán) creó un imperio islámico. Después de la batalla de Taraori en 1192, tomó Delhi, donde su esclavo militar y gobernador, Qutb ud din Aybak, comenzó la construcción del alminar de Qutab para conmemorarlo. La lucha contra los corasmios de Irán ralentizó la conquista, y, tras la muerte de Muhammad en 1206, el imperio se desmoronó.

▷ **El alminar de Qutab,** en Delhi (India)

▷ **El martirio de Tomás Becket,** relieve de alabastro

1170

EL ASESINATO DE TOMÁS BECKET

Tomás Becket, arzobispo de Canterbury, fue asesinado en su misma catedral por cuatro caballeros que creían actuar cumpliendo una orden del rey inglés Enrique II tras escucharle decir, iracundo: «¿No habrá quién me libre de este cura alborotador?». Becket se había opuesto a los intentos del rey, su señor y antes amigo, de controlar el poder eclesiástico, e intentó su excomunión. La supuesta orden de Enrique II de matar a Beckett pudo ser solo un malentendido, según juró el rey, que fue absuelto por el papa Alejandro III en 1172.

1170

1175 **Se funda la secta budista** de la Tierra Pura en Japón.

1171 **Enrique II de Inglaterra** desembarca en Irlanda para someterla a su autoridad.

1176

DERROTA DE FEDERICO BARBARROJA

La Liga Lombarda, alianza de ciudades del norte de Italia reacias al poder del sacro emperador Federico I (Barbarroja), derrotó a este en la batalla de Legnano. Federico I había invadido Italia ya cuatro veces en las dos décadas anteriores para tratar de imponerse, y la quinta expedición acabó en desastre, al rechazar la infantería de la Liga las cargas de la caballería imperial. Federico I se retiró a Alemania, y en 1183 se vio obligado a reconocer la autonomía de las ciudades de la Liga Lombarda.

△ ***La batalla de Legnano,*** por Massimo d'Azeglio (1831)

1187

SALADINO CONQUISTA JERUSALÉN

Saladino, sultán de Egipto y Siria, infligió un golpe terrible a los reinos cruzados de Palestina. Una vez destruido el principal ejército cruzado en la batalla de Hattin en 1187, atacó otras fortalezas, entre ellas, Acre, Jaffa, Sidón y Beirut. Después tomó Jerusalén tras un breve asedio. La derrota conmocionó a la Europa cristiana, y condujo a la convocatoria de la tercera cruzada.

△ **Los soldados de Saladino** toman Jerusalén

1138-1193

SALADINO

Saladino fue visir de los califas fatimíes de Egipto, a los que acabó derrocando. Incorporar Siria y vencer a los cruzados en Palestina lo convirtió en el soberano (sultán) predominante en Oriente Próximo.

1180-1185 **Los clanes Minamoto y Taira** se enfrentan en la guerra Gempei en Japón.

1185 **De la revuelta de Asen y Pedro** contra los bizantinos surge el Segundo Imperio búlgaro.

1192 **Tratado de Ramla** entre Ricardo I de Inglaterra y Saladino.

1199

△ Minamoto Yoritomo

1192

SE ESTABLECE EL SOGUNADO DE KAMAKURA EN JAPÓN

El gobierno imperial japonés estuvo dominado por el clan de los Taira desde 1160. Una revuelta dirigida por el clan Minamoto acabó en victoria para estos en la guerra Gempei (1180-1185). En 1192, el líder del clan, Minamoto Yoritomo, estableció el sogunado (régimen militar) de Kamakura, al norte de la capital imperial, Kioto. Al instalar funcionarios del régimen en todas las provincias japonesas, garantizó que los sogunes hereditarios Minamoto conservaran el poder, como hicieron hasta el siglo XIV.

1206

GENGIS KAN FUNDA EL IMPERIO MONGOL

A principios del siglo XIII, un guerrero llamado Temuyin (c. 1162-1227) unificó a todas las tribus nómadas mongolas y tártaras de la estepa asiática. Adoptó el sobrenombre Gengis Kan («señor del mundo»), y envió a los jinetes de la estepa a campañas de conquista. No hubo ejército capaz de vencerlos. Cuando murió Gengis Kan, los mongoles controlaban un imperio que se extendía desde el Pacífico hasta el mar Caspio.

▷ **Gengis Kan en combate,** según una miniatura del *Jami al tawarij*, o *Compendio de crónicas* (c. 1430)

1200

1206 Qutb ud din Aybak (r. 1206-1210) funda el sultanato de Delhi, Estado musulmán del norte de India.

1209 El papa Inocencio III lanza una cruzada contra los herejes albigenses (o cátaros) en el sur de Francia.

1204

SAQUEO DE CONSTANTINOPLA

La cuarta cruzada proclamada por el papa Inocencio III degeneró en una sórdida empresa mercenaria. En lugar de combatir a los musulmanes de Egipto, los cruzados saquearon la rica y cristiana Constantinopla, capital del Imperio bizantino. Dicho Imperio fue restaurado, pero nunca recuperó su territorio ni riqueza.

△ **Mosaico** del siglo XIII que representa una escena de la cuarta cruzada

1209

SAN FRANCISCO CREA LA ORDEN FRANCISCANA

Francisco de Asís, hijo de un comerciante italiano, hizo voto de pobreza después de tener unas visiones religiosas. En 1209, el papa Inocencio III lo autorizó para fundar una orden monacal itinerante que predicara a cambio de limosna. La Orden Franciscana creció rápidamente, como reacción a la riqueza y la corrupción de la Iglesia católica medieval.

△ ***San Francisco de Asís con ángeles,*** por Sandro Botticelli (c. 1475)

1215

LA CARTA MAGNA

La Carta Magna (o Artículos de los Barones) fue un hito de los derechos humanos y un triunfo de los poderosos barones ingleses frente al rey Juan (r. 1199–1216), obligado a firmar el documento que le comprometía a no encarcelar arbitrariamente a sus súbditos ni imponerles tributos sin el amparo de la ley. Sería más tarde un punto de referencia del derecho inglés.

△ **Carta Magna,** edición de 1300

1218

MUERTE DEL REY JEMER JAYAVARMAN VII

Considerado el rey más grande del Imperio jemer de Camboya, que duró desde el siglo IX hasta el XV, Jayavarman (r. 1181–1218) se enfrentó con éxito al reino vecino de Champa. Convirtió el budismo mahayana en religión oficial, y construyó el templo de Bayon en la capital del imperio, Angkor Thom.

◁ **Jayavarman VII,** cabeza de bronce

1212 Una alianza cristiana ibérica derrota a los almohades en las Navas de Tolosa.

1234 Los mongoles conquistan el norte de China y destruyen la dinastía Jin.

1235 Sundiata, de la dinastía Keita, funda el imperio de Malí en África occidental.

1239

1221

GUERRA SHOKYU EN JAPÓN

Bajo el sogunado Kamakura, desde 1185, el papel de los emperadores de Japón era meramente simbólico, y el poder efectivo lo tenían los clanes guerreros samuráis. En 1221, el emperador retirado Go-Toba trató de restablecer la autoridad imperial contra el clan Hojo, regentes del sogún Kamakura. Con ímpetu despiadado, los Hojo llevaron a cabo un ataque devastador sobre la capital, Kioto, y barrieron a los partidarios del emperador. Go-Toba fue exiliado a una isla remota del oeste de Japón.

△ **El emperador Go-Toba** forja una espada; xilografía de Utagawa Kuniyoshi (c. 1840)

«Recorrieron la ciudad [...] como lobos furiosos atacando a las ovejas.»

WASSAF, HISTORIADOR PERSA DEL SIGLO XIV, SOBRE EL SAQUEO MONGOL DE BAGDAD

1258

EL SAQUEO DE BAGDAD

Bagdad era la capital de los califas abasíes, líderes del mundo islámico desde 750. En 1258, Hulagu, kan del imperio mongol sudoccidental del iljanato, derrotó al ejército abasí en batalla y puso sitio a Bagdad, que no tardó en caer. Los mongoles no tuvieron piedad: asesinaron al califa y masacraron a la población entera.

1240

1241 Un ejército mongol derrota a caballeros cristianos en la batalla de Legnica (Polonia).

1244 El maestro zen japonés Dogen funda Eihei-ji, primer templo del budismo zen sōtō de Japón.

1242

BATALLA SOBRE EL HIELO

En abril de 1242, el príncipe y héroe ruso Alejandro Nevski llevó el ejército de la ciudad de Nóvgorod al lago helado Peipus para frenar a los caballeros teutónicos prusianos. Después de una dura lucha, los caballeros tuvieron que retirarse, y muchos se ahogaron al romperse el hielo bajo el peso de la armadura. La batalla puso fin a la aspiración teutónica de conquistar Rusia.

▷ **Monumento a Alejandro Nevski** en Pskov (Rusia)

△ **La batalla de Muret,** parte de la cruzada contra los cátaros

1244

EXTERMINIO DE LOS CÁTAROS

El catarismo fue un movimiento cristiano no ortodoxo con arraigo en el sur de Francia. En 1209, la Iglesia católica declaró una cruzada contra los cátaros (o albigenses). Su última fortaleza, Montsegur, cayó en marzo de 1244, y unos 250 cátaros escogieron la hoguera antes que abjurar de su fe.

△ **Asedio mongol de Bagdad,** pintura persa del siglo XIV

1265

TOMÁS DE AQUINO ESCRIBE LA *SUMMA THEOLOGICA*

El pensador medieval cristiano más eminente, Tomás de Aquino, empezó su obra maestra *Summa theologica* en Roma en 1265, que reconciliaba la filosofía griega con el cristianismo y ofrecía argumentos racionales para la inmortalidad del alma y la existencia de Dios. Su obra fue la base de la filosofía occidental moderna.

▷ ***Santo Tomás de Aquino*** (1363), por Francesco Traini

1269

1250 En la séptima cruzada, el rey francés Luis IX es hecho prisionero en Egipto.

1260 El sultán mameluco Baibars derrota a los mongoles en Ain Yalut (Palestina).

1260 Qubilay Kan asume el título de *kagan* (gran kan) del Imperio mongol.

1250

LOS MAMELUCOS GOBIERNAN EGIPTO

Los mamelucos eran una clase guerrera de soldados esclavos que sirvieron a las varias dinastías de sultanes de Egipto. Tras derrotar a los invasores cruzados en 1250, los generales mamelucos derrocaron a los ayubíes y tomaron el poder en El Cairo. Seguirían gobernando Egipto durante casi tres siglos.

△ **Jinetes** mamelucos

1215-1294

QUBILAY KAN

Qubilay (o Kublai) era nieto de Gengis Kan. Como gran kan mongol desde 1260, conquistó China y fundó la dinastía Yuan en 1271. Gobernó desde Pekín, y sus campañas militares llegaron hasta Japón y Java.

1270
MUERTE DE LUIS IX DE FRANCIA

El reinado de Luis IX (1226-1270) fue una edad de oro para Francia, pero su participación en las cruzadas fue desastrosa. Veinte años después de una invasión fracasada de Egipto en 1250, dirigió un ataque contra los hafsíes de Ifriqiya (Túnez), donde murió a causa de una enfermedad. Fue canonizado en 1297.

△ La muerte de Luis IX

△ Jinete arquero mongol

1279
CAÍDA DE LOS SONG DEL SUR

En 1234, los mongoles controlaban el norte de China, y los Song, el rico y poblado sur. Liderado por Qubilay Kan desde 1260, un vasto ejército mongol y una armada fluvial recién creada atacaron a los Song. Tras épicas batallas, la capital del sur Hangzhou cayó en 1276, y los mongoles ya fueron dueños de toda China en 1279. Con todo perdido en la última batalla naval, el último y fugitivo emperador Song, Bing Di (o Zhao Bing), de siete años, saltó de un acantilado y murió ahogado.

1270

1270 Yekuno Amlak funda la dinastía salomónida que gobernará Etiopía hasta 1974.

1271 Qubilay Kan se erige en emperador de China y funda la dinastía Yuan.

1280
ARMAS DE PÓLVORA

△ **Cañón de mano** de la dinastía Yuan

La pólvora se utilizó para la guerra en China desde el siglo XI, e incluso quizá antes. Después de petardos y bombas simples llegaron los lanzallamas y tubos para lanzar proyectiles. Probablemente durante el conflicto entre los mongoles y los Song a finales del siglo XIII se generalizaron las armas de fuego, armas de mano con cañón de metal. Estas armas primitivas fueron bastante eficaces, y antes de medio siglo había imitaciones de las armas chinas en los campos de batalla de Europa.

c. 1299

MARCO POLO NARRA SUS VIAJES

Hijo de un mercader veneciano, Marco Polo viajó con este a China por la Ruta de la Seda. Qubilay Kan lo recibió en la corte, donde permaneció 17 años, viajando extensamente. Volvió a Venecia en la década de 1290, y fue hecho prisionero durante una guerra contra Génova. En la cárcel, supuestamente dictó las maravillas que había visto a un compañero de celda, Rustichello de Pisa. El texto se publicó posteriormente, y es conocido en castellano como *Los viajes de Marco Polo*, o bien *El libro de las maravillas*.

△ **Marco Polo se marcha de Venecia**

«No he contado la mitad de lo que vi.»

MARCO POLO EN SU LECHO DE MUERTE (1324)

1299

1282 Los Habsburgo se convierten en soberanos de Austria.

1290 La dinastía afgana jalyí toma el poder en el sultanato de Delhi.

1291 Los mamelucos conquistan Acre, el último reino cruzado.

1281

JAPÓN DESAFÍA A LOS MONGOLES

Qubilay Kan, dueño ya de China y Corea, quiso añadir Japón a sus conquistas. A una expedición exploratoria en 1274 siguió una invasión en toda regla en 1281: dos flotas zarparon de Corea y el norte de China, posiblemente con hasta 150 000 hombres a bordo. Los samuráis resistieron ferozmente los desembarcos iniciales, y contuvieron a los mongoles en islas próximas a la costa. Un tifón, conocido en Japón como kamikaze («viento divino»), dispersó a la flota invasora, con enormes pérdidas. Los mongoles no volvieron a intentar conquistar Japón.

◁ **La invasión mongola,** rollo de pergamino japonés (c. 1300)

▷ **Frescos de Giotto,** capilla de la Arena, en Padua

1306-1309

GIOTTO REINVENTA LA PINTURA

A principios del siglo XIV, el pintor italiano Giotto de Bondone pintó su obra maestra, los frescos que adornan la capilla de la Arena (o de los Scrovegni), en Padua. Ilustran la vida de la Virgen María y de Cristo, con un realismo emocional del gesto y la expresión que rompían con la tradición bizantina estática de la época. Retrospectivamente, la obra de Giotto se considera un antecedente de la pintura renacentista italiana.

> «La desgracia se abatirá pronto sobre aquellos que nos han condenado sin razón. Dios vengará nuestra muerte.»
>
> GRAN MAESTRE TEMPLARIO JACQUES DE MOLAY ANTES DE SU EJECUCIÓN (1314)

1300

1302 En la batalla de Courtrai, la infantería flamenca masacra a los caballeros franceses.

1309 El papa Clemente V, controlado por Francia, traslada el papado de Roma a Aviñón (hasta 1378).

1314 Destrucción de los caballeros templarios y ejecución del gran maestre Jacques de Molay por Felipe IV de Francia.

1314

LA *DIVINA COMEDIA* DE DANTE

Exiliado político de su Florencia natal, el poeta italiano Dante Alighieri comenzó probablemente a escribir su obra maestra poética *Comedia* en 1314 (llamada *Divina comedia* desde el siglo XVI). La decisión de escribir en italiano y no en latín rompía con la tradición medieval. Compuesto por 14 233 versos, el poema épico sigue al narrador de un viaje por el infierno y el purgatorio hasta el paraíso. Reconocida como una de las obras más grandes de la tradición literaria occidental, Dante la completó un año antes de morir, en 1321.

▷ ***Dante y los tres reinos,*** por Domenico di Michelino (1465)

1274-1329

ROBERTO I BRUCE

Rey de Escocia desde 1306, Roberto fue un guerrero formidable. Tras derrotar al rey inglés Eduardo II en 1314, atacó Inglaterra, y reafirmó el derecho de Escocia a ser un reino independiente.

1324

LA PEREGRINACIÓN DE MANSA MUSA

En 1324, Mansa Musa, soberano del Imperio de Malí en África occidental, emprendió la peregrinación a La Meca. Su llegada a El Cairo, la mayor ciudad del mundo musulmán en la época, causó sensación: nadie había visto nada comparable a su opulenta comitiva y sus generosos regalos de oro. Cuando Musa volvió a Malí mandó construir mezquitas, colegios y bibliotecas en ciudades como Tombuctú y Gao, haciendo de su imperio un centro importante de la fe y la enseñanza islámicas.

▽ **Mansa Musa** representado en el *Atlas catalán*

1314 **Roberto I Bruce lleva** a Escocia a la victoria contra los ingleses en la batalla de Bannockburn.

1324 **Muerte de Osmán,** fundador de la dinastía otomana turca.

1329

▷ **Colgante maorí,** hecho de marfil de ballena

c. 1320

LOS MAORÍES COLONIZAN NUEVA ZELANDA

Aunque nunca se conocerá la fecha con certeza, fue probablemente en torno a 1320 cuando llegó a una Nueza Zelanda hasta entonces deshabitada la primera gran oleada de colonos polinesios, hoy llamados maoríes. Se cree que viajaron en canoas por unos 4000 km del Pacífico Sur, desde las actuales islas de la Sociedad. Una vez asentados en Nueva Zelanda, desarrollaron una cultura y un sistema social únicos, prácticamente libres de cualquier influencia exterior hasta el siglo XIX.

▷ **Mapa de Tenochtitlán** publicado en 1524

1325

LOS AZTECAS FUNDAN TENOCHTITLÁN

En 1325, los errantes aztecas (o mexicas) se asentaron en una isla pantanosa del lago Texcoco, en la actual Ciudad de México. Eligieron el lugar por la visión profética de un águila posada sobre un nopal. El asentamiento creció hasta ser la mayor ciudad de Mesoamérica y núcleo de un imperio poderoso.

◁ **Casco de Ashikaga Takauji**

1337

COMIENZA LA GUERRA DE LOS CIEN AÑOS

En 1337, al postularse Eduardo III de Inglaterra como heredero al trono francés, desató una guerra intermitente que duró 116 años. Los ingleses emprendieron la ofensiva, y se impusieron en la batalla naval de Sluys (o de La Esclusa), en 1340, y en el bosque de Crécy, en 1346. Los caballeros franceses se vieron superados por los arcos largos ingleses, pero Francia se recuperó a partir de 1364, bajo Carlos V.

△ **Moneda inglesa** conmemorativa de la victoria en Sluys

△ **La batalla de Crécy**, en Francia en 1346

1338

EL SOGUNADO ASHIKAGA

Bajo el sogunado Kamakura establecido en 1185, el emperador japonés era un símbolo carente de poder. En 1333, el emperador Go-Daigo reclamó la restauración del poder imperial, y el samurái Ashikaga Takauji dirigió el derrocamiento del sogunado en su nombre, pero no tardaría en quedar decepcionado por el emperador. Ashikaga tomó el poder para sí en 1338 y fundó el sogunado Ashikaga, que duraría dos siglos.

1330

1347 **Primera noticia** de la peste negra en Occidente, en Crimea.

△ **Miniatura del *Shahnamé***

1335

EL LIBRO MÁS HERMOSO DE PERSIA

La versión ilustrada del poema épico persa *Shahnamé* creada en Tabriz a finales de la década de 1330 fue uno de los mayores logros de la pintura de miniaturas persa. Encargo de los soberanos mongoles del iljanato, se conoce como *Gran Shahnamé mongol*.

1354

LOS VIAJES DE IBN BATTUTA

El estudioso musulmán Ibn Battuta, nacido en Tánger (Marruecos), fue un viajero incansable. Durante 30 años recorrió el mundo islámico, y viajó de África oriental a Sumatra, de Sri Lanka a Samarcanda y de Jerusalén a Pekín. Publicó el famoso relato de sus viajes después de volver a Marruecos en 1354.

△ **Ibn Battuta** visita Tabriz (Irán)

Ibn Battuta recorrió unos 117 000 km en sus viajes a lo largo de tres décadas.

1351 En la revuelta del Turbante Rojo, guerrillas campesinas se sublevan contra la dinastía Yuan reinante.

1355 El rey de Bohemia, Carlos IV, es coronado sacro emperador romano germánico.

1356 Los rebeldes del Turbante Rojo toman la ciudad china de Nankín.

1356 Derrota francesa ante los ingleses en la batalla de Poitiers de la guerra de los Cien Años.

1358 La revuelta campesina francesa llamada Grande Jacquerie es brutalmente reprimida por la nobleza.

1359

1336

IMPERIO DE VIJAYANAGAR

En 1336, Harihara I estableció un imperio independiente en la región del Decán, en el sur de India. Centrado en la ciudad de Vijayanagar («Ciudad de la Victoria»), duró más de dos siglos. Se enriqueció con el comercio (incluido el intercontinental) con lugares tan lejanos como el Mediterráneo. Hacia 1500, la capital era una de las mayores ciudades de India, embellecida por palacios y templos hindúes considerados obras maestras de la arquitectura.

◁ **Templo de Virupaksha** entre las ruinas de la antigua ciudad de Vijayanagar

1346-1351
LA PESTE NEGRA

La pandemia conocida como peste negra, o peste bubónica, comenzó en 1346, con un brote entre el ejército mongol en el asedio de Kaffa (actual Feodosia), asentamiento comercial genovés en Crimea. Los mongoles levantaron el asedio y se marcharon, pero no así el virus. Transportado en los barcos de los comerciantes genoveses, la peste se propagó rápidamente por el Mediterráneo, desde Siria y Egipto hasta Italia, el sur de Francia y el este de España.

La enfermedad se extendió después por casi toda Europa, y las ciudades más prósperas y pobladas fueron especialmente vulnerables. Contagiada por las pulgas de la rata negra y por vía aérea de persona a persona, llegó a Inglaterra en 1348 y al Báltico en 1350. La enorme mortalidad (posiblemente el 80 % de los infectados) vació aldeas enteras, y las regiones más afectadas pudieron perder tres cuartas partes de su población. Hasta que remitió la peste en 1351, en total pudo haber unos 25 millones de víctimas en Europa, cerca de un tercio de la población del continente.

La peste llegó a toda Eurasia, matando a millones de personas en China en 1353. Nuevas oleadas en las décadas de 1360 y 1370 incidieron en particular en regiones que habían escapado a la primera pandemia. Se estima que, en torno a 1400, la población de Inglaterra se había reducido a la mitad, y la población de Europa no se recuperó plenamente hasta finales del siglo XV.

MOMENTOS CLAVE

Década de 1300 Ruta de la Seda
Endémica en Asia central, la peste bubónica se extendió por la Ruta de la Seda (izda.) que comunicaba China y Europa. El declive del comercio en el siglo XV redujo la transmisión del virus.

1349-1351 Matanzas de judíos
Las muertes masivas llevaron a los cristianos alemanes y de otras partes de Europa a masacrar a miles de judíos, acusados de causar la epidemia envenenando los pozos de agua. En Estrasburgo, Colonia, Maguncia y Frankfurt, fueron exterminadas comunidades judías enteras (izda.).

1358 La Grande Jacquerie
La peste negra causó trastornos sociales generalizados y sumió a Europa en el desorden durante años. En Francia, la revuelta campesina de la Grande Jacquerie (izda.) surgió en la estela de la pandemia, y causó aún más muerte y destrucción hasta su sangrienta represión.

Los enterramientos masivos fueron algo habitual en Europa durante la pandemia, como en Tournai (Bélgica) en 1349. El síntoma más característico de la peste eran las bubas, o hinchazón en el cuello, la ingle o la axila. No se comprendía el origen de la peste, y no había defensa contra ella.

1374

SURGIMIENTO DEL TEATRO NŌ

El teatro nō japonés, una de las tradiciones dramáticas más antiguas del mundo, se hizo conocido tras la interpretación del actor Kanami Kiyotsugo y su hijo Zeami Motokiyo ante el sogún de Japón, Ashikaga Yoshimitsu. Zeami fue un favorito de la corte, y produjo muchas obras que asentaron la forma moderna del género. Mezcla sutil de palabra, música y gesto a cargo de actores enmascarados, el nō ocupó un lugar central en la cultura japonesa.

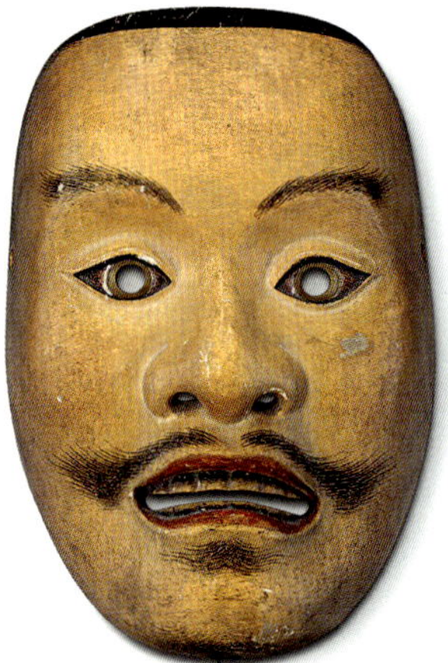

▷ **Máscara nō de Mikazuki** (deidad masculina)

▷ **Palacio de los Papas,** Aviñón (Francia)

1360

1380 En la batalla de Kulikovo, Dimitri de Moscú derrota a la Horda de Oro mongola de Toqtamish.

◁ **Moneda** de la dinastía Ming

1368

PROCLAMACIÓN DEL IMPERIO MING

Zhu Yuanzhang, nacido campesino y pobre, fue el líder de una revuelta popular china contra la dinastía mongol Yuan en la década de 1350. En 1368 expulsó a los mongoles de su capital, Pekín, y asumió la dignidad imperial como emperador Hongwu. Decidido a restaurar las tradiciones confucianas después del periodo de dominación extranjera, reforzó el Estado centralizado e impuso su autoridad de forma expeditiva y despiadada. La dinastía Ming que fundó estaba destinada a gobernar China durante casi tres siglos.

◁ **El emperador Hongwu,** primer soberano de la dinastía Ming

1387
LOS CUENTOS DE CANTERBURY

El poeta inglés Geoffrey Chaucer fue cortesano, diplomático y funcionario bajo Eduardo III y Ricardo II. *Los cuentos de Canterbury*, varias historias de distintos peregrinos en viaje al santuario de santo Tomás Becket en la catedral de Canterbury, es una obra fundacional de la literatura inglesa, y presenta una visión rica y variada de su tiempo. Comenzada en la década de 1380, estaba incompleta al morir Chaucer en 1400.

△ **El manuscrito Ellesmere** de *Los cuentos de Canterbury*, de Chaucer

1378
EL CISMA PAPAL

Desde 1309, los papas residieron en Aviñón, dominada por la monarquía francesa. En 1378, Roma reclamó el regreso del papado a su sede tradicional. Urbano VI fue elegido papa en Roma, frente a Clemente VII, en Aviñón. A ellos se añadió un tercer papa en 1409, elegido en Pisa. El cisma, no resuelto hasta 1417, debilitó gravemente el prestigio del papado como institución.

1381 Derrota de los campesinos ingleses en Londres tras la revuelta liderada por Wat Tyler.

1383 Unión de Polonia y Lituania bajo Ladislao II Jagellón.

1385 La victoria portuguesa sobre Castilla en Aljubarrota garantiza la independencia bajo la Casa de Avís.

1389

1389 Primera batalla de Kosovo, en la que los otomanos derrotan a una coalición de serbios y bosnios.

En las campañas de Tamerlán pudieron morir 17 millones de personas.

1336-1405
TRIUNFOS DE TAMERLÁN

Tamerlán, guerrero mongol de Samarcanda, conquistó tierras desde India hasta Anatolia para formar el Imperio timurí.

1387 De campaña en Persia y Armenia, Tamerlán saquea la ciudad de Isfahán, y se cuenta que mató a 70 000 de sus habitantes.

1395 Tamerlán derrota a su rival Toqtamish en la batalla de Terek y acaba con la Horda de Oro mongola (casco, arriba).

1398 Durante la invasión de India, Tamerlán derrota al sultán de Delhi, saquea la ciudad y se lleva el botín a Samarcanda.

1402 Tamerlán ataca a los otomanos, imperio vecino al oeste, y les humilla encerrando en una jaula a su emperador, Bayaceto I.

1392

LA DINASTÍA YI REINA EN COREA

En 1388, el soberano U de Koryo ordenó al general coreano Yi Songgye invadir la China Ming. Seguro de que hacerlo acabaría en un desastre militar, Yi volvió sus tropas contra el rey y tomó el control del gobierno. Cuatro años más tarde, Yi se declaró rey con el nombre Taejo, y fundó con ello la nueva dinastía Yi (o Choson), que reinaría en Corea durante más de 500 años.

△ **Caja** lacada de la dinastía Yi

▷ ***La batalla de Grunwald*** (1878), por Jan Matejko

1390

1396 Los otomanos masacran a los caballeros europeos en la batalla de Nicópolis (Bulgaria).

1402 Zhu Di, considerado el segundo fundador de la dinastía Ming, se convierte en el emperador Yongle de China.

1408 Se completa la Enciclopedia Yongle, de 11 095 volúmenes, encargada por el emperador Ming.

En la primera «flota del tesoro» de Zheng He viajaron 27 000 hombres en 317 barcos.

1405

LOS VIAJES DE ZHENG HE

En 1403, el emperador Yongle de China mandó construir una flota con el fin de demostrar la superioridad China en el Sureste Asiático y el Índico. Con el gran eunuco Zheng He al frente, esta «flota del tesoro» realizó siete viajes épicos entre 1405 y 1432, llegando hasta Sri Lanka y África oriental, y reuniendo ricos tesoros, incluidos animales vivos, como jirafas.

▷ **Una jirafa** traída por la «flota del tesoro»

1410

DERROTA DE LOS CABALLEROS EN TANNENBERG

La batalla de Tannenberg (o de Grunwald) fue una victoria decisiva para los ejércitos de Polonia y Lituania sobre los caballeros teutónicos prusianos comandados por Ulrich von Jungingen, gran maestre de la Orden Teutónica. Dicha orden militar cruzada llevaba dos siglos extendiendo su poder por Europa oriental, pero la decisiva derrota cerca de Tannenberg y Grunwald inició su decadencia, de la que no se recuperó.

1386-1422

ENRIQUE V

Rey de Inglaterra desde 1413, Enrique V luchó con éxito por sus derechos dinásticos en Francia. Reconocido heredero en 1420, solo su muerte repentina le impidió ocupar el trono francés.

1417 El papa Martín V pone fin a la fractura del papado, que vuelve a Roma.

1419

1419 Juan Sin Miedo, duque de Borgoña, es asesinado por los franceses.

1415

LA BATALLA DE AGINCOURT

En agosto de 1415, el rey inglés Enrique V llevó un ejército a Francia para hacer efectiva su herencia. Tras el costoso sitio de Harfleur, sus mermadas fuerzas se retiraban a Calais, pero en Agincourt, el 25 de octubre, fue atacado por un ejército mucho mayor, y los caballeros y arqueros ingleses triunfaron contra toda probabilidad y diezmaron a la nobleza de Francia.

▷ **Espada** de Enrique V

1415

EJECUCIÓN DE JAN HUS

Jan Hus, líder religioso reformista en Bohemia (en la actual República Checa), denunció la corrupción del papado y del clero católico. Condenado como hereje en el Concilio de Constanza, en el sur de Alemania, fue ejecutado en la hoguera. Durante los siguientes 20 años, sus seguidores, los husitas, vencieron a las cruzadas papales enviadas para suprimir el movimiento.

◁ **Jan Hus** arde en la hoguera

c. 1400-1600
EL RENACIMIENTO

Durante los siglos xv y xvi, en las ciudades-estado de Italia se dio un gran florecimiento de las artes y de nuevas ideas. El movimiento llamado Renacimiento se centró en un despertar del conocimiento, inspirado por el redescubrimiento del pensamiento y la cultura de las antiguas Grecia y Roma.

La base material del fenómeno fue la riqueza de Estados como Florencia, Venecia y Milán, enriquecidos por el comercio, la banca y la manufactura de bienes de lujo. Las élites gobernantes de estas ciudades, como los Médicis en Florencia, fueron espléndidos mecenas de estudiosos, pintores, escultores y arquitectos, dispuestos a respaldar innovaciones como la perspectiva lineal y la temática no religiosa en obras que celebraban la belleza del cuerpo desnudo. En Roma fueron también mecenas sucesivos papas, enriquecidos por las aportaciones de los fieles. Los frescos de la Capilla Sixtina, de Miguel Ángel, posiblemente, la mayor obra maestra renacentista, fue un encargo del papa Julio II. Aunque el Renacimiento chocara con algunos tabúes cristianos, entre ellos la prohibición de diseccionar cadáveres para el estudio de la anatomía, las ideas de la antigüedad pagana se concibieron como complemento de la fe cristiana. El espíritu de libre examen alentado por el Renacimiento se difundió por Europa, y alimentó la revuelta protestante contra el catolicismo y los inicios de la ciencia moderna.

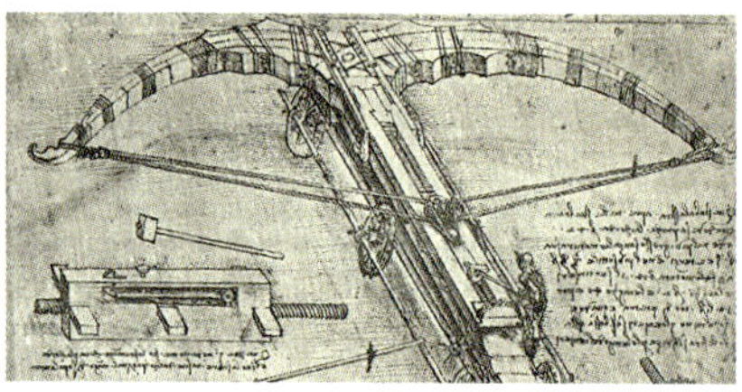

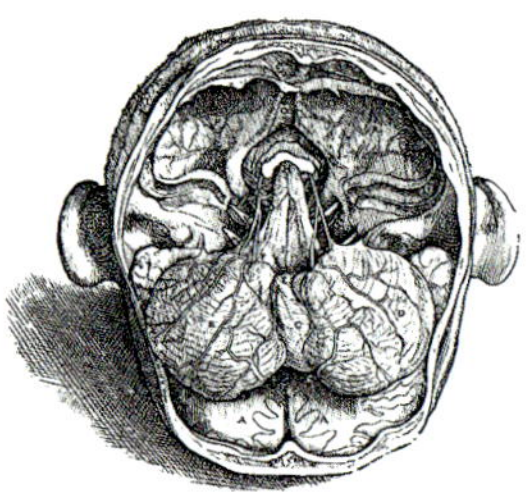

MOMENTOS CLAVE

1485 *El nacimiento de Venus*
Esta obra (izda.) del artista florentino Sandro Botticelli tipifica el recurso renacentista a temas de la mitología griega y romana. A los mecenas les deleitaba el detalle alegórico erudito de tales obras, y también la belleza seductora de la diosa desnuda.

c. 1487-1510 Cuadernos de Da Vinci
Leonardo Da Vinci fue el hombre renacentista por antonomasia: pintor inspirado, ingeniero, inventor e investigador. Trabajó sobre todo en Florencia y Milán, y llenó cuadernos (izda.) con observaciones e ideas innovadoras, e incluso con diseños para máquinas voladoras y armas.

1543 *De la estructura del cuerpo humano*
El médico flamenco Andrés Vesalio publicó los resultados de sus disecciones de cadáveres —la mayoría en la Universidad de Padua— en un libro titulado *De humani corporis fabrica*, o *De la estructura del cuerpo humano* (izda.). Su trabajo fue un avance gigantesco en la comprensión de la anatomía humana.

La escuela de Atenas, pintado en 1509-1511 por Rafael, adorna una pared del palacio apostólico del Vaticano. Centrado en las figuras de Platón y Aristóteles, representa a los mayores filósofos, matemáticos y científicos del mundo antiguo, cuyas obras inspiraron el Renacimiento.

◁ **La Ciudad Prohibida,** según una pintura de la dinastía Ming

1420

SE CONSTRUYE LA CIUDAD PROHIBIDA

El emperador Yongle ordenó reconstruir Pekín por completo como capital del Imperio Ming. En el corazón de la nueva capital se encontraba la Ciudad Prohibida, diseñada como palacio imperial imponente y sede del gobierno. La Ciudad Prohibida fue obra de más de cien mil artesanos e incontables trabajadores. A su alrededor, Pekín creció pronto hasta convertirse en la mayor ciudad del mundo, con casi un millón estimado de habitantes en la década de 1440.

Para construir la Ciudad Prohibida de Pekín se usaron más de 100 millones de azulejos y ladrillos.

1420

1421 **En la batalla de Kutná Hora,** los rebeldes husitas vencen al Sacro Imperio Romano Germánico.

1422 **El Imperio de Vijayanagar** del sur de India alcanza su cénit bajo Deva Raya II.

1427 **Marinos portugueses** llegan a las Azores en el Atlántico central.

1428 **Una rebelión vietnamita** contra la China Ming acaba entronizando al líder rebelde Le Loi en Dai Viet.

1428 **Ulug Beg,** sultán de Samarcanda, construye un gran observatorio astronómico.

1428 **Una triple alianza azteca** reúne a tres ciudades-estado para gobernar el valle de México.

△ **Juana de Arco** representada en una vidriera, en Fougères (Francia)

«Tenía trece años cuando oí la voz de Dios.»

JUANA DE ARCO, JUICIO PÚBLICO (FEBRERO DE 1431)

1429

EL SITIO DE ORLEANS

Cerca de vencer en la guerra de los Cien Años, los ingleses sitiaron Orleans. La campesina Juana de Arco llegó al campamento francés con el encargo divino de avivar la resistencia francesa. Los franceses lograron romper el asedio, lo cual fue un punto de inflexión en la guerra. Juana fue ejecutada por sus enemigos en 1431.

1438

FORMACIÓN DEL IMPERIO INCA

Pachacuti, monarca del pequeño reino de Cuzco en los Andes peruanos desde 1438, emprendió una campaña de expansión que puso los cimientos del extenso Imperio inca. Fue Pachacuti quien, en la década de 1450, construyó el complejo real de Machu Picchu, hoy las ruinas incas más famosas. A finales del siglo XV, los dominios de los incas se extendían de norte a sur desde el actual Ecuador hasta Chile.

◁ **El emperador inca Pachacuti,** estatua cerca de Machu Picchu (Perú)

▷ **Enrique el Navegante**

1434

INFANTE EXPLORADOR

En 1434, el marino portugués Gil Eanes pasó del cabo Bojador, llegando más al sur por la costa de África occidental que cualquier otro europeo antes. Fue un triunfo de Enrique de Portugal, apodado «el Navegante», quien promovió los viajes exploratorios e inició la era de los descubrimientos.

1439

1434 Cosme de Médicis se convierte en gobernante efectivo de Florencia.

1436

LA CÚPULA DE BRUNELLESCHI

Los residentes de Florencia comenzaron a construir una catedral magnífica en 1296, pero el edificio seguía sin cúpula un siglo más tarde. En 1418, el arquitecto Filippo Brunelleschi ganó un concurso para rematarlo. Con enorme destreza técnica, construyó una cúpula octogonal de 42 m de diámetro, sin contrafuertes externos para soportar su peso. Terminada en 1436, fue un logro temprano del Renacimiento italiano.

▷ **Plano de la catedral de Florencia** hecho en el siglo XVI

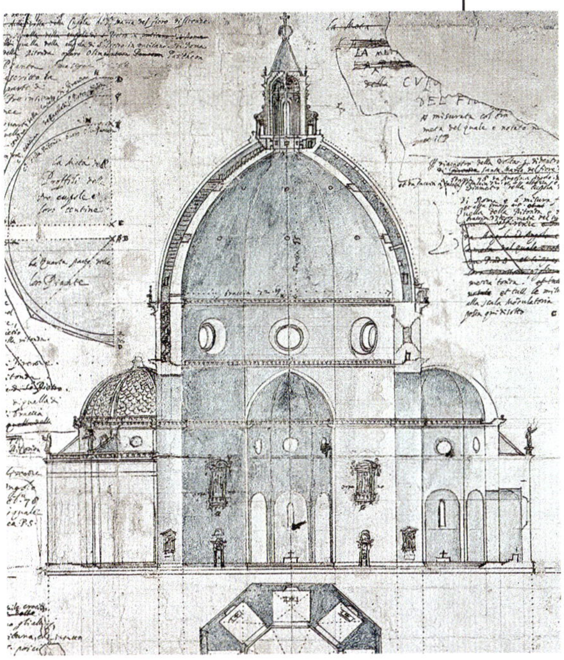

1389-1464

COSME DE MÉDICIS

De familia de banqueros, Cosme dedicó su gran fortuna a dominar Florencia durante tres décadas. Como mecenas de artistas y estudiosos, llevó la ciudad a la vanguardia del primer Renacimiento.

△ Tropas del sultán Mehmet II

1453
LA CAÍDA DE CONSTANTINOPLA

En 1453, Constantinopla, capital del Imperio bizantino, fue tomada por los turcos otomanos. El sultán Mehmet II usó artillería pesada para abrir brecha en murallas que llevaban mil años resistiendo asedios. El último emperador bizantino, Constantino XI, murió en combate y entre la matanza de la población cristiana. La victoria otomana fue un triunfo para el islam, y dejó a Europa expuesta a nuevos ataques turcos.

1440

1444 Esclavistas portugueses llevan los primeros barcos de africanos occidentales esclavizados a Lagos, en el Algarve (Portugal).

1449 En la batalla de Tumu, el emperador Zhentong de China es derrotado y capturado por Esen Kan, de los oirates mongoles.

1453 La batalla de Castillon —última de la guerra de los Cien Años— acaba en victoria francesa.

▽ Placa de bronce de Benín

1432-1481
SULTÁN MEHMET II

Las campañas de Mehmet II destruyeron el Imperio bizantino y ampliaron los dominios otomanos a gran parte de los Balcanes. Hombre culto, fue mecenas de artistas italianos.

1440
EL AUGE DE BENÍN

El reino africano occidental de Benín fue fundado por el pueblo edo (o bini), del sur de la actual Nigeria. Durante el reinado del *oba* (rey) Ewuare, quien tomó el poder en un golpe violento en 1440, se expandió hasta formar un imperio considerable en la región. Durante el siglo siguiente, la capital fue embellecida con exquisitas placas de bronce de artesanos locales.

De la Biblia de Gutenberg se conservan hoy 48 copias.

△ **Biblia de Gutenberg** impresa en vitela

1454

LA BIBLIA DE GUTENBERG

Las biblias impresas por Johannes Gutenberg en Maguncia en 1454 fueron de los primeros libros producidos en Europa con tipos móviles de metal, y su éxito inició una revolución cultural europea. A partir de la década de 1470 se crearon imprentas en muchos países, volviendo disponibles los libros para muchos. La difusión del conocimiento y la alfabetización más allá de las élites tradicionales puso en tela de juicio la autoridad establecida.

1459

1456 Los otomanos intentan someter a Hungría y sitian Belgrado, pero son rechazados por las fuerzas de Juan Hunyadi.

△ Sacrificio humano azteca

1454

LAS GUERRAS FLORIDAS AZTECAS

Bajo el reinado de Moctezuma I Ilhuicamina, la Triple Alianza de México-Tenochtitlán, Tlacopan y Texcoco inició las guerras floridas, ataques a pueblos vecinos como Tlaxcala, Huexotzinco y Cholula. Los aztecas luchaban para demostrar su valor y obtener prisioneros para los sacrificios humanos, y estas guerras rituales hicieron de los tlaxcaltecas sus enemigos acérrimos.

△ *Arrancando las rosas rojas y blancas* (1908), por Henry Payne

1455

GUERRA DE LAS DOS ROSAS

Durante 30 años se disputaron el trono de Inglaterra pretendientes de la casa de Lancaster, representada por una rosa roja, y la de York, por una blanca. Tras la victoria en Towton en 1461, Eduardo IV de York sustituyó al ineficaz Enrique VI de Lancaster. Los Lancaster triunfaron en 1485, al arrebatar el poder Enrique VII a Ricardo III.

1468

SONNI ALÍ TOMA TOMBUCTÚ

En el siglo XV, el imperio de Malí en África Oriental entró en declive. Sonni Alí, líder del pueblo songay (o songhai), aprovechó para tomar las ciudades malienses de Tombuctú y Djenné (o Yenné). Cuando Alí murió en 1492, el Imperio songay era mayor de lo que fue el de Malí, y se mantuvo durante un siglo.

1467

PERIODO DE LOS ESTADOS GUERREROS EN JAPÓN

Una disputa sucesoria causó el enfrentamiento en Kioto, la capital de Japón, entre los clanes de Yamana Sôzen y Hosokawa Katsumoto. La resultante guerra de Onin fue corta, pero debilitó mucho al sogunado. Con una autoridad central despojada del poder, Japón entró en una era de conflictos caóticos entre señores feudales, los daimios.

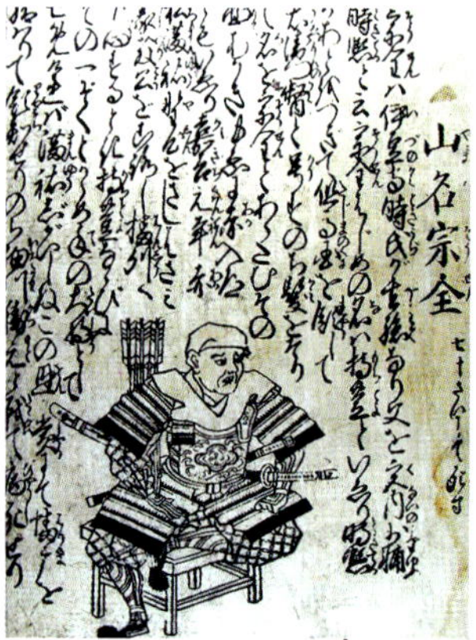

△ **Yamana Sôzen,** llamado «el Monje Rojo»

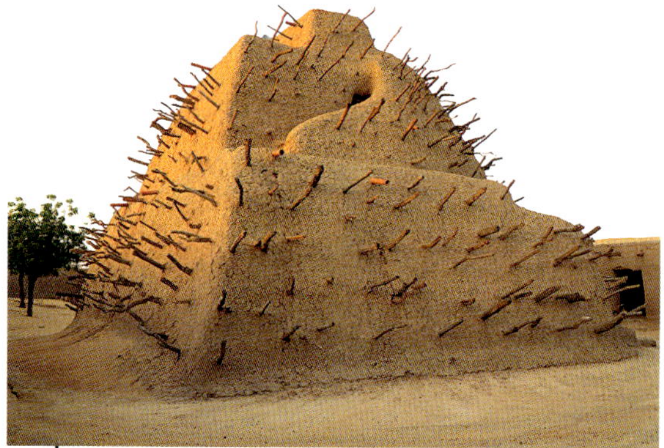

△ **Tumba de barro de Askia,** segundo rey del Imperio songay

1460

1461 El poeta francés François Villon escribe su famosa obra *Testamento.*

1471 El reino de Champa, en el sur de Vietnam, es aplastado militarmente por el Dai Viet del norte.

Bajo los Ming, la Gran Muralla se extendía a lo largo de más de 8850 km.

1472

LOS MING AMPLÍAN LA GRAN MURALLA

Tras un desastre militar contra los oirates mongoles en la batalla de Tumu en 1449, la China Ming sintió la amenaza creciente de incursiones de guerreros nómadas en la frontera esteparia. En 1472 comenzaron los trabajos para ampliar la antigua Gran Muralla en la región noroccidental de Ordos, obra cuyo éxito a la hora de detener los ataques animó a los Ming a seguir reparándola y ampliándola.

△ **Sección de la Gran Muralla China** reconstruida bajo los Ming

△ *Iván III rompe el documento de tributos del kan tártaro* (1862), por Nikolái Shustov

1476

IVÁN EL GRANDE DESAFÍA AL KAN

Desde el siglo XIII, los príncipes rusos debieron vasallaje a señores turcomongoles. En 1476, Iván III, gran duque de Moscovia, se negó a pagar tributo a Ahmed Kan, soberano del kanato de la Horda de Oro. Confirmada por la derrota de los tártaros en el río Ugrá en 1480, la afirmación de independencia de Iván le permitió reclamar el liderazgo de todos los príncipes rusos. Como Iván el Grande, puso los cimientos del Estado ruso moderno.

1476 **William Caxton** establece la primera imprenta inglesa en Westminster.

1479

1474 **El pintor renacentista** Andrea Mantegna pinta la *Cámara de los esposos*, decoración ilusionista del palacio Ducal de Mantua.

1477 **En la batalla de Nancy,** los piqueros suizos derrotan y matan a Carlos el Calvo, duque de Borgoña.

▷ **Moneda** con la efigie de Fernando e Isabel, los Reyes Católicos

1479

UNIÓN DINÁSTICA DE ESPAÑA

En 1469 se casaron Fernando e Isabel, los herederos respectivos de las coronas aragonesa y castellana. Diez años después, al ocupar ambos tronos, se convirtieron en soberanos de hecho de un Estado poderoso y unificado, la Monarquía Hispánica, o España. Conocidos como los Reyes Católicos, emplearon la Inquisición para lograr la uniformidad religiosa, y expulsaron a los judíos en 1492. Con la conquista del reino de Granada, controlaron el actual territorio español.

▷ Fernando II de Aragón e Isabel I de Castilla

1492
CRISTÓBAL COLÓN CRUZA EL ATLÁNTICO

Cristóbal Colón obtuvo el respaldo de la Monarquía Hispánica para su plan de llegar a Asia navegando hacia el oeste. En la nao *Santa María* y con dos carabelas (la *Pinta* y la *Niña*), llegó a una isla de las Bahamas casi seis semanas después de zarpar. Colón completó otras tres travesías transatlánticas, pero tardó en aceptar que había dado con un continente desconocido para los europeos. Sus viajes crearon un vínculo permanente entre América y Eurasia.

▷ ***Desembarco de Colón*** (1842–1847), por John Vanderlyn

1486
TEMPLO DE TENOCHTITLÁN

En 1486, el *tlatoani* (emperador azteca) mexica llamado Tizoc murió, y le sucedió su hermano Ahuízotl. Al año siguiente, Ahuízotl reinauguró el gran templo de Tenochtitlán, capital del Imperio azteca, celebrándose el acontecimiento con un sacrificio ritual masivo en el que se ofrecieron los corazones de las víctimas a los dioses aztecas.

◁ **Piedra sacrificial azteca** (c. 1481–1486)

1480

1488 El marino portugués Bartolomeu Dias rodea el cabo de Buena Esperanza y llega al océano Índico.

1485
SE FUNDA LA DINASTÍA TUDOR

Hacia el final de la guerra de las Dos Rosas, Enrique Tudor, de la casa de Lancaster, invadió Inglaterra para disputar el trono al rey Ricardo III, de la casa de York, logrando un gran apoyo contra el impopular Ricardo, sospechoso de haber asesinado a su predecesor, el rey niño Eduardo V. Ricardo fue derrotado y murió en la batalla de Bosworth, y Enrique Tudor fue coronado como Enrique VII. El nuevo rey se casó con Isabel de York para consolidar la nueva dinastía Tudor.

◁ **Primer acto en el Parlamento** de Enrique VII

«Yo estoy creído que esta es tierra firme, grandísima, de que hasta hoy no se ha sabido.»

CRISTÓBAL COLÓN, DIARIO DEL TERCER VIAJE (1498)

1494 Carlos VIII de Francia invade Italia e inicia así la larga serie de las guerras de Italia, que durarán 65 años.

1495 La sífilis llega a Europa; se desata una epidemia entre las tropas francesas en Nápoles.

1497 El marino italiano Giovanni Caboto zarpa de Bristol y explora la costa de América del Norte.

1499

1492

LA CAÍDA DE GRANADA

El emirato de Granada era el último Estado musulmán en la península Ibérica. Después de diez años de campañas de los Reyes Católicos, Granada se rindió en enero de 1492. Los términos de la rendición garantizaban la tolerancia religiosa, pero la presión para convertirse al cristianismo no tardó en producirse, y los que se negaron fueron enviados al exilio.

◁ La fortaleza y palacio de la Alhambra de Granada

1481-1520
EXPLORACIÓN PORTUGUESA

Bajo Juan II (r. 1481-1495), los marinos portugueses continuaron los viajes de descubrimiento iniciados por Enrique el Navegante.

1488 Bartolomeu Dias rodea el extremo sur de África por el cabo de Buena Esperanza y halla la ruta a India.

1497-1498 Vasco da Gama comanda una flota que llega a India por el sur de África y regresa; es la mayor travesía oceánica hasta la fecha.

1500 Pedro Cabral dirige una flota de 13 naves y desembarca en el noreste de Brasil; toma el territorio para la corona portuguesa.

1519 Fernando de Magallanes navega de España a Asia por el Atlántico y el Pacífico. Una de las naves completa la primera circunnavegación del globo.

1503

PAPA RENACENTISTA

Julio II, papa de 1503 a 1509, fue hombre de mundo, y dirigió en persona tropas papales en batalla. Empleó a grandes artistas renacentistas, como Rafael y Miguel Ángel, para embellecer el Vaticano y planificar la nueva basílica de San Pedro, mecenazgo financiado con la venta masiva de supuestas reliquias e indulgencias para el perdón de los pecados. Tales prácticas corruptas alentaron la Reforma protestante.

▷ **El *Moisés* de Miguel Ángel,** en el mausoleo del papa Julio II, en Roma

1517

CONQUISTA OTOMANA DE EL CAIRO

El sultán Selim I (r. 1512–1520) casi dobló el área geográfica del Imperio otomano. La conquista de El Cairo en 1517 puso fin al dominio mameluco en Egipto y Siria, y dio a los otomanos el control del núcleo del mundo islámico, incluidas La Meca y Medina, lo cual permitió a Selim reclamar el título califal como líder del islam. Selim reprimió la difusión del chiísmo, con matanzas de chiíes y guerra contra la Persia safaví.

◁ La coronación del sultán Selim I

1500

1513 En la batalla de Flodden, Jacobo IV de Escocia cae en combate contra los ingleses.

1510 Los portugueses establecen una base permanente en Goa (India).

1517 Comerciantes portugueses arriban al puerto chino de Cantón.

1501

FUNDACIÓN DE LA PERSIA SAFAVÍ

Los safavíes eran místicos sufíes de la rama chií del islam. En 1501, el sah safaví Ismaíl I se convirtió en soberano efectivo de una Persia políticamente fragmentada, llegando a controlar un área extensa con campañas militares que culminaron en la derrota de los uzbekos en Merv, en 1510. El Imperio safaví chií de Ismaíl desafiaba el liderazgo islámico del Imperio otomano suní.

◁ **Batalla de Merv,** fresco en Isfahán (Irán)

1517

LUTERO DESENCADENA LA REFORMA

Indignado por la venta de indulgencias por la Iglesia, el monje y teólogo alemán Martín Lutero hizo públicas sus *95 tesis*, críticas con las creencias y prácticas católicas. Visto en retrospectiva, esto se vio como el inicio de la Reforma y la división de la Europa cristiana. En 1521, Lutero fue excomulgado por el papa, decisión confirmada por el emperador Carlos V, pero los esfuerzos por suprimir la revolución protestante de la Reforma fracasaron.

△ **Martín Lutero** cuelga públicamente sus *95 tesis*

«Aquí estoy; otra cosa no puedo hacer; Dios me ayude.»

MARTÍN LUTERO, EN SU DISCURSO EN LA DIETA DE WORMS (1521)

1519

1519 El conquistador español Hernán Cortés dirige una expedición a México.

1485-1547

HERNÁN CORTÉS

Hidalgo menor pero de ambición excepcional, Cortés fue colono en Cuba antes de llegar a México con una pequeña fuerza militar en 1519 y conquistar el Imperio azteca por su iniciativa y sus medios.

1519

ELECCIÓN DE UN SACRO EMPERADOR HABSBURGO

Al ser elegido sacro emperador romano germánico en 1519, Carlos de Habsburgo era ya rey de la Monarquía Hispánica (como Carlos I), Austria, los Países Bajos y gran parte de Italia. Con tal poder en sus manos, quiso ser la cabeza reconocida de toda la Europa cristiana, pero tuvo en contra a los protestantes, opuestos a su catolicismo, y a los reyes de Francia. Carlos acabó por abandonar su proyecto unificador, tras más de 30 años de guerras.

▷ **Carlos V,** busto obra de Leone Leoni

Para ser elegido emperador, Carlos V pagó 850 000 florines en sobornos.

1521

CONQUISTA DE LOS AZTECAS

Hernán Cortés llegó a México en 1519, y avanzó hacia la capital azteca, Tenochtitlán. Sus hombres fueron expulsados con graves bajas, pero volvieron con aliados enemigos de los aztecas en mayo de 1521 para sitiar la ciudad. Diezmados por la viruela, los aztecas cayeron en agosto. El emperador Cuauhtémoc fue capturado y ejecutado.

◁ **La retirada de Hernán Cortés** de Tenochtitlán en 1520

1520

1525 **En la batalla de Pavía,** el rey Francisco I de Francia es derrotado y hecho prisionero por el emperador Carlos V.

1521 **Declarado hereje Martín Lutero,** queda sellado el cisma protestante-católico.

1526

SE FUNDA EL IMPERIO MOGOL

Baber, guerrero musulmán descendiente de Gengis Kan, invadió India desde Afganistán y venció al sultán de Delhi en la batalla de Panipat, en abril de 1526. Al morir en 1530, Baber había extendido sus dominios a la mayor parte del norte de India, creando así el Imperio mogol. Bajo sus descendientes hubo una edad dorada de estabilidad y florecimiento cultural.

▷ **La corte** de Baber

△ **Espada** de la corte de Solimán I el Magnífico

1526
INVASIONES OTOMANAS EN EUROPA

Solimán I el Magnífico, sultán otomano desde 1520, lanzó una serie de campañas contra la Europa cristiana. En 1526, su ejército invasor aplastó a los húngaros en Mohács, llegando sus fuerzas hasta Austria. Tres años después puso sitio a Viena, la capital austriaca. La ciudad resistió, Europa pudo evitar verse abrumada, y contuvo la difusión del islam.

▽ **Enrique VIII,** retrato por Hans Holbein el Joven (1540)

1534
ENRIQUE VIII ROMPE CON ROMA

Airado por la negativa de Clemente VII a anular su matrimonio con Catalina de Aragón, Enrique VIII se declaró cabeza de la Iglesia de Inglaterra y rechazó la autoridad papal. Durante los años siguientes, la corona dividió monasterios y confiscó tierras eclesiásticas. Los obstinados contrarios a la reforma religiosa, como el antiguo canciller de Enrique, Tomás Moro, fueron ejecutados.

1527 **Soldados alemanes protestantes** saquean la ciudad santa de Roma.

1533 **El soberano inca Atahualpa** es capturado y ejecutado por conquistadores españoles.

1534 **Ignacio de Loyola** crea la Compañía de Jesús (jesuitas) para propagar la fe católica.

1539

1534 **El marino bretón** Jacques Cartier comienza a explorar el río San Lorenzo en América del Norte.

«Yo soy sultán de sultanes [...], la sombra de Dios en la Tierra.»

SOLIMÁN I EL MAGNÍFICO

1522-1791
CUATRO NOVELAS CLÁSICAS CHINAS

La imprenta permitió producir novelas baratas en forma de libro, populares en la China Ming. Las más famosas son las «cuatro grandes novelas clásicas».

1522 ***Romance de los tres reinos,*** obra de Luo Guanzhong anterior a 1400 e impresa en 1522 (escena pintada, arriba).

1589 **Los personajes pícaros de los cuentos folclóricos Ming** en *A la orilla del agua* fueron muy populares cuando se imprimió en 1589.

1592 ***Viaje al Oeste,*** obra de Wu Cheng'en, es un relato famoso por las peripecias del travieso y malvado rey Mono (imagen, arriba).

1791 **En *El sueño del pabellón rojo,*** Cao Xueqin retrata a la sociedad en la historia de una familia de élite.

1543

LA REVOLUCIÓN COPERNICANA

Según *Sobre las revoluciones de los cuerpos celestes*, de 1543, obra del astrónomo polaco Nicolás Copérnico, la Tierra y los planetas giraban alrededor del Sol, y la Tierra no era el centro del universo. La teoría fue adoptada por los astrónomos a partir de finales del siglo XVI, contra la oposición de la Iglesia católica.

△ **El sistema copernicano,** ilustración de 1600

1542

EXPLORACIÓN EUROPEA DE AMÉRICA DEL NORTE

Hernando de Soto —soldado español participante en la conquista del Perú inca— emprendió una expedición para explorar lo que actualmente es el sur de Estados Unidos. De Soto avanzó desde Florida, por tierras habitadas por pueblos indígenas, y fue el primer europeo en llegar al Misisipi en 1541. Murió allí al año siguiente.

◁ **Hernando de Soto**

1540

1541 **Miguel Ángel completa** los frescos del techo de la Capilla Sixtina vaticana.

1541 **La fundación por Juan Calvino** de una república protestante independiente en Ginebra difunde el calvinismo.

1545 **En el Concilio de Trento,** los líderes eclesiásticos católicos planean la Contrarreforma (hasta 1563).

1543

IMPACTO PORTUGUÉS EN JAPÓN

Los primeros marinos europeos en llegar a Japón fueron comerciantes portugueses, en 1543, bienvenidos por traer productos de China. Se hicieron valer como intermediarios, ya que los emperadores Ming habían prohibido el comercio directo con Japón. Introdujeron también las armas de fuego, que se fabricaron enseguida en Japón y transformaron las artes militares samuráis. Los misioneros jesuitas, llegados a partir de 1549, convirtieron a miles de japoneses, pero más tarde el cristianismo fue suprimido.

▷ ***Llegada de un barco portugués,*** biombo japonés (c. 1620)

▷ **Relicario de plata** español del siglo XVI

Las minas españolas de América producen 40 000 toneladas de plata en dos siglos.

1545

PLATA SUDAMERICANA

En 1532, los conquistadores españoles se apoderaron del Imperio inca. En 1545 descubrieron los depósitos de plata más ricos del mundo en Potosí (en la actual Bolivia). Explotadas con un sistema despiadado de trabajos forzados, trajeron riquezas enormes a la Monarquía Hispánica, y financiaron los ejércitos que dominaron Europa. La plata se llevaba también a la China Ming, para pagar por la seda, la porcelana y otros productos.

1552 **El zar Iván IV el Terrible** derrota al kanato de Kazán y expande Rusia hacia Siberia.

1559

1552 **China concede a los comerciantes** portugueses una base en Macao.

1556

AKBAR EL GRANDE GOBIERNA INDIA

Akbar (r. 1556-1605) fue uno de los más grandes emperadores mogoles de India. Triplicó la extensión del imperio hasta cubrir gran parte del subcontinente, aplicó una política de tolerancia religiosa y buscó activamente el apoyo de indios no musulmanes a su régimen. Dotó a su diverso imperio de una administración única, y destinó lo recaudado en impuestos al mecenazgo de artistas, arquitectos y estudiosos.

▷ **Moneda de oro** de Akbar

△ **Akbar,** en el Álbum de Sah Yahan (c. 1630)

◁ **Lámpara de la galera** del marqués de Santa Cruz en Lepanto

1571
DERROTA OTOMANA EN EL MAR

La flota de una coalición de Estados cristianos compuesta por España, Venecia y Génova infligió una terrible derrota a la armada otomana en la batalla de Lepanto, en la costa de Grecia. Fue la última batalla naval de Europa disputada por embarcaciones de remo, y participaron unas 400 galeras y 150 000 hombres.

▷ ***La batalla de Lepanto*** (1640), por Andreas van Eertvelt

1560

1562 Estallan las guerras de religión en Francia entre católicos y protestantes hugonotes.

1566 Comienza la rebelión contra el rey español Felipe II en los Países Bajos.

1569 Por la Unión de Lublin, Polonia y Lituania se unen formalmente en la Confederación de Polonia-Lituania.

1572 El emperador Wanli asciende al trono de la China Ming; su reinado durará 48 años.

1572
MASACRE DE LOS HUGONOTES

Los hugonotes (calvinistas) se congregaron en París para celebrar la boda del protestante Enrique de Navarra con la hermana del rey de Francia, Carlos IX. Probablemente por orden del rey, los líderes hugonotes fueron asesinados, y se desató una matanza de protestantes por la muchedumbre católica. La masacre del día de San Bartolomé fue el episodio más notorio de las guerras de religión (1562–1598).

◁ **La masacre de San Bartolomé**

Se estima que murieron tres millones de personas en las guerras de religión en Francia.

1575
VICTORIA EN NAGASHINO

La larga era de guerra civil en Japón terminó al establecer Oda Nobunaga el dominio sobre todos los demás daimios (señores feudales). Junto al castillo de Nagashino derrotó en 1575 al clan Takeda con el empleo hábil de la infantería y los arcabuces. La tecnología de las armas de fuego transformó la guerra en Japón, y permitió a Nobunaga unificar el país antes de morir en 1582.

◁ Batalla de Nagashino

1576 **Tropas españolas** que no habían recibido la paga real se amotinan y saquean Amberes.

1578 **En la batalla de Alcazarquivir,** en Marruecos, el sultán marroquí derrota y mata al rey Sebastián de Portugal.

1579

▷ Túpac Amaru

1572
EL ÚLTIMO EMPERADOR DE LOS INCAS

Tras la conquista del Imperio inca por los españoles en la década de 1530, un Estado inca sobrevivió en el área remota y montañosa de Vilcabamba (Perú). En 1571, Túpac Amaru heredó el título de *sapa* (rey) inca. Al año siguiente, los españoles decidieron acabar con el reino, tomaron Vilcabamba y pusieron en fuga a Túpac Amaru. Fue capturado, llevado a Cuzco y decapitado públicamente en septiembre de 1572.

c.1560-1700 ARQUITECTURA MOGOL

Los emperadores mogoles, dueños de gran parte del norte de India en 1550, sufragaron una arquitectura mezcla de estilos centroasiático, indio y persa.

1565-1573 **Completar el Fuerte de Agra,** gran ciudad amurallada de ladrillo y arenisca, requirió 4000 trabajadores y ocho años.

1607-1620 **El Hiran Minar,** en Sheikhupura, encargado por el emperador Yahangir en memoria de su antílope *(hiran)*.

1632-1653 **El Taj Mahal,** en Agra, lo construyó el desolado Sah Yahan como tumba de su esposa favorita, Mumtaz Mahal.

1671-1673 **La mezquita de Badshahi,** en Lahore, encargo del emperador Aurangzeb, famosa por su interior de mármol tallado.

1587

EL SAH ABBAS REINA EN IRÁN

La llegada al trono de Persia de Abbas I el Grande, en 1587, inició la era dorada de la dinastía safaví. Guerrero despiadado, Abbas combatió con éxito a los otomanos y uzbekos en conflictos que añadieron territorios al imperio. El arte persa floreció bajo su mecenazgo, y Abbas hizo de Isfahán la capital, adornando la ciudad con edificios de una belleza extraordinaria.

▷ **Techo** de la mezquita del Sah, en Isfahán

1580

1580 Felipe II anexiona el reino de Portugal a España.

1582 El papa Gregorio XIII sustituye el calendario Juliano por el Gregoriano, más preciso.

1584 La isla de Roanoke es la primera (aunque efímera) colonia inglesa en América del Norte.

1587 Isabel I de Inglaterra ordena la ejecución de su prima católica, María.

1588

EL FRACASO DE LA ARMADA

Decidido a invadir Inglaterra con el ejército de los Países Bajos, Felipe II de España envió una flota de 130 naves para proteger a sus soldados durante la travesía del canal. Los ingleses mostraron tácticas navales superiores y hostigaron a la Armada, que tuvo que continuar viaje por el mar del Norte y rodear las islas británicas para volver a España. En su regreso se perdieron muchas naves debido a unas fuertes tormentas.

▷ **Barcos ingleses** se enfrentan a la Armada española (o Armada Invencible)

1564-1616
WILIAM SHAKESPEARE

El autor inglés Shakespeare nació y murió en Stratford-upon-Avon, pero pasó sus años creativos en Londres. Entre 1589 y 1613 escribió 38 obras teatrales y 154 sonetos, por los que es mundialmente famoso.

1599
SHAKESPEARE EN EL GLOBE

El teatro Globe se construyó junto al Támesis en Londres para albergar a la compañía de actores Lord Chamberlain's Men, entre ellos, el mismo Shakespeare. Su *Enrique V* fue probablemente la primera obra representada allí, en 1599. Los teatros londinenses, que atraían por igual a la élite alfabetizada y al pueblo llano, fueron el núcleo de la activa escena cultural conocida como Renacimiento inglés.

△ **El Globe de Shakespeare,** sello postal británico

«El mundo es un escenario.»

SHAKESPEARE, *COMO GUSTÉIS* (1599)

1599

1591 En la batalla de Tondibi, el ejército marroquí derrota al Imperio songay en el norte de África.

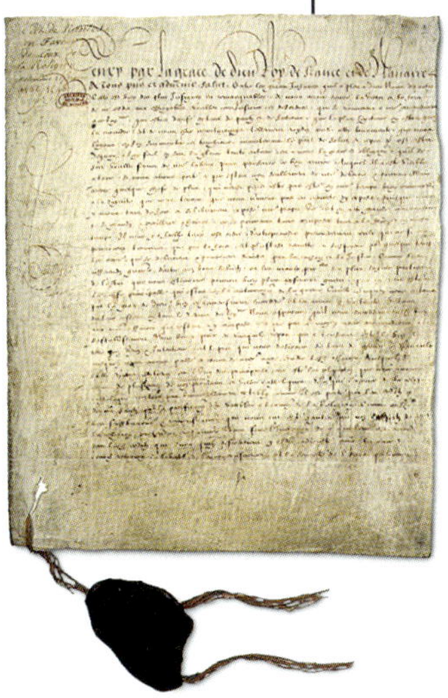

▽ **Edicto de Nantes,** de abril de 1598

1594
EL BUEN REY ENRIQUE

Líder hugonote en las guerras de religión, Enrique de Navarra fue coronado Enrique IV de Francia en 1594. Para poner fin al conflicto religioso, abjuró del protestantismo y decretó la tolerancia para los hugonotes en el Edicto de Nantes (1598). Llamado «el Buen Rey» por su preocupación por el bienestar de sus súbditos, fue asesinado por un fanático católico en 1610.

△ **Almirante Yi Sun-sin,** estatua en bronce

1598
COREA DERROTA A LOS INVASORES

El soberano efectivo de todo Japón, Toyotomi Hideyoshi, lanzó dos invasiones de Corea por mar que fracasaron gracias al genio naval del almirante coreano Yi Sun-sin. Con una flota que incluía barcos tortuga —naves con armadura y cañones— venció de manera repetida a los más numerosos japoneses. Yi murió en noviembre de 1598 durante la batalla de Noryang, la victoria naval final que aseguró la independencia de Corea.

1600

VICTORIA DE TOKUGAWA EN SEKIGAHARA

La muerte de Toyotomi Hideyoshi en 1598 dio ocasión al ambicioso Tokugawa Ieyasu de hacerse con el poder, en contra de los regentes que actuaban en nombre del hijo de cinco años de Hideyoshi. En la batalla de Sekigahara, los regentes fueron traicionados por aliados clave, y las fuerzas de Tokugawa triunfaron. Proclamado sogún en 1603, Ieyasu fundó un régimen que duraría más de 250 años.

▷ **Batalla de Sekigahara,** biombo japonés

1600

c. 1600 Fundación del reino de Dahomey por el pueblo fon, de África occidental.

1600 La erupción del volcán Huaynaputina en Perú tiene efectos sobre el clima global.

1603 El soberano persa safaví Abbas I emprende una guerra con éxito contra los otomanos.

1600-1602

LAS COMPAÑÍAS DE LAS INDIAS ORIENTALES COMPITEN

El control del lucrativo tráfico de especias y otros bienes de lujo de las Indias Orientales (India y el Sureste Asiático) fue disputado con ferocidad por las naciones marítimas europeas. En 1600, la corona inglesa autorizó la creación de una Compañía de las Indias Orientales con un monopolio del comercio asiático. Dos años después, sus rivales neerlandeses crearon otra propia. Estas competitivas y agresivas empresas llegaron a disponer de fuerzas armadas y a gobernar territorios en Asia, como agentes decisivos de la expansión imperial de sus respectivos países.

△ **Oficiales de la Compañía Británica de las Indias Orientales** en India

◁ **Armas de la Compañía Neerlandesa de las Indias Orientales** y de Batavia

1607

FUNDACIÓN DE JAMESTOWN, EN VIRGINIA

Los colonos enviados por la Compañía de Virginia de Londres levantaron un fuerte en la bahía de Chesapeake, llamado Jamestown en honor de Jacobo I. Cuatro quintas partes murieron de hambre o enfermedad, pero sobrevivieron suficientes como para consolidar el primer asentamiento inglés duradero en América del Norte.

△ **Fuerte James** (1607)

1600 **La muerte del zar Borís Godunov** inicia el «periodo tumultuoso» en Rusia.

1605 **En la «conspiración de la pólvora»,** los católicos no logran volar el Parlamento de Inglaterra.

1605 **El emperador Yahangir** sucede a su padre, Akbar I, al trono imperial mogol.

1606 **El navegante neerlandés Willem Janszoon** es el primer europeo en llegar a Australia.

1609

«Descubrí en los cielos muchas cosas no vistas antes de nuestra edad.»

GALILEO GALILEI, CARTA A LA DUQUESA CRISTINA DE TOSCANA (1615)

1609-2021
EL DESARROLLO DEL TELESCOPIO

Desde su invención (siglo XVII), los telescopios han permitido profundizar cada vez más en el espacio, cambiando nuestra concepción del universo.

1609 **El astrónomo italiano Galileo Galilei** es el primero en observar los planetas al telescopio.

1789 **William Herschel,** astrónomo británico de origen alemán, cartografía las estrellas con un telescopio con espejos en lugar de lentes.

1789 **Edwin Hubble** usa el telescopio Hooker del Monte Wilson, en California, para explorar y observar muchas galaxias lejanas.

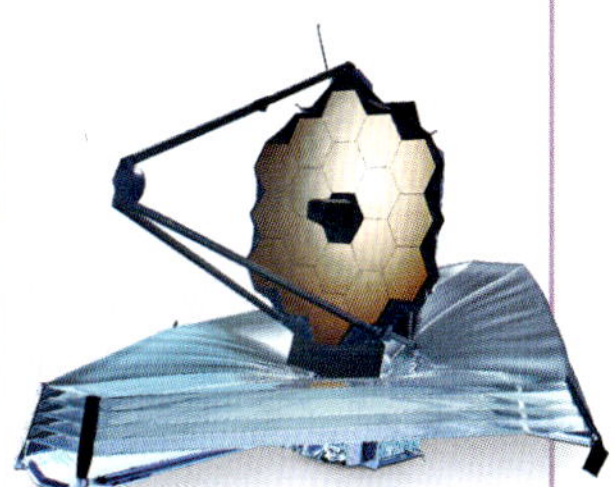

2021 **El telescopio espacial James Webb** detecta radiación de los objetos más lejanos del universo.

1613

LOS ROMANOV REINAN EN RUSIA

La extinción de la dinastía de Riúrik en 1598 sumió a Rusia en el llamado «periodo tumultuoso». En 1605, tras el reinado breve y brutal de Borís Godunov, varios pretendientes se disputaron el trono. En 1613, el Zemski Sobor (parlamento) eligió zar a Miguel Romanov, de dieciséis años. Este se benefició del deseo generalizado de orden, reinó hasta 1645 y fundó una dinastía que se mantendría más de 300 años.

◁ **Fuente conmemorativa de la elección** de Miguel Romanov

1616

NURHACI DESAFÍA A LOS MING

Nurhaci, caudillo del pueblo manchú al norte de la Gran Muralla china, unificó a las tribus del norte y creó un Estado organizado en secciones militares, o banderas. Se apoderó del norte de China, y sus ejércitos lograron victorias notables frente a los Ming hasta su muerte en 1626. Más tarde, sus sucesores acabarían por conquistar el Imperio Ming.

△ **Nurhaci,** caudillo manchú

1610

1611 **El rey Gustavo Adolfo** hereda el trono de Suecia a los dieciséis años de edad.

1610 **El católico fanático François Ravaillac** asesina al rey de Francia Enrique IV.

1612 **Comienza a exportarse tabaco** desde la colonia norteamericana de Virginia a Inglaterra.

1615 **El español Miguel de Cervantes** completa su *Don Quijote de la Mancha*, germen de la novela moderna.

▷ **Batalla de Osaka,** biombo del siglo XVII

1615

LA BATALLA DE OSAKA

El dominio del clan Tokugawa, sogunes (gobernadores militares) de Japón desde 1603, fue disputado por el clan Toyotomi. Basado en el castillo de Osaka, Toyotomi Hideyori (hijo de Hideyoshi) reunió un gran ejército y desafió a los Tokugawa. En el invierno de 1614, tras un largo asedio del castillo y una batalla decisiva en mayo de 1615, este cayó, y los Toyotomi fueron derrotados.

1547-1616

MIGUEL DE CERVANTES

El joven Cervantes vivió una vida de aventuras: soldado en Lepanto en 1571, al volver lo capturaron piratas berberiscos que lo llevaron a Argel como rehén. Su obra, incluido el *Quijote*, fue escrita después.

1618
LA DEFENESTRACIÓN DE PRAGA

El incidente que precipitó la guerra de los Treinta Años ocurrió en mayo de 1618 en Praga, capital de Bohemia. La aristocracia bohemia, en su mayoría protestante, era contraria al rey, el católico Fernando II, respaldado por el sacro emperador Matías. Sus representantes marcharon al castillo de Praga (o de Hradčany), y arrojaron a dos regentes de Fernando II y a su secretario por una ventana elevada. El estiércol del foso salvó la vida a los tres, pero el desafío protestante inició una guerra religiosa.

◁ *La defenestración de Praga* (1890), por Václav Brožík

1619 **El astrónomo alemán Johannes Kepler** describe matemáticamente el movimiento de los planetas.

1619 **Los neerlandeses conquistan** Yakarta (luego Batavia) y afirman su poder en partes de Indonesia con masacres.

1619

1616
LA MEZQUITA AZUL

Cuando se completó en 1616, la magnífica mezquita del sultán Ahmed —llamada Mezquita Azul por el color de su interior— dominaba el horizonte de Estambul, la capital otomana, con sus seis minaretes. Encargada por el sultán Ahmed (r. 1603-1617), la mezquita era todo un símbolo orgulloso del poder y prestigio duraderos del Imperio otomano.

◁ **Techo** de la Mezquita Azul

El techo de la mezquita del sultán Ahmed está cubierto por 20 000 azulejos.

1615-1868
EL MUNDO FLOTANTE

En el siglo XVII, tras siglos de conflictos civiles, Japón inició una era de paz casi continua bajo el sogunado Tokugawa. Con la capital en Edo (hoy Tokio), los sogunes mantuvieron bajo control a los señores regionales (daimios) que antes solían disputarse el poder. La corte imperial de Kioto se redujo a una función decorativa. La clase militar de los samurái sobrevivió al servicio de los daimios, privada de función.

En paz y orden, Japón prosperó desde el punto de vista económico. Los comerciantes, aunque despreciados en un orden social que los situaba por debajo de los campesinos, se enriquecieron pese al control estricto del comercio exterior. Japón experimentó un florecimiento del arte y la artesanía, demandados por una élite cada vez más concentrada en ciudades y pueblos. A finales del siglo XVII, Japón era uno de los países más urbanizados del mundo, y Edo, con alrededor de un millón de habitantes, era quizá mayor que cualquier otra ciudad. La vibrante cultura urbana, apodada «mundo flotante», absorbía el dinero de la clase comerciante y el tiempo de los samuráis ociosos, dedicados a los placeres, en lugar de la guerra.

A pesar de problemas crecientes con revueltas campesinas y complots de samuráis descontentos, el sogunado Tokugawa mantuvo una sociedad estable durante más de 250 años, hasta que la presión del imperialismo occidental desencadenó cambios fundamentales.

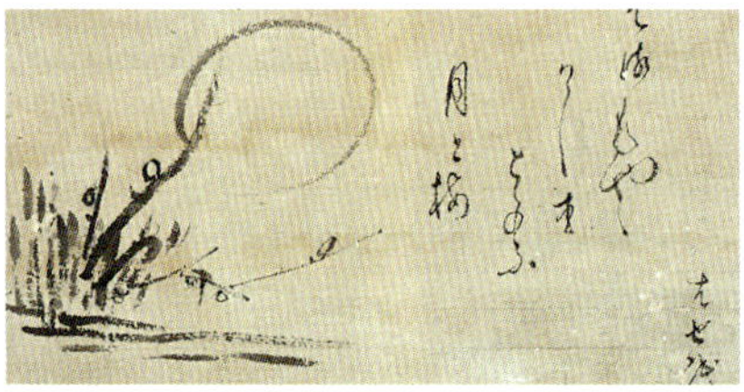

MOMENTOS CLAVE

1629 Kabuki masculino
El teatro kabuki (izda.), melodramático, obsceno y de atuendos extravagantes, fue enormemente popular en el Japón urbano. En 1629 se prohibió actuar a las mujeres, y los hombres representaron papeles tanto masculinos como femeninos.

1689 El viaje de Bashō
Un elemento de la cultura literaria del Japón Tokugawa fue el haiku, poesía breve. En 1689, el poeta Matsuo Bashō (1644-1694) viajó al remoto norte de Honshu, y relató sus vivencias en su obra maestra *La estrecha senda al norte profundo*, o *Las sendas de Oku* (izda.).

1829-1832 Las 36 vistas de Hokusai
Las xilografías del monte Fuji (izda.) de Katsushika Hokusai (1760-1849) están entre las obras de arte más famosas del periodo Tokugawa tardío. Al empezar a llegar a Europa ejemplos de grabados de Hokusai en la década de 1860, tuvieron una influencia decisiva sobre la evolución del arte occidental.

Grabado de Utagawa Hiroshige, de la serie *Las siete fuentes termales de Hakone*, creada en 1852, ilustra los placeres de la gente adinerada. La obra de artistas como Hiroshige y Hokusai se etiquetó como del «mundo flotante» por representar las diversiones frívolas de los privilegiados.

1620

LOS PEREGRINOS PURITANOS

En otoño de 1620, puritanos ingleses exiliados por la persecución religiosa emprendieron una travesía atlántica de diez semanas a bordo del *Mayflower*. De los 102 llegados al cabo Cod en noviembre, menos de la mitad sobrevivió para celebrar el día de Acción de Gracias con los indígenas en 1621. La colonia de Plymouth fue el segundo asentamiento inglés en América del Norte.

▷ *Acción de Gracias en Plymouth* (1925), por Jennie Brownscombe

1620

1620 El eunuco de la corte Wei Zhongxian inicia un régimen de terror en la China Ming bajo el ineficaz emperador Tianqi.

1623 La Compañía Neerlandesa de las Indias Orientales ejecuta a sus rivales en Ambon (Indonesia).

1620 El filósofo inglés Francis Bacon describe un nuevo sistema de lógica en *Novum Organum*.

◁ **Plano de Miguel Ángel** para la basílica de San Pedro (1569)

◁ Batalla de la Montaña Blanca

1626

SE COMPLETA LA BASÍLICA DE SAN PEDRO

Después de 120 años en construcción, la basílica de San Pedro, en Roma, se completó en noviembre de 1626. La mayor iglesia del mundo, fue obra de muchos arquitectos, desde Donato Bramante, autor del diseño original, hasta Miguel Ángel, responsable en gran parte de la enorme cúpula, y Carlo Maderno, que añadió la fachada. Obra maestra renacentista, la basílica era el emblema del poder y de la riqueza de la Iglesia católica.

1620

LA BATALLA DE LA MONTAÑA BLANCA

En 1619, el Parlamento bohemio (checo) eligió rey al elector palatino protestante Federico V. El sacro emperador Fernando II envió un gran ejército para acabar con la independencia de Bohemia, y en el cerro llamado Montaña Blanca, a las afueras de Praga, venció al ejército de Federico. La restauración católica en Bohemia fue brutal, pero el conflicto entre protestantes y católicos de la guerra de los Treinta Años continuó.

Los neerlandeses compraron Manhattan a los habitantes nativos por 60 florines (unos 1800 euros actuales).

1628
ESTUDIOS ANATÓMICOS DE HARVEY
William Harvey fue un médico inglés que realizó miles de disecciones en cadáveres humanos y animales vivos. En 1628 publicó *De motu cordis* («Sobre los movimientos del corazón»), donde demostraba que la sangre circula por el cuerpo, bombeada por el corazón. Es probable que este fuese el mayor avance en la comprensión de la anatomía humana desde los antiguos griegos.

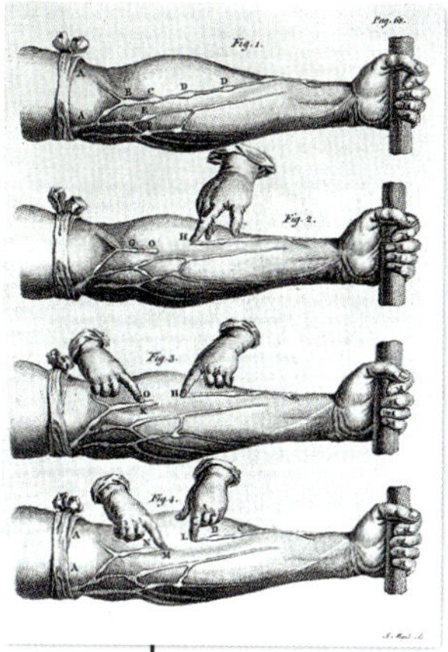

▷ **Lámina** que ilustra los experimentos de Harvey

1626 Comerciantes de pieles neerlandeses se asientan en la isla de Manhattan, que llaman Nueva Ámsterdam.

1626 Fuerzas católicas comandadas por Wallenstein vencen a los protestantes en Dessau, en la guerra de los Treinta Años.

1629

1628 El cardenal Richelieu, primer ministro francés, aplasta la revuelta protestante sitiando La Rochelle.

△ **Entronización de Sah Yahan,** ilustración del *Padshahnama*

1628
SAH YAHAN ASCIENDE AL TRONO DE INDIA
El reinado del quinto emperador mogol Sah Yahan (r. 1628-1658) fue un periodo de esplendor del Imperio mogol, reflejado en edificios magníficos como el Taj Mahal, construido en honor de la esposa favorita del emperador, Mumtaz Mahal. Pese a la riqueza del imperio, una gran hambruna causó millones de muertes en el Decán, en el sur, en 1630-1632.

1585-1642
CARDENAL RICHELIEU
Primer ministro de Francia bajo Luis XIII, Richelieu reforzó el poder de la monarquía reprimiendo a la nobleza y a los rebeldes hugonotes. Sobrevivió a numerosos intentos de asesinato.

△ ***Gustavo II Adolfo en Breitenfeld*** (1632), por Johann Walther

1631

VICTORIA SUECA EN BREITENFELD

Bajo el rey Gustavo II Adolfo, Suecia se convirtió en una gran potencia militar europea. En 1630, Gustavo intervino en la guerra de los Treinta Años del lado protestante, dirigiendo a sus hombres para apoyar a Sajonia contra el Sacro Imperio Romano Germánico. En la batalla de Breitenfeld, los suecos y sajones vencieron a las fuerzas imperiales gracias al talento militar del rey sueco, que perdió la vida en combate el año siguiente.

1630

1630 **En la colonia americana de Massachusetts** se asientan puritanos huidos de la persecución en Inglaterra.

1631 **Masacre de 20 000 protestantes** por tropas católicas en el saqueo de Magdeburgo (guerra de los Treinta Años).

1632 **El rey de Suecia Gustavo II Adolfo** muere en combate durante la batalla de Lützen.

1633 **El astrónomo italiano Galileo Galilei** es condenado por la Inquisición romana por sus ideas heliocéntricas.

Unos ocho millones de civiles y soldados murieron en la guerra de los Treinta Años.

1636

EL ASCENSO DE LOS MANCHÚES

En 1636, Hung Taiji, líder del pueblo manchú, reclamó el derecho a gobernar toda China como fundador de una nueva dinastía, la de los Qing. En realidad, el Imperio chino seguía gobernado por la dinastía Ming en Pekín, pero el poder militar creciente de los manchúes daba fundamento a sus ambiciones. En el invierno de 1636 invadieron Corea, a la que redujeron al vasallaje, y la invasión Qing de China no tardaría en producirse.

△ **Casco** de la dinastía Qing

1637

LA FILOSOFÍA DE DESCARTES

Publicado en los Países Bajos en 1637, *Discurso del método*, del pensador francés René Descartes, fue una obra fundacional de la Ilustración. Al defender que la razón es la clave del conocimiento, Descartes entendía la mente pensante como separada del cuerpo, mera máquina física. «Dudar todo lo posible de todas las cosas» fue un principio que animó a investigar científicamente el mundo.

▷ **René Descartes**

1639

LOS OTOMANOS RECUPERAN IRAK

Murad IV, emperador otomano desde 1623 hasta 1640, fue un soberano brutal y excéntrico. Tuvo éxito, sin embargo, en la guerra contra la Persia safaví, que duró la mayor parte de su reinado. Reconquistó Bagdad después de un largo asedio en 1638, y estableció una paz al año siguiente de dividir Oriente Próximo con un límite que sigue existiendo hoy día: la frontera actual entre Irak e Irán.

△ **El sultán Murad IV** recibe homenaje

«Pienso, luego existo.»

RENÉ DESCARTES, INTRODUCCIÓN AL *DISCURSO DEL MÉTODO* (1637)

1639

1639 En la batalla de las Dunas, la armada neerlandesa destruye una flota española junto a la costa sur de Inglaterra.

1639

JAPÓN RECHAZA LA INFLUENCIA EXTRANJERA

La influencia de los comerciantes y misioneros europeos desestabilizaba a Japón. En 1637-1638, el sogunado Tokugawa se vio sacudido por un gran levantamiento en el que tomaron parte los conversos cristianos, y respondió a él prohibiendo el cristianismo y limitando el contacto con los extranjeros. En adelante, solo los neerlandeses pudieron comerciar con Japón, en un único puerto, Nagasaki.

▷ **Católicos martirizados** en Nagasaki

1642

COMIENZAN LAS GUERRAS CIVILES INGLESAS

El rey Estuardo Carlos I agravió a muchos de sus súbditos ingleses y escoceses con los impuestos y la religión. Intentó gobernar prescindiendo del Parlamento, y se le consideró simpatizante del catolicismo. En 1642, el rey y el Parlamento inglés formaron ejércitos y se enfrentaron en una guerra civil, cuya primera batalla tuvo lugar en Edgehill, en octubre. Ningún bando logró una clara victoria, y fue el inicio de un largo conflicto.

1640

1640 Portugal se rebela contra España y logra la independencia.

1643 Luis XIV se convierte en rey de Francia a la edad de cuatro años; su madre, Ana de Austria, será su regente.

▽ **Dibujo neerlandés** de los maoríes (1642)

1642

LOS NEERLANDESES LLEGAN A NUEVA ZELANDA

La Compañía Neerlandesa de las Indias Orientales envió al Pacífico sur al explorador y comerciante Abel Tasman. En diciembre de 1642, sus hombres fueron los primeros europeos en ver Nueva Zelanda. Anclaron junto a la actual Isla Sur, y les atacaron guerreros maoríes en canoas. Fue un contacto fugaz: los europeos no volverían hasta 1769.

◁ **Lobsang Gyatso,** quinto dalái lama

1642

EL DALÁI LAMA UNIFICA EL TÍBET

Desde principios del siglo XVII, el conflicto entre sectas budistas rivales y facciones tribales desgarraba el Tíbet. En 1642, el quinto dalái lama Lobsang Gyatso formó un gobierno eficaz en Lhasa y puso fin al enfrentamiento civil. Sus sucesores gobernaron Tíbet hasta el siglo XX.

Víspera de la batalla de Edgehill (1845), por Charles Landseer

▽ **El emperador Chongzhen** con su emperatriz

1644
LA CAÍDA DE LOS MING

En la década de 1640, el declive de la China Ming era terminal. Partes del imperio asoladas por la sequía y la enfermedad se rebelaron. En la primavera de 1644, el líder campesino más poderoso, Li Zicheng, marchó sobre Pekín. El emperador Chongzhen se ahorcó de un árbol de los jardines imperiales, y Zicheng proclamó la nueva dinastía Shun, del todo efímera.

1644 **En la batalla de Marston Moor,** de la guerra civil inglesa, los parlamentarios derrotan a los realistas.

1644

1643 **La victoria francesa en Rocroi** sobre España hace visible la primacía de Francia en Europa.

1643 **El físico italiano Evangelista Torricelli** usa un barómetro de mercurio para medir la presión atmosférica.

Al menos un 4 % de la población inglesa murió en las guerras civiles.

△ **Dorgon,** príncipe regente manchú

1644
INVASIÓN MANCHÚ DE CHINA

Los ejércitos manchúes, explotando el caos que rodeaba la caída de los Ming, atravesaron la Gran Muralla para proclamar su dominio sobre China como dinastía Qing. Con la ayuda de generales Ming hostiles al rebelde Li Zicheng, los manchúes vencieron en la batalla del paso de Shanhai, y ocuparon Pekín. Dirigidos por el regente, príncipe Dorgon, emprendieron una serie de campañas militares brutales para extender su control a todo el Imperio chino.

▷ Las mujeres guerreras de Dahomey

1645
EL PRIMER REY DE DAHOMEY

En la década de 1600, los fon de África occidental formaron el poderoso reino de Dahomey. Houegbadja, llegado al trono en 1645, se considera su primer rey. Estableció las instituciones características de Dahomey, entre ellas, el regimiento de mujeres guerreras, el *Mino* («nuestras madres»). Dahomey comerció con los europeos establecidos en la costa durante el siglo siguiente.

1645

1645 **En la batalla de Naseby,** durante la guerra civil inglesa, el llamado Nuevo Ejército Modelo parlamentarista derrota a los realistas.

1647 **Expulsión de los jesuitas, declarados subversivos,** de la colonia puritana de la Bahía de Massachusetts.

1648 **La dinastía manchú Qing** extiende su dominio al sur de China y toma Guangzhou.

1648 **El sultán otomano Ibrahim es derrocado** y reemplazado por su hijo de seis años Mehmet IV.

▷ La coleta manchú

1645
LLEVAR COLETA

Tomado Pekín, los manchúes impusieron expeditivamente su poder a los chinos. La población de ciudades enteras fue masacrada por seguir apoyando a los depuestos Ming, y, como símbolo de sumisión, Dorgon ordenó que todos los hombres chinos adoptaran la coleta manchú, con la mitad anterior de la cabeza afeitada y una trenza. El castigo por negarse a adoptarla era la muerte.

1600-1649
CARLOS I

Rey de Inglaterra y Escocia desde 1625, Carlos creía en su derecho divino a reinar. Su matrimonio con la católica Enriqueta María y su inflexibilidad en materia religiosa y política llevaron a su caída.

1649
EJECUCIÓN DE CARLOS I

Derrotado en la guerra civil inglesa, Carlos I cayó prisionero de los parlamentarios. Tras un fallido levantamiento realista apoyado por Escocia en 1648, Oliver Cromwell y el Nuevo Ejército Modelo tomaron el poder. Por orden de Cromwell, el rey fue acusado de traición y, tras un juicio irregular, fue ejecutado en Whitehall (Londres), el 30 de enero de 1649. Inglaterra fue un república durante los siguientes 11 años.

▷ **Carlos I** conducido a su ejecución

1648
LA FRONDA
Durante la infancia de Luis XIV, su madre, Ana de Austria, gobernó Francia con su primer ministro, el cardenal Mazarino. En la revuelta de la Fronda, el gobierno fue desafiado por los tribunales y la nobleza, en nombre de las libertades tradicionales. Tras una contienda de cinco años, Mazarino restauró la autoridad real absoluta.

▷ **El cardenal Mazarino**

1648
LA PAZ DE WESTFALIA
Los tratados firmados en Osnabrück y Münster (Westfalia) en 1648 pusieron fin a la guerra de los Treinta Años, entre católicos y protestantes, y a la de los Ochenta Años, entre los Países Bajos y España. El acuerdo, un hito en las relaciones internacionales, permitió a los estados alemanes determinar la política religiosa, y ratificó la plena independencia de los Países Bajos y de Suiza.

◁ **Firma del** Tratado de Münster

1649 **El sah persa safaví Abbas II** arrebata Kandahar al Imperio mogol.

1649 **Los parlamentaristas de Cromwell** masacran a los católicos irlandeses en Drogheda durante la conquista de Irlanda.

1649

«Le cortaremos la cabeza con la corona puesta.»

OLIVER CROMWELL DURANTE EL JUICIO A CARLOS I (DICIEMBRE DE 1648)

1653

CROMWELL ES INVESTIDO *LORD PROTECTOR*

Dirigente líder de los parlamentarios durante las guerras civiles inglesas, Oliver Cromwell fue la figura dominante en Gran Bretaña desde la ejecución de Carlos I. Aplastó brutalmente la resistencia en Irlanda y Escocia, y en 1653 asumió poderes casi dictatoriales como *lord protector* de la Mancomunidad. Cromwell mantuvo el orden en el país y promovió agresivamente sus intereses en el extranjero, pero no logró crear un sistema republicano duradero. Después de su muerte, en 1658, le sucedió su hijo Richard como *lord protector*, pero la monarquía fue restaurada dos años después.

▷ **Estatua** de Oliver Cromwell

1650

1650 El sultán bin Saif toma el puerto de Mascate y expulsa a los portugueses de Omán.

1651 Los polacos derrotan a los cosacos rebeldes ucranianos en Berestechko.

1652 Luis XIV de Francia entra en París y pone fin a la rebelión de la Fronda.

1654 Colonos portugueses recuperan Brasil, tomado por los neerlandeses.

1652

LAS GUERRAS ANGLO-NEERLANDESAS

En la década de 1650, Inglaterra y los Países Bajos fueron rivales en la competencia por el comercio marítimo y las bases coloniales por todo el mundo. En 1652 empezaron los enfrentamientos armados entre escuadrones navales en el mar del Norte y el canal de la Mancha. La primera guerra acabó en victoria inglesa frente a Scheveningen en 1653, y hubo otras dos guerras navales hasta la paz de 1674.

◁ La batalla de Scheveningen

1657
EL GRAN INCENDIO DE MEIREKI

Edo (la actual Tokio), con sus casas muy juntas de madera y papel, era muy vulnerable a los incendios. En marzo de 1657, un kimono ardiendo desató el llamado gran incendio de Meireki. Se calculó que habían muerto unas 100 000 personas durante los tres días en que el fuego destruyó dos terceras partes de la ciudad.

◁ **El gran incendio de Meireki,** rollo pintado (1814)

1655 Comienza el «Diluvio» polaco cuando los ejércitos de Carlos X de Suecia invaden la Confederación de Polonia-Lituania.

1656 El Imperio otomano revive bajo los brutales pero eficaces visires Köprülü.

1659

△ **El reloj de péndulo** de Christiaan Huygens

1656
TIEMPO PRECISO

El neerlandés Christiaan Huygens (1629-1695) fue una figura destacada en muchos campos, desde la óptica hasta la astronomía. En 1656 desarrolló una idea propuesta por Galileo Galilei para crear el primer reloj de péndulo. Fabricado según el diseño de Huygens por el relojero Salomon Coster, su reloj era mucho más preciso que cualquier mecanismo anterior. La cuenta precisa del tiempo transformó la vida cotidiana.

△ **El emperador Aurangzeb** en su corte

1658
AURANGZEB TOMA EL PODER

Viejo y enfermo Sah Yahan, sus cuatro hijos lucharon por el control de India. En 1658, el tercero, Aurangzeb, salió victorioso. Mató a dos de sus hermanos y puso a su padre bajo arresto. Reinó durante 49 años (con el nombre Alamgir I), y expandió el Imperio mogol, pero, como musulmán estricto, su intolerancia lo enfrentó a sus súbditos hindúes.

Bajo Aurangzeb, el Imperio mogol llegó a alcanzar cuatro millones de kilómetros cuadrados.

1662
EL PALACIO DEL REY SOL

Luis XIV, llamado rey Sol, ascendió al trono de Francia en 1661, a sus 22 años, y, como monarca absoluto, gobernó sin límite alguno a su autoridad de origen divino. Para encarnar su visión del poder real, mandó construir el palacio de Versalles en las afueras de París, nueva sede para la corte. Los edificios y jardines estaban casi terminados a finales de la década de 1680.

◁ ***Palacio de Versalles*** (1668), por Pierre Patel

«L'Etat, c'est moi.» («El Estado soy yo.»)

ATRIBUIDO AL REY LUIS XIV

1660

1661 El código de esclavos de la británica isla Barbados niega todo derecho a los esclavizados.

△ **Mapa de Formosa**, del siglo XVII

1662
KOXINGA GOBIERNA FORMOSA

Los leales a los Ming se resistieron a la conquista manchú durante muchos años, como Zheng Chenggong (llamado Koxinga), pirata que había sido derrotado en la China continental y que, en 1661, llevó a sus seguidores a Formosa (Taiwán), donde tomaron el fuerte neerlandés de la isla. Al año siguiente, Koxinga estableció un reino propio pero leal a los Ming. Sus sucesores lo mantuvieron hasta su conquista por los Qing en 1683.

◁ **Koxinga** (Zheng Chenggong)

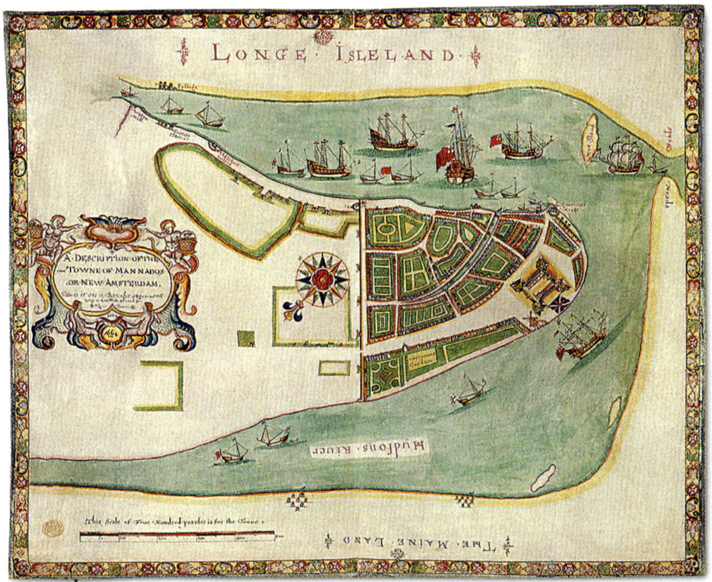

1664
EL NACIMIENTO DE NUEVA YORK

Desde 1626, en la isla de Manhattan hubo un asentamiento comercial neerlandés, Nueva Ámsterdam, que creció bajo el liderazgo firme de Peter Stuyvesant. En 1664, los ingleses enviaron una flota para tomar la colonia, y, falto de recursos para defenderla, Stuyvesant se rindió sin ofrecer resistencia. La ciudad fue renombrada Nueva York en honor del duque de York, heredero al trono británico.

◁ **Plano de Nueva York,** de 1664

1665 Por el Tratado de Purandar, los marathas se ven forzados a someterse a los mogoles.

1666 La muerte de Sah Abbas II marca el fin de la era dorada de la Persia safaví.

1668 Se crea el Riksbank, el primer banco central del mundo, en Suecia.

1669

1669 Los turcos otomanos conquistan Creta después del sitio de Candía.

1662
LA EXTINCIÓN DEL DODO

El dodo, ave no voladora, habitaba en la isla índica de Mauricio, donde se asentaron marinos neerlandeses en 1598. Exterminada la especie por cazadores y ratas llegadas en los barcos, el último dodo fue visto en 1662. Su extinción es un símbolo de la amenaza humana a la naturaleza.

◁ **El extinto dodo** *(Raphus cucullatus)*

1660-1685
LA INGLATERRA DE LA RESTAURACIÓN

El hijo del ejecutado Carlos I volvió del exilio en 1660 y restauró la monarquía. En sus 25 años de reinado hubo muchos sucesos dramáticos.

1661 El recién coronado Carlos II, desdeñando el puritanismo, mantiene relaciones con amantes y permite abrir los teatros.

1665 La gran peste de Londres, última gran epidemia de peste en Inglaterra, mata a uno de cada seis habitantes de la ciudad.

1666 El gran incendio de Londres destruye muchos edificios en septiembre. Da pie a un gran programa de reconstrucción.

1675 Se funda el Real Observatorio de Greenwich, que contribuirá al progreso de la astronomía y la navegación.

▽ **Stepan Razin** camino a su ejecución

1671

DERROTA DE LA REVUELTA COSACA

Los cosacos eran pueblos independientes en los márgenes del Imperio ruso. Desde 1667, un cosaco del Don, Stepan («Stenka») Razin, dirigió una banda armada en incursiones alrededor del Volga y el mar Caspio. Se le unieron campesinos rusos rebeldes, llegando a amenazar al Estado ruso. El bien entrenado ejército imperial derrotó a los cosacos y aplastó la revuelta campesina. En junio de 1671, Razin fue capturado y desmembrado en la plaza Roja de Moscú.

1670

1671 Los portugueses conquistan el reino de Ndongo y controlan toda Angola.

1670 Inglaterra establece la Compañía de la Bahía de Hudson en Canadá.

1672

CRECE EL COMERCIO DE ESCLAVOS INGLÉS

La Real Compañía Africana, establecida en 1672, fue una empresa inglesa respaldada por la monarquía de los Estuardo y dedicada principalmente al comercio y transporte de africanos esclavizados desde África occidental a las colonias británicas del Nuevo Mundo. Participaron hombres adinerados, como el comerciante de Bristol Edward Colston. Gran Bretaña fue el país europeo más activo en el comercio de esclavos transatlántico.

△ **Retrato de Edward Colston**, por Jonathan Richardson

Hacia 1740, los barcos británicos transportaban unos 42 000 africanos esclavizados al año.

1672

EL AÑO DEL DESASTRE EN LOS PAÍSES BAJOS

Desde 1650, los Países Bajos prosperaron bajo los hermanos Johan y Cornelis de Witt. En 1672, Luis XIV de Francia los invadió con apoyo naval inglés. Los De Witt, culpados del fracaso militar, fueron linchados por una multitud. Guillermo de Orange fue nombrado estatúder y cortó el avance francés abriendo los diques para inundar las áreas bajas. Los Países Bajos sobrevivieron al *Rampjaar* («Año del desastre»), pero fue el fin de la edad de oro neerlandesa.

◁ Los hermanos De Witt

◁ Wu Sangui

1673

REBELIÓN DE LOS TRES FEUDATARIOS

La dinastía manchú de los Qing se enfrentó a una gran revuelta en el sur de China. Los generales chinos Han que habían apoyado a los Qing habían recibido provincias para gobernar como feudos personales, y tres de ellos, Wu Sangui (en la provincia de Yunnan), Shang Kexi (en Guangdong) y Geng Jingzhong (en Fujian), se rebelaron y amenazaron con derrocar al emperador manchú Kangxi. Asegurar el dominio Qing en China y suprimir la rebelión requirió ocho años de campañas militares.

1675 El emperador mogol Aurangzeb hace ejecutar al gurú sij Tegh Bahadur.

1679

1678 Los tratados de Nimega ponen fin a la guerra entre Francia y los Países Bajos.

◁ Estatua de Sivaji Bhonsle

1674

EL ASCENSO DEL IMPERIO MARATHA

Los marathas eran clanes guerreros hindúes del sur de India. Desde la década de 1640, Sivaji, miembro del clan Bhonsle, fue un líder militar formidable. Obligado a aceptar como señor al emperador mogol Aurangzeb en 1665, pronto emprendió nuevas campañas, y en 1674 fue coronado emperador maratha. Al morir Sivaji en 1680, controlaba parte del sur de India. El Imperio maratha sobrevivió a los contraataques de Aurangzeb, y floreció en el siglo siguiente.

1681

FUNDACIÓN DE PENSILVANIA

En 1681, el rey de Inglaterra Carlos II concedió una extensa área de tierra en América del Norte al cuáquero William Penn, en pago de una deuda con su difunto padre. Penn fundó una colonia basada en el principio de la libertad de culto para todas las sectas cristianas. En 1683 firmó un tratado con los indígenas lenape, y estableció Filadelfia como próspera capital de la colonia.

▷ *El tratado de Penn con los indios* (1772), por Benjamin West

1680

1681 **Se completa el canal du Midi,** que comunicará después el Atlántico y el Mediterráneo en Francia.

1682 **Pedro I** el Grande asume el trono como zar de Rusia con solo 10 años.

1680

REVUELTA DE LOS PUEBLO

Bajo control español desde 1598, los indios pueblo de Nuevo México se rebelaron en 1680 debido a la represión de sus prácticas religiosas. La resistencia, organizada por el líder religioso Popé, fue tan eficaz que los españoles fueron completamente expulsados de la región. Regresaron doce años después, tras la muerte de Popé, pero no volvieron a interferir con las creencias de los pueblo.

◁ **Popé,** esculpido por Cliff Fragua

1644-1718

WILLIAM PENN

Como cuáquero, Penn fue perseguido en Inglaterra antes de ser el fundador de Pensilvania. Los principios de su *Frame of the Government of Pennsylvania* influyeron luego en la Constitución de EEUU.

«Sean buenos los hombres, y el gobierno no podrá ser malo.»

WILLIAM PENN, *FRAME OF THE GOVERNMENT OF PENNSYLVANIA* (1682)

1683
EL SITIO DE VIENA
Avanzando desde Hungría, un gran ejército otomano dirigido por el gran visir Kara Mustafá asedió Viena, capital del Sacro Imperio Romano Germánico. Fuerzas polacas, austriacas y alemanas dirigidas por el rey de Polonia Juan III Sobieski marcharon para levantar el asedio, atacaron el campamento otomano y pusieron en fuga a los turcos en la batalla de Kahlenberg. Esta derrota contribuyó al declive del Imperio otomano.

◁ **Medallón decorativo de una tienda imperial otomana** del sitio de Viena

1683 La dinastía manchú Qing conquista Taiwán tras la derrota de los leales a los Ming en la batalla de Penghu.

1684

1684 Guerreros shona del Imperio rozvi expulsan a los portugueses de Zimbabue.

▽ **Robert de La Salle,** vidriera

1682
LA SALLE TOMA POSESIÓN DE LUISIANA
René-Robert Cavelier de La Salle fue un aventurero francés que extendió las posesiones francesas en América del Norte. Exploró el río Illinois, y en 1682 descendió en canoa por el Misisipi hasta el golfo de México. Llamó La Luisiana a la región, y tomó posesión de ella en nombre de Francia. En otra expedición allí en 1687, La Salle fue asesinado durante un motín.

▽ **Feria sobre hielo** en el Támesis, en Londres

1683
LA PEQUEÑA GLACIACIÓN
Desde c. 1650, el periodo climático conocido como la «pequeña glaciación» alcanzó su máximo en Europa. Se celebraron ferias sobre el Támesis helado en Londres; el avance de los glaciares destruyó aldeas en los Alpes; y la pérdida generalizada de cosechas trajo frecuentes hambrunas. El invierno de 1683 destacó por las bajas temperaturas y las fuertes nevadas. Las causas del fenómeno no se conocen bien.

Más de 800 000 hugonotes huyen de Francia debido al acoso y persecución de Luis XIV.

1685

SE REVOCA EL EDICTO DE NANTES

En la década de 1680, Luis XIV se lanzó a erradicar el protestantismo, y revocó el Edicto de Nantes de 1598, que garantizaba los derechos de los hugonotes (protestantes calvinistas). Enfrentados a acosos y castigos, tuvieron que elegir entre convertirse al catolicismo o emigrar. La mayoría se marchó de Francia, asentándose en Inglaterra, Países Bajos, Suiza y Alemania. La pérdida de sus actividades profesionales menoscabó la economía francesa.

◁ **Tímpano del templo de la Iglesia Protestante Francesa** de Londres

1685

1686 El emperador mogol Aurangzeb expande el imperio al conquistar el sultanato de Bijapur en el sur de India.

1687 El emperador Higashiyama inicia la era Genroku en Japón, que genera crecimiento urbano y prosperidad.

1685 Fracasa la rebelión del duque de Monmouth para derrocar al rey inglés Jacobo II.

▽ **Primera edición** de *Principios*, de Newton

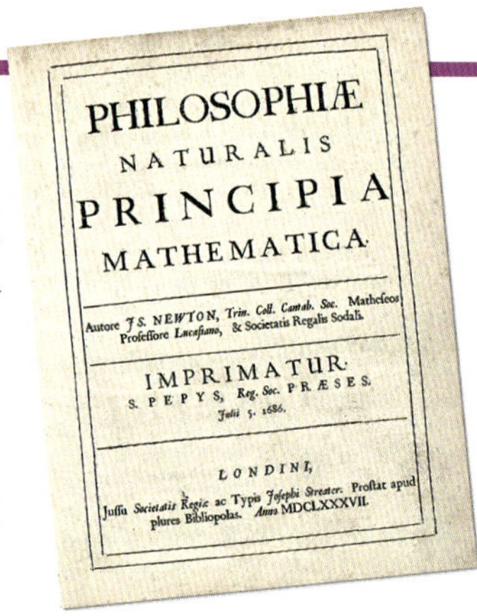
PHILOSOPHIÆ
NATURALIS
PRINCIPIA
MATHEMATICA.

Autore J.S. NEWTON, Trin. Coll. Cantab. Soc. Matheseos Professore Lucasiano, & Societatis Regalis Sodali.

IMPRIMATUR.
S. PEPYS, Reg. Soc. PRÆSES.
Julii 5. 1686.

LONDINI,
Jussu Societatis Regiæ ac Typis Josephi Streater. Prostat apud plures Bibliopolas. Anno MDCLXXXVII.

▽ **La explosión** del Partenón

1643-1727

ISAAC NEWTON

Profesor de matemáticas en la Universidad de Cambridge y presidente de la Royal Society, Newton trabajó en las matemáticas, la física y la óptica. En sus últimos años dirigió la Royal Mint (casa de la moneda).

1687

PRINCIPIOS, DE NEWTON

Principios matemáticos de la filosofía natural (o *Principios*), de Isaac Newton, publicado en 1687, fue un gran paso adelante en la comprensión del universo físico. Postuló sus leyes del movimiento e identificó la gravedad como la fuerza que tanto mantenía a los planetas en sus órbitas como hacía caer a tierra los objetos.

1687

DESTRUCCIÓN DEL PARTENÓN

Los venecianos luchaban contra el Imperio otomano por el control de Grecia en 1687. Cuando atacaron Atenas, la guarnición turca de la ciudad se retiró a las alturas, donde se encontraba el antiguo templo. Al bombardear la posición turca con artillería, los venecianos provocaron la explosión de un polvorín, que dejó el edificio en ruinas.

1688
LA REVOLUCIÓN GLORIOSA EN GRAN BRETAÑA

En 1685, la sucesión de Jacobo II causó una crisis en Gran Bretaña porque era católico y proclive a gobernar sin el Parlamento. La élite política decidió sustituirle, e invitó al estatúder Guillermo de Orange, protestante casado con María, hija del rey, a ocupar el trono como Guillermo III. Desembarcó en Inglaterra sin oposición, y Jacobo huyó al exilio. La Revolución Gloriosa confirmó el carácter protestante y parlamentario del país.

◁ **Alfombra** con las armas de Guillermo III

1689 Se forma la Gran Alianza de Inglaterra, Países Bajos y el Sacro Imperio contra Luis XIV de Francia.

1689

1689 El Tratado de Nerchinsk establece la frontera entre China y Rusia a lo largo del río Amur y el lago Baikal, abriendo Siberia al comercio.

▽ **Vista de la ciudad de Ayutthaya** (*c.* 1665)

1688
GOLPE SIAMÉS

En la década de 1680, el reino de Ayutthaya en Siam (actual Tailandia) mantuvo un contacto estrecho con los europeos. Su rey Narai envió diplomáticos a la corte de Luis XIV y por su parte recibió de buen grado a comerciantes, soldados y misioneros franceses. En 1688, siameses contrarios a la influencia extranjera derrocaron a Narai en un golpe palaciego, expulsaron a los franceses y aislaron Siam de Occidente.

1690

LA BATALLA DEL BOYNE

Tras la Revolución Gloriosa de 1688, los católicos irlandeses se rebelaron contra el nuevo rey protestante de Inglaterra, Guillermo III. Con respaldo francés, el depuesto Jacobo II lideró la rebelión, y controló rápidamente la mayor parte del país. En 1690, Guillermo llevó un ejército a Irlanda y venció a Jacobo en el río Boyne, cerca de Drogedha. Jacobo huyó a Francia, y Guillermo confirmó el dominio protestante sobre Irlanda.

▷ **Guillermo III** en la batalla del Boyne

1690

1690 En la batalla de Beachy Head, la armada francesa inflige una derrota aplastante a la inglesa y neerlandesa.

1690 El agente de la Compañía Británica de las Indias Orientales Job Charnock establece un fuerte en Calcuta.

1692 Los españoles reocupan Nuevo México y acaba la rebelión de los indios pueblo.

1692

JUICIOS DE LAS BRUJAS DE SALEM

A fines del siglo XVII era común la creencia en la brujería en las colonias norteamericanas, alentada por puritanos como Cotton Mather. En 1692, unas adolescentes de Salem (en Massachusetts) afirmaron haber sido embrujadas, y sus ataques y convulsiones propagaron el rumor de posesiones demoníacas. Unas 200 personas fueron acusadas de brujería, y catorce mujeres y seis hombres fueron ejecutados.

△ *Examen de una bruja* (1853), por Tompkins Matteson

«Ve y di a la humanidad que hay demonios y brujas.»

COTTON MATHER, *MEMORABLE PROVIDENCES* (1689)

△ **Africanos esclavizados** batean en busca de oro en Brasil

1693
ORO BRASILEÑO

El descubrimiento de depósitos de oro en el sureste de Brasil en 1693 provocó la primera fiebre del oro del mundo. Decenas de miles de portugueses emigraron a la colonia con la esperanza de enriquecerse. En 1730, Brasil producía 10 000 kg de oro al año.

1694 **Se funda el Banco de Inglaterra,** institución que financiará el crecimiento del Imperio británico.

1694 **El Quilombo dos Palmares,** comunidad de miles de esclavos autoemancipados, es aplastado en Brasil.

1694

△ **El terremoto de Sicilia,** según un grabado

1693
TEREMOTO SICILIANO

Un gran terremoto sacudió el sureste de Sicilia el 11 de enero de 1693. En las ciudades de Catania y Ragusa, las más afectadas por el desastre, murió la mitad de la población, y la mayoría de los edificios fueron destruidos. El tsunami que siguió al temblor llegó hasta Malta, y se estima que hubo alrededor de 60 000 víctimas.

1690–1775 MÁQUINAS DE VAPOR

Aunque los ingenios a vapor existieron en la antigüedad, los que impulsaron la revolución industrial se desarrollaron desde 1690.

1690 **El físico Denis Papin,** hugonote francés emigrado a Alemania, construye el primer modelo de un motor de vapor de pistones.

1698 **Thomas Savery,** ingeniero inglés, inventa una bomba de agua impulsada por vapor, un éxito comercial.

1712 **Thomas Newcomen,** inventor inglés, crea su innovadora máquina de vapor «atmosférica» para bombear agua de las minas.

1763 **El inventor escocés James Watt** mejora el diseño de Newcomen, y crea un motor más versátil para las fábricas.

Bajo los Qing, el Imperio chino ocupaba el 10 % de las tierras emergidas del mundo.

1696

LOS QING INVADEN MONGOLIA

Ya asentada en el territorio del antiguo Imperio chino, la dinastía Qing lanzó una serie de campañas expansionistas contra las tribus mongolas más allá de la Gran Muralla. En 1696, el emperador Kangxi atravesó con un ejército de 80 000 hombres el desierto del Gobi para atacar a los zúngaros, la confederación mongola más poderosa. Vencedor en la batalla de Jao Modo, pudo extender el dominio chino a toda la Mongolia Exterior.

▷ **Guerrero Qing** a caballo

1695

1697 El Tratado de Ryswick pone fin a la guerra de los Nueve Años en Europa.

◁ ***La toma de Azov,*** por Robert Ker Porter

1696

EL SITIO DE AZOV

Decidido a convertir Rusia en una gran potencia, el zar Pedro I el Grande aspiraba a obtener acceso al mar Negro, controlado entonces por el Imperio otomano. En 1695, sus tropas sitiaron la fortaleza otomana de Azov, pero el asedio fracasó por la falta de medios navales. En 1696 regresó con una flota de galeras y tomó la fortaleza. Fue el comienzo de una gran expansión rusa hacia el sur.

1654-1722

KANGXI

Soberano durante 61 años desde 1661, el emperador Kangxi unificó China, y reconcilió a los Han con el dominio mongol al adoptar las tradiciones confucianas y favorecer la prosperidad.

1697
DERROTA OTOMANA

El Imperio otomano estaba tocado por las pérdidas sufridas en el fracasado sitio de Viena de 1683. En 1697, el sultán Mustafá II atacó el imperio de los Habsburgo con un gran ejército. Al cruzar el río Tisa en Zenta (actual Serbia), los otomanos fueron sorprendidos y vencidos por el ejército del príncipe Eugenio de Saboya-Carignan. La derrota confirmó el control de los Habsburgo sobre Hungría y la expulsión otomana de Europa central.

◁ ***La batalla de Zenta*** (c. 1711-1720), por Jacques Ignace Parrocel

1699

1698 Una revuelta rusa de la casta militar de los *streltsi* es aplastada por el zar Pedro I.

▷ **Fuerte Jesús,** en Mombasa

1698
LOS ÁRABES DOMINAN ÁFRICA ORIENTAL

Durante la segunda mitad del siglo XVII, el sultanato de Omán, Estado de la península arábiga, desplazó a Portugal como potencia dominante en la costa suajili de África oriental. Llegada la década de 1690, el Fuerte Jesús, en Mombasa, era la única fortaleza que conservaban los portugueses en la región. Los omaníes tomaron el fuerte en 1698 tras un largo asedio. Gran parte de África oriental quedaría bajo control árabe durante casi 200 años.

△ Creación de la Jalsa

1699
LOS SIJS FUNDAN LA JALSA

Los sijs del norte de India se vieron amenazados por la intolerancia del emperador mogol Aurangzeb. El gurú sij Gobind Singh, cuyo padre había sido ejecutado por Aurangzeb, decidió crear una comunidad guerrera, la Jalsa, para defender su libertad religiosa. En 1699, los primeros jalsas fueron «bautizados» en una ceremonia en Anandpur, en el Punyab. Con un código estricto de vestimenta y comportamiento, la Jalsa fue el núcleo del sijismo.

1701-1901

EL IMPERIO ASANTE

El Imperio asante se formó en el siglo XVII en la actual Ghana. A finales de siglo, un subgrupo étnico de los pueblos de habla akan, los asantes (o ashantis), estaba organizado en pequeños cacicazgos en torno a Kwaman (hoy Kumasi). A partir de 1701, Osei Tutu unificó estos cacicazgos y reinó como *asantehene* (rey supremo) el Estado política y militarmente más poderoso del golfo de Guinea, en África occidental. El oro era el bien principal del Imperio asante; el polvo de oro se utilizaba como moneda, y hasta los más pobres tenían adornos de oro. Los asantes fueron también exportadores de esclavos, capturados en incursiones militares e intercambiados con los británicos, neerlandeses o franceses por bienes de lujo y, sobre todo, por armas de fuego. Esta ventaja tecnológica permitió a los asantes construir su imperio, que alcanzó su mayor extensión bajo Opoku Ware (r. 1720-1750), abarcando el centro este y oeste de Ghana y partes de Costa de Marfil y Togo.

La expansión territorial hizo chocar a los asantes con los británicos, asentados en Cape Coast, a principios del siglo XIX. Desde 1824 hasta 1899 hubo cinco guerras entre el Imperio asante y Gran Bretaña y sus aliados. Los británicos, que se fueron imponiendo lentamente, tomaron y quemaron Kwaman en 1874, depusieron y enviaron al exilio al *asantehene* y se anexionaron formalmente el imperio en 1900.

MOMENTOS CLAVE

1701 Osei Tutu unifica al pueblo asante
Como rey del nuevo Estado asante, Osei Tutu simbolizaba su autoridad en el Taburete Dorado. Este trono se limpiaba ritualmente todos los años como parte de la fiesta asante del ñame (izda.), que celebra la primera cosecha.

1720-1750 Comercio y expansión
Bajo el sucesor de Osei Tutu, Opoku Ware, el Imperio asante se expandió como parte de una red comercial que se extendía hacia el norte por el Sahara, y por la que se transportaba marfil, nueces de kola y, sobre todo, oro, pesado con elaboradas pesas (izda.).

1824-1901 Guerras con los británicos
Los asantes entraron en conflicto con los británicos (izda.) tras apoderarse de territorio fante, próspero Estado clientelar de Gran Bretaña. Tras cuatro guerras más, la última —desencadenada por un ultraje al Taburete Dorado— se saldó con la victoria británica y su dominio de toda la Costa de Oro.

Esta fotografía de 1896 muestra al rey Kobina y a miembros de su tribu ataviados con el tradicional tejido kente, predilecto de la realeza akan del siglo XVIII, y que se usaba como toga. La capital asante, Kwaman (la actual Kumasi), fue el centro de la producción de tejido kente durante el siglo XIX.

1701

COMIENZA LA GUERRA DE SUCESIÓN ESPAÑOLA

De 1701 a 1713, Francia y España se enfrentaron a la Gran Alianza compuesta por Austria, Inglaterra y los Países Bajos por la corona de España. A la muerte de Carlos II, el heredero designado era Felipe de Anjou, nieto de Luis XIV de Francia.

△ **Luis XIV** anuncia a su nieto como rey de España

1709

PRIMER USO DEL COQUE PARA FUNDIR ARRABIO

Abraham Darby (1678–1717) transformó la producción de hierro al fundir el mineral con coque, hecho con carbón mineral en lugar de vegetal. Esto impulsó la revolución industrial al permitir la construcción de hornos mayores, y también redujo la dependencia británica de los bosques, en rápida desaparición.

△ **Producción de hierro** en altos hornos de Coalbrookdale, en Shropshire (Inglaterra)

1700

1704 **La líder cristiana Dona Beatriz (Kimpa Vita)** dirige la resistencia al comercio de esclavos portugués en el Congo.

1708 **Gobind Singh,** último gurú viviente de los sijs, es asesinado.

1701 **El Imperio asante surge** en la actual Ghana.

1700

COMIENZA LA GRAN GUERRA DEL NORTE

La gran guerra del Norte (1700-1721) comenzó al desafiar Rusia y sus aliados la supremacía del Imperio sueco en el norte y este de Europa. Tras derrotar a sus oponentes en 1706, el emperador sueco Carlos XII invadió Rusia el año siguiente. Fue vencido en la batalla de Poltava (1709) por las fuerzas de Pedro I el Grande, que expulsaron a los suecos de la costa del Báltico. La guerra terminó con el Tratado de Nystad (1721), cediendo Suecia las provincias bálticas a Rusia.

▷ **Pedro I el Grande,** pintado por Paul Delaroche

△ **Aurangzeb,** emperador mogol

1707

MUERTE DE AURANGZEB

El último de los grandes emperadores mogoles, Aurangzeb (n. 1618), arrebató el trono a su padre, Sah Yahan, en 1658, y se declaró rey con el nombre de Alamgir («Conquistador del Mundo»). Musulmán devoto, llevó al imperio a su máxima extensión, sobre todo en pugna con los marathas. Tras su muerte, el Imperio mogol quedaría fragmentado, pero existió nominalmente hasta 1858.

1709
LEVANTAMIENTO AFGANO

En 1709, Mir Wais Hotak (1673–1715) liberó Loy Kandahar (el Gran Kandahar), en el sur de Afganistán, de sus soberanos safavíes. La dinastía hotaki gobernaría un área que incluía Afganistán, Irán y el oeste de Pakistán hasta 1738, cuando el nuevo sah de Persia, Nadir Sah, reconquistó Kandahar.

△ **Mausoleo** de Mir Wais Hotak, en Kandahar

«Que el camino de los puros prevalezca en todo el mundo.»

GOBIND SINGH (*c.* 1699)

1714

1709 El llamado «gran invierno» afecta a Europa occidental; se ven icebergs en el mar del Norte.

1710 Se produce la primera porcelana europea en Meissen, cerca de Dresde (Alemania).

1713
EXPLOSIÓN DEL COMERCIO DE ESCLAVOS BRITÁNICO

En 1713, España concedió a Gran Bretaña un contrato para enviar 4800 africanos esclavizados anuales a la América española durante 30 años. Con la apertura de África a todos los comerciantes ingleses en 1698, y con la demanda creciente en las haciendas azucareras americanas, Gran Bretaña se convirtió en la nación dominante en el comercio de esclavos en el siglo XVIII. Entre 1640 y 1807, se estima que transportó 3,1 millones de africanos esclavizados, creando riqueza en los puertos de Londres, Bristol y Liverpool.

△ **Barco negrero** ubicado en Liverpool

▷ **Grilletes** del barco negrero *La Amistad*

1774 La «mula de hilar», inventada por Samuel Crompton, revolucionó la industria del algodón. Podía producir cientos de husos de hilo de una vez y crear distintas calidades y tipos de hilo. Hacia 1812 estaban en uso más de cuatro millones de mulas, produciendo textiles a escala industrial.

1700-1799 INDUSTRIALIZACIÓN

En el siglo XVIII, la innovación tecnológica y los cambios sociales transformaron la economía británica. Los mejores métodos agrícolas aumentaron la productividad de las granjas y crearon muchos puestos de trabajo, y las nuevas prácticas bancarias liberaron capital para invertir. El motor de vapor sustituyó a los caballos y al agua como fuente de energía para las fábricas y el transporte, y permitió que las minas produjeran con mayor eficacia las materias primas para la creciente industria metalúrgica británica, que se transformó en 1709 gracias a la sustitución del carbón vegetal por el mineral en los hornos. Se introdujeron nuevas técnicas de pudelación y laminado para eliminar las impurezas del hierro, abriendo las puertas a la producción a gran escala. La máquina hiladora y la hiladora hidráulica de Arkwright sacaron la industria textil de las cabañas de los artesanos y la llevaron a las fábricas. A la vez que las fundiciones de hierro y las fábricas textiles se trasladaban cerca de los yacimientos de carbón en las Midlands y en el norte de Inglaterra y Gales del Sur, surgió una red de canales y caminos para transportar mercancías por todo el país.

La industrialización dio a Gran Bretaña una ventaja económica que se trasladó al poder político, y también produjo cambios sociales cuando los trabajadores se unieron para luchar por mejores salarios y condiciones laborales. Llegado el siglo XIX, Alemania, Francia, Estados Unidos y Japón se habían unido a la revolución industrial, transformando el mundo moderno.

MOMENTOS CLAVE

1712 El motor de Newcomen
El carbón fue el combustible de la revolución industrial, clave para la producción de hierro y acero. Su minería se transformó en 1712, cuando Thomas Newcomen desarrolló su máquina de vapor atmosférica, que bombeaba el agua de las minas de forma barata y eficaz, permitiendo así la explotación a profundidades mayores. En 1729 funcionaban en Gran Bretaña y el resto de Europa más de cien máquinas. Las enormes cantidades de carbón que producían transformó el paisaje industrial (dcha.).

1779 El primer puente de hierro del mundo
El puente de Hierro (dcha.), construido sobre el río Severn en el condado de Shropshire (Inglaterra) fue un hito de la ingeniería, y demostró lo que se podía conseguir con hierro fundido, el material que definió la nueva era industrial. La demanda de hierro para máquinas de vapor y armamento en las guerras napoleónicas hizo que la producción de hierro británica entre 1793 y 1815 se cuadruplicase.

1715
GUERRA YAMASI
La guerra entre los colonos británicos y los nativos americanos yamasi de Carolina del Sur casi destruyó la colonia y contribuyó al surgimiento de las poderosas confederaciones muskogui creek y catawba.

▽ **Guerra yamasi,** grabado en madera (1844)

1720
BAJIRAO ASCIENDE A PESHWA
Con 20 años, Bajirao se convirtió en el séptimo peshwa (primer ministro) del Imperio maratha, de nobles guerreros hindúes. Extraordinario general de caballería, era imbatible en combate. Sus tácticas, que incluían la de rodear rápidamente al oponente y atacarlo desde direcciones imprevistas, desequilibraban al enemigo y daban a los marathas el control del campo de batalla. Gracias a su rapidez de movimientos y a que vivían de lo que daba la tierra, el ejército maratha liderado por Bajirao llevó a cabo una serie de conquistas que amenazaron al Imperio mogol.

◁ **Bajirao I** vivió entre 1700 y 1740

1715

1716 **Los españoles establecen el fuerte** de San Antonio para proteger el este de Texas de los franceses de Luisiana.

1721 **El dramaturgo japonés Monzaemon Chikamatsu** publica su obra clásica *Los amantes suicidas de Amijima.*

▷ **Fuente del sultán Ahmed III,** palacio de Topkapi (Estambul)

1718-1730
ERA DEL TULIPÁN OTOMANA
Este periodo contempló el florecimiento de las artes y la cultura otomanas, con una mayor elaboración en arquitectura y decoración, abiertas a la influencia de estilos occidentales como el barroco. Se llamó Era del Tulipán debido a la popularidad de los tulipanes en ese tiempo, y por el uso frecuente de esa flor como motivo en el diseño.

1653-1725
MONZAEMON CHIKAMATSU
Autor de más de cien obras de teatro de marionetas *kabuki* y *joruri*, Chikamatsu es considerado uno de los dramaturgos más influyentes de Japón por su retrato de personajes complejos y realistas y por su interés por la naturaleza humana.

1722

YONGZHENG, EMPERADOR DE CHINA

Yongzheng (1678-1735) se convirtió en emperador de la dinastía Qing en 1722, al suceder a su padre Kangxi. Centralizó el poder en el Gran Consejo (Junji Chu) y buscó reducir la influencia europea en China, expulsando a los misioneros cristianos, prohibiendo la venta de opio y limitando a los comerciantes extranjeros operar en el puerto de Guangzhou (o Cantón).

△ El emperador Yongzheng

1721

LA VARIOLIZACIÓN SE INTRODUCE EN OCCIDENTE

La variolización —introducción de una pequeña cantidad de pus de pústulas de viruela en un corte en la piel para inocular la enfermedad— era una práctica profiláctica bien conocida en Asia y África. Fue introducida en Europa por la escritora británica Mary Wortley Montagu, después de inocular con éxito a sus propios hijos. El aislamiento después de la inoculación era esencial, pero muchos médicos europeos no lo vieron necesario, y enviaron a personas infectadas de vuelta a la vida social.

△ Lady Mary Wortley Montagu

1722 La dinastía safaví persa es derrocada por las fuerzas afganas de Mahmud Hotaki.

1724

1724 El Imperio mogol en India se fragmenta, perdiendo Oudh y Hyderabad a manos de dinastías rivales.

> «Un gobernante con un ejército tiene una mano, pero el que tiene una armada las tiene ambas.»
>
> PEDRO I EL GRANDE (c. 1700)

1721

PEDRO EL GRANDE, EMPERADOR DE TODAS LAS RUSIAS

El fundador de la Rusia moderna, Pedro I (1672-1725), dirigió la transición de Rusia de zarato a imperio tras la victoria en la gran guerra del Norte. Miró en dirección a Europa occidental en busca de ideas para modernizar Rusia, y construyó San Petersburgo, creó la armada rusa y estableció jerarquías basadas en el mérito, y no en la herencia. Bajo su mando, Rusia se convirtió en una gran potencia y una amenaza para los imperios otomano y persa.

◁ **Pedro el Grande** en la orilla del Báltico, considerando la idea de construir San Petersburgo

1725

CIMA DE PRODUCCIÓN DEL VIOLÍN STRADIVARIUS

A partir de 1700, el lutier italiano Antonio Stradivari (1644-1737) produjo violines, chelos y violas de una calidad de sonido y una manufactura y belleza aún no superadas. Han sobrevivido alrededor de 650 instrumentos.

▷ Violín Stradivarius

El *Gujin Tushu Jicheng* contiene unos cien millones de caracteres chinos.

1725

1725 Austria y España firman el Tratado de Viena, que cambia el equilibrio de poder en Europa.

1726 Se publica *Gujin Tushu Jicheng*, la mayor enciclopedia premoderna china; ocupa 10 000 tomos.

1728

GRAN EXPEDICIÓN DEL NORTE

Decidido a descubrir la extensión de sus dominios hacia el este, el emperador ruso Pedro I el Grande encargó al marino danés Vitus Bering (1681-1741) que siguiera la costa siberiana hacia el norte desde la península de Kamchatka. En 1728, Bering se internó en el estrecho que separa Siberia de Alaska —que hoy día lleva su nombre— y estableció que ese era el límite oriental de Siberia. Una segunda expedición en 1733-1743 involucró a 3000 personas para cartografiar la vasta línea costera septentrional de Rusia.

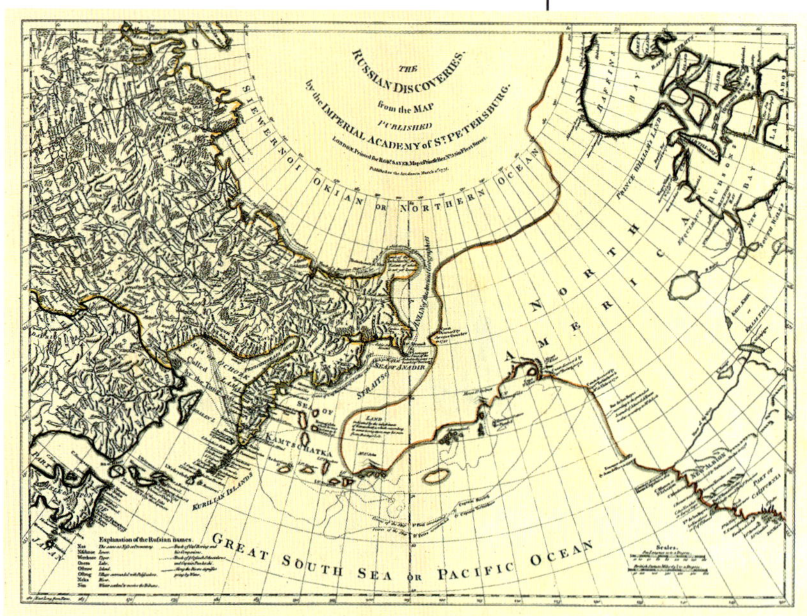

△ **Un mapa creado en la Academia Imperial de San Petersburgo** muestra los límites de la exploración rusa

1730

RESURGIMIENTO DEL SINTOÍSMO EN JAPÓN

En el siglo XVIII, el sintoísmo se había alejado de sus raíces como culto de adoración a la naturaleza al entrelazarse con el budismo y el confucianismo. En la década de 1730, un movimiento reformista liderado por Kada Azumamaro (1669-1736) y Kamo Mabuchi (1697-1769) buscó liberar el sintoísmo de esos elementos, acentuando su moralidad de pura sencillez y reviviendo los antiguos ritos. Los santuarios sintoístas proliferaron, y, a inicios del siglo XIX, el gobierno japonés exigió que cada familia perteneciera a uno.

◁ **Santuario sintoísta** de Itsukushima

1731 El reino de Dahomey acepta pagar tributos al vecino reino yoruba de Oyo de África occidental.

1734

△ **Nadir Sah** en combate

1729

LOS PERSAS SE UNEN BAJO NADIR SAH

En el caos que siguió al derrocamiento del último sah safaví de Irán, el sultán Husayn, en 1722, Nadir (1688-1747) tomó el control del norte de Irán, y luego derrotó al gobernante afgano Hotaki en la batalla de Damghan (1729) y unificó toda Persia bajo su autoridad. Autoproclamándose sah en 1736, Nadir Sah expulsó a rusos y otomanos de Persia y construyó un vasto imperio gobernado por su dinastía hasta 1796.

1733 La invención de la lanzadera volante aumenta la velocidad del tejido.

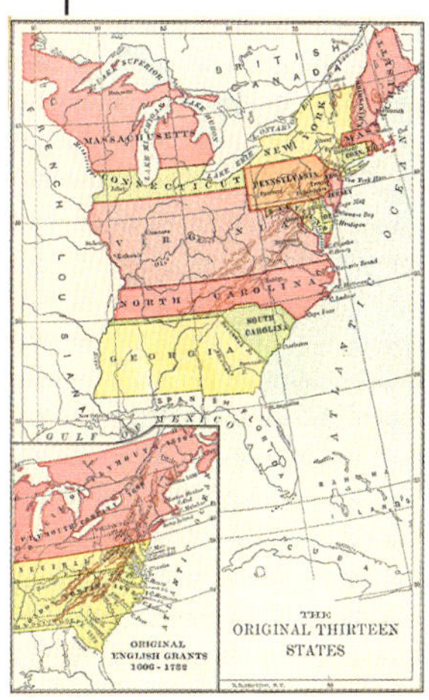

△ **Las trece colonias**, xilografía

1732

GEORGIA, ÚLTIMA COLONIA BRITÁNICA EN AMÉRICA DEL NORTE

Nombrada en honor al rey británico Jorge II, la provincia de Georgia fue fundada en 1733. Última de las trece colonias establecidas por Gran Bretaña en la costa atlántica norteamericana, su objetivo era fortalecer la presencia británica en el sur.

▷ Augusto III de Polonia

1735
FIN DE LA GUERRA DE SUCESIÓN POLACA

Un importante conflicto siguió a la muerte en 1733 de Augusto II, rey de Polonia, cuando los Borbones de Francia y España, por un lado, y los Habsburgo de Austria y Prusia más Rusia, por el otro, pretendieron instalar a sus propios candidatos en el trono. La lucha continuó hasta la firma de un tratado en 1735. En 1738, era confirmado como rey el elegido por Austria, Augusto III.

1735

1735 **Los musulmanes fulanis** crean el Futa Yallon, una confederación de provincias islámicas en África occidental.

1735 **Charles Marie de La Condamine** emprende la primera exploración científica de la totalidad navegable del Amazonas.

1707-1778
CARLOS LINNEO

Este naturalista sueco, conocido como el padre de la taxonomía, organizó todos los organismos conocidos en un único sistema jerárquico que reflejaba las diferencias entre especies.

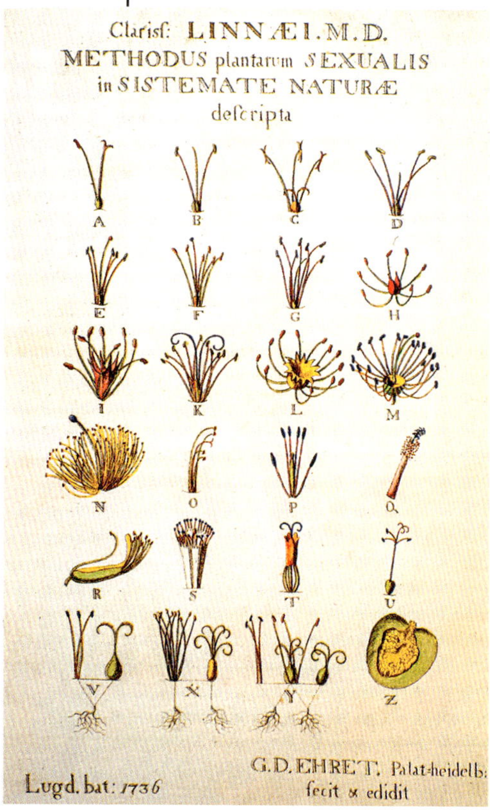

1735
CARLOS LINNEO PUBLICA *SYSTEMA NATURAE*

Linneo presentó su taxonomía en *Systema naturae*, donde clasificó los organismos vivientes en grupos según su estructura y sus características. Estandarizó el sistema binomial, que daba a cada organismo dos nombres en latín. Este sistema sería refinado en publicaciones posteriores, como *Genera plantarum* (1742) y *Species plantarum* (1753). Su división del mundo natural en reinos y su clasificación de organismos según clase, orden, género y especie guía aún cómo organizamos nuestro conocimiento del mundo natural.

◁ Lámina de *Systema naturae*

1738

EL SAH NADER INVADE LA INDIA MOGOLA

Después de conquistar Kandahar en Afganistán, el sah Nader de Persia invadió la India mogola, por entonces ya bajo la presión de sijs y marathas hindúes. En la batalla de Karnal (1739) derrotó a una fuerza mogola superior y capturó al sah Muhamad, su gobernante. Saqueó Delhi, llevándose un tesoro que incluía el Trono del Pavo Real y el valiosísimo diamante Koh-i-Noor. Este saqueo permitió a Nader continuar sus campañas contra el Imperio otomano y en el norte del Cáucaso.

◁ **Batalla de Karnal,** fresco

«Si se ignora el nombre de las cosas, desaparece también el conocimiento de ellas.»

CARLOS LINNEO, *PHILOSOPHIA BOTANICA* (1751)

1739 **Acaba la guerra ruso-turca;** Rusia abandona su pretensión sobre Crimea, pero gana un puerto al mar Negro en Azov.

1739

1735 **Francia empieza** a establecer plantaciones de azúcar en las islas del océano Índico.

△ ***La captura de Puerto Bello***

1739

COMIENZA LA GUERRA DEL ASIENTO

La guerra estalló cuando Gran Bretaña fue incitada a la acción por el caso de Robert Jenkins, un capitán al que le cortó una oreja el capitán de un guardacostas español encargado de frenar el comercio ilícito con las colonias americanas. Gran Bretaña atacó las posesiones españolas, capturando la base naval de Portobelo en Panamá, y los combates continuaron hasta 1748, cuando el conflicto quedó incorporado a la guerra de Sucesión austriaca.

1735-1796

LA CHINA DE QIANLONG

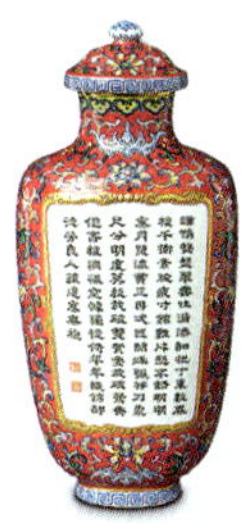

En sus 60 años de reinado, el emperador Qianlong (1711-1799) convirtió China en un vasto imperio multiétnico, cuya diversidad celebraba.

1735 **Qianlong asciende a emperador,** sucediendo a Yongzheng y anuncia un reinado de magnanimidad liberal.

1750 **El emperador, famoso como poeta, calígrafo** y mecenas de la literatura, encarga obras para glorificar la cultura y la historia manchúes.

1755 **Qianlong inicia las Diez Grandes Campañas** que expanden el Imperio Qing a su mayor extensión, aunque con un coste financiero inmenso.

1770 **Qianlong reúne una gran colección de arte** en su palacio de verano, incluidos sus propios escritos, como muestra este jarrón (arriba).

1740

FEDERICO EL GRANDE, REY DE PRUSIA

Federico II el Grande (1712-1786) transformó Prusia en una importante potencia europea, y expandió sus territorios, en particular mediante la primera partición de Polonia (1772). Monarca ilustrado, publicó sus propios escritos y fue un mecenas entusiasta de las artes y las ciencias que patrocinó a músicos (como a Johann Sebastian Bach) y construyó la Ópera del Estado de Berlín.

«Nos iluminaba la estrella polar de Federico, en torno a la cual parecían girar Alemania, Europa e incluso el mundo.»

JOHANN WOLFGANG VON GOETHE, SOBRE FEDERICO EL GRANDE (*c.* 1833)

△ **Federico el Grande** toca la flauta en el palacio de Sanssouci

1740

1740 Baal Shem Tov desarrolla en Polonia el jasidismo, un influyente movimiento ortodoxo judío.

1741 Johann Sebastian Bach publica las *Variaciones Goldberg*, obra clave de la música barroca.

△ **Campamento militar austriaco** junto al Danubio

1740

COMIENZA LA GUERRA DE SUCESIÓN AUSTRIACA

La muerte en 1740 de Carlos VI, emperador del Sacro Imperio, provocó una serie de conflictos (hasta 1748) sobre el derecho de sucesión de su hija María Teresa en sus territorios austriacos y los del marido de esta al título. La guerra implicó a Prusia, Baviera, Francia, España, Suecia, Rusia, Gran Bretaña y Hannover. María Teresa aseguró su herencia, reinando con su marido y después con su hijo como emperador hasta 1780, pero Austria quedó debilitada, y muchos problemas siguieron sin resolver.

1742

LA ESCALA CELSIUS DE TEMPERATURA

El físico sueco Anders Celsius (1701-1744) propuso una escala de temperatura con cien grados entre los puntos de congelación y de ebullición del agua sobre un termómetro de mercurio. Celsius estableció el punto de ebullición en 0, y el de congelación, en 100, pero su colega Martin Strömer invirtió estos valores en 1750.

△ **Termómetro Celsius de mercurio** en ampolla de vidrio, de c. 1790

▽ **Tapiz** que representa el conflicto europeo en India

1744

PRIMERA GUERRA DE CARNATIC

La rivalidad entre Gran Bretaña y Francia en la guerra de Sucesión austriaca se concretó en una pugna entre las Compañías de las Indias Orientales francesa y británica por el control de las estaciones comerciales en la región. Después de un ataque británico contra la flota francesa, los franceses atacaron Madrás y el fuerte Saint David, y los británicos asediaron Pondicherry. Las hostilidades acabaron en 1748, pero fue una paz efímera.

1749

1744 El emir de Diriyah, Muhamad bin Saúd y Muhamad ibn Abd al Wahhab crean el primer Estado saudí.

1746 Un terremoto y un tsunami destruyen Lima y Callao, en Perú.

1746 El sah Ahmad Durrani unifica los pueblos afganos, fundando el Afganistán moderno.

▽ **Portada de** *The Female Spectator*

1745

ELIZA HAYWOOD FUNDA *THE FEMALE SPECTATOR*

Fue la primera publicación periódica escrita por mujeres y para mujeres. Cada entrega trataba un tema, con comentarios de la «espectadora» y sus «ayudantes», que representaban las distintas etapas en la vida de una mujer.

1746

BATALLA DE CULLODEN

Desde el exilio del rey Jacobo II en 1688, sus partidarios —los jacobitas— habían buscado reponer a un miembro de la casa Estuardo en el trono británico. En 1745, Carlos Eduardo Estuardo (llamado Bonnie Prince Charlie) y un ejército jacobita ocuparon Escocia, avanzando hasta Derby antes de retirarse. Los rebeldes fueron aplastados por las fuerzas británicas en Culloden, cerca de Inverness, en la última batalla campal librada en suelo británico.

◁ **Carlos Eduardo Estuardo** (1720-1788)

1700-1789
LA ILUSTRACIÓN

Gran movimiento filosófico y cultural, la Ilustración dominó los campos intelectual y artístico en Europa y América del Norte durante el siglo XVIII. Tuvo su origen en la revolución científica y en las obras de teóricos de la política como John Locke —que creía que los hombres eran libres e iguales por naturaleza—, y trató muchos aspectos de la vida, como la política, la religión y la economía. Los pensadores ilustrados defendían el racionalismo y la libertad de pensamiento por encima de la «oscuridad» del dogma, la fe y la superstición. Para teóricos como Voltaire, Jean-Jacques Rousseau, Immanuel Kant y Thomas Paine, la razón era la fuente primordial de autoridad y legitimidad. Exploraron las ideas de libertad, igualdad, progreso, tolerancia y gobierno constitucional, desafiando al poder de las monarquías europeas y de la Iglesia e impulsando las revoluciones del siglo XVIII. Paine y Rousseau argumentaron contra la monarquía absolutista y el derecho divino a reinar, y con ello influyeron en la Revolución Francesa y en la declaración de independencia de Estados Unidos. Sin embargo, a pesar del énfasis en la igualdad y la libertad, a menudo estos conceptos solo se aplicaron de forma selectiva. La igualdad para las mujeres y las personas de color fue más lenta; de hecho, el enfoque científico ilustrado ayudó a establecer bases pseudocientíficas para el racismo que serían usadas para justificar la esclavitud y la opresión colonial.

MOMENTOS CLAVE

1763 Diderot publica su *Encyclopédie*
La *Enciclopedia, o Diccionario razonado de las ciencias, las artes y los oficios* (izda.), del filósofo francés Denis Diderot, pretendía catalogar todo el conocimiento humano en ciencia, filosofía, política y religión. Su afirmación de que la principal inquietud del gobierno debería ser el pueblo proporcionó el argumento para la Revolución Francesa.

1784 La respuesta de Kant a «¿qué es la Ilustración?» define el movimiento
En *Contestación a la pregunta: ¿qué es la Ilustración?*, de 1784, el alemán Immanuel Kant (izda.) la definió como «el abandono por el hombre de una minoría de edad de la cual él mismo es responsable». Para Kant, era difícil deshacerse de esa inmadurez, y más fácil era aceptar el *statu quo*, porque el hombre carece del valor para pensar por sí mismo. El cultivo de la mente, que Kant resumió en el lema *Sapere aude* («Atrévete a pensar») fue clave en el pensamiento ilustrado.

Experimento con un pájaro en una bomba de aire (1768), obra del pintor británico Joseph Wright, ofrece una metáfora gráfica de la Ilustración al describir una escena en la que una investigación racional del mundo ilumina literalmente, «ilustrando» a los presentes.

▽ **Ilustración de la vida de los indios guaraníes** por el misionero jesuita Florian Baucke

1750

TRATADO DE MADRID

Firmado el 14 de enero de 1750, el Tratado de Madrid intentó establecer las fronteras coloniales entre España y Portugal en América, en sustitución del anterior Tratado de Tordesillas (1524). Con la esperanza de contener la expansión portuguesa, España cedió gran parte de lo que hoy es Brasil. El tratado generó una gran resistencia tanto de los misioneros jesuitas en América del Sur como de los pueblos guaraníes; las fronteras serían acordadas finalmente en el Primer Tratado de San Ildefonso (1777).

1750

1750 **Hannah Snell** es licenciada con honores del ejército británico tras servir varios años disfrazada de hombre.

1751 **Las fuerzas de la Compañía Británica de las Indias Orientales** toman Arcot en la segunda guerra de Carnatic contra Francia.

1752 **Unificación de Birmania** bajo Alaungpaya; su dinastía Konbaung reinará hasta 1885.

1751

LOCURA BRITÁNICA POR LA GINEBRA

El consumo de ginebra aumentó rápidamente en Gran Bretaña a principios del siglo XVIII. Barato y de fácil acceso, este licor provocó una crisis social satirizada por el artista William Hogarth en unos grabados que comparaban los males del consumo de ginebra con los méritos de beber cerveza. Tras varios intentos infructuosos de regular el consumo, la Ley de la Ginebra de 1751 limitó su venta, y la sed por la ginebra se fue apagando.

> «Ginebra, maldito demonio de furia cargado, hace de la raza humana su presa.»

VERSO DE JAMES TOWNLEY PARA *GIN LANE*, DE WILLIAM HOGARTH (1751)

△ ***Gin Lane*, obra de William Hogarth** en la que satiriza sobre la crisis de la ginebra

1754

GUERRA DE BRITÁNICOS CONTRA FRANCESES E INDIOS

La guerra de 1754-1763 fue una de las varias libradas por Francia y Gran Bretaña sobre la soberanía en América del Norte. Los británicos perdieron varios fuertes antes de pasar a la ofensiva en 1758 y conseguir una victoria en Quebec en 1759. Esta guerra acabó con la guerra de los Siete Años, en 1763, dando el control de América del Norte a los británicos, pero avivando también el resentimiento por la explotación de estos entre los colonos americanos.

△ **Escena de batalla** en la guerra de británicos contra franceses e indios

1706-1790

BENJAMIN FRANKLIN

Escritor y científico de éxito nacido en Filadelfia, Franklin demostró la naturaleza eléctrica de los rayos e inventó las lentes bifocales. También estuvo entre los creadores de la Constitución de Estados Unidos.

1753 El doctor escocés James Lind perfila su teoría de que los cítricos pueden curar el escorbuto padecido por los marineros.

1754

BENJAMIN FRANKLIN PROPONE UNIR LAS COLONIAS DE AMÉRICA DEL NORTE

En el Congreso de Albany de junio-julio de 1754, Franklin presentó su Plan de la Unión, sugiriendo que las colonias se unieran en una confederación flexible, presidida por un presidente general con autoridad para establecer impuestos. Aunque el plan no prosperó, contenía la semilla de la independencia estadounidense.

△ **Dibujo descriptivo** de la propuesta de unión de Benjamin Franklin

1750-1785

ARTE PARA EL PÚBLICO

Muchos de los grandes museos de Europa se fundaron en el siglo XVIII, cuando la realeza expuso al público sus colecciones.

1750 El Museo de Luxemburgo, en París, expone piezas de la colección de Luis XV, como esta de Leonardo.

1753 Sir John Soane dona a Gran Bretaña 71 000 objetos que forman la base del Museo Británico, el primer museo nacional público del mundo.

1764 El Museo del Hermitage, creado por Catalina la Grande en San Petersburgo, alberga las vastas colecciones reales de Rusia.

1785 El Museo del Prado se construye para albergar el Gabinete de Historia Natural del rey Carlos III (arriba); se abre al público en 1819.

1755

TERREMOTO Y TSUNAMI DE LISBOA

El 1 de noviembre, Lisboa fue sacudida por un poderoso terremoto que destruyó miles de hogares y grandes edificios, incluidas iglesias donde los fieles se habían reunido para celebrar la festividad de Todos los Santos. Luego llegó el tsunami resultante, que recorrió el Atlántico y llegó hasta Martinica diez horas después. Murieron unas 60 000 personas, ahogadas o quemadas en los incendios que arrasaron Lisboa durante seis días.

△ **Representación del terremoto y el tsunami** de Lisboa

1755

1756 **Nace en Salzburgo (Austria)** el gran compositor Wolfgang Amadeus Mozart.

1756 **Prusia derrota a Austria** en la batalla de Lobositz (Bohemia), preludio de la guerra de los Siete Años.

«Te aseguro que esta extensa y opulenta ciudad no es hoy sino un vasto montón de ruinas.»

REVERENDO CHARLES DAVY, SOBRE EL TERREMOTO Y EL TSUNAMI DE LISBOA (1755)

△ ***A Dictionary of the English Language,*** de Samuel Johnson

1755

SAMUEL JOHNSON PUBLICA *A DICTIONARY OF THE ENGLISH LANGUAGE*

Samuel Johnson y sus seis asistentes tardaron solo nueve años en componer esta obra en dos volúmenes; el equivalente francés costó 40 años. Su diccionario de la lengua inglesa incluía más de 40 000 definiciones y unas 114 000 citas literarias. A menudo, las definiciones de Johnson eran subjetivas, reflejo de su humor y sus prejuicios. La obra no fue superada hasta el *Oxford English Dictionary* de 1884.

1756

COMIENZA LA GUERRA DE LOS SIETE AÑOS

Las rivalidades coloniales entre Francia y Gran Bretaña, y los problemas no resueltos por la guerra de sucesión austriaca, estallaron en 1756 en un conflicto combatido en tierra y mar por todo el mundo: en India, América del Norte y del Sur, el Caribe, Europa y África occidental. La guerra acabó en 1763, y dejó a Prusia como gran potencia europea, y a Gran Bretaña con el control de América del Norte y India.

△ **El ejército británico** en Quebec

1759

EL *ANNUS MIRABILIS* BRITÁNICO

En 1759, Gran Bretaña obtuvo varias victorias importantes en la guerra de los Siete Años. El 10 de septiembre, en Pondicherry, dieron caza a la flota francesa procedente de India. El 12-13 de septiembre, el general James Wolfe tomó Quebec con solo 3000 hombres, asegurando Canadá para los británicos. Y, el 20 de noviembre, la Royal Navy destruyó a la flota francesa en la bahía de Quiberon, en la Bretaña francesa.

△ **Alegoría de la victoria inglesa en la bahía de Quiberon**

1759

1757 **Mohamed III estabiliza Marruecos** tras 30 años de agitación, y doblega a los piratas berberiscos.

1758 **El regreso del cometa Halley** prueba que Edmond Halley tenía razón al teorizar que los cometas orbitan el Sol.

1758 **La dinastía Al Sabah toma el control de Kuwait** cuando los caudillos de la confederación utub hacen emir a Sabah bin Yaber.

1759 **La supresión de los jesuitas** comienza en las colonias europeas entre sospechas sobre su poder y su lealtad al papa.

▽ **Las tropas del nabab** en Plassey

1757

DERROTA DEL NABAB DE BENGALA EN PLASSEY

El 23 de junio, una fuerza de la Compañía Británica de las Indias Orientales al mando de Robert Clive venció al ejército del nabab de Bengala, mucho más numeroso, en la batalla de Plassey. La victoria permitió a los británicos tomar el control de Bengala y expandir el Imperio sobre gran parte del subcontinente.

1725-1774

ROBERT CLIVE

General y administrador británico, Clive fue una figura controvertida. Estableció el control británico sobre Bengala, pero fue acusado de corrupción y de exacerbar la devastadora hambruna de 1770.

1762

CATALINA LA GRANDE TOMA EL PODER EN RUSIA

La princesa alemana Catalina (1729-1796) se casó con el emperador Pedro III de Rusia en 1745. Desarrolló un profundo amor por el país, y el 28 de junio de 1762 lideró un golpe de Estado para librar a Rusia de su errático y reaccionario emperador, y fue proclamada emperatriz. Demostró ser una monarca ilustrada que reformó la administración, aumentó el prestigio de Rusia en Europa y amplió sus territorios.

▷ La emperatriz Catalina II de Rusia

1760

1760 Revuelta de Tacky: sublevación de esclavos de África occidental brutalmente aplastada en Jamaica.

1763 El cronómetro marítimo de John Harrison transforma la navegación al permitir establecer la longitud.

△ **Tercera batalla de Panipat,** en el norte de India

1761

BATALLA DE PANIPAT

Ahmad Sah Durrani llevó a los afganos a la victoria en una sangrienta batalla contra los marathas, que dominaban gran parte de India. La batalla puso fin a la guerra entre afganos y marathas iniciada en 1757 y acabó con la esperanza de estos de suceder a los mogoles como señores de India, pero dejó un peligroso vacío de poder en el norte que sería explotado por los británicos.

▽ Portada de la primera edición

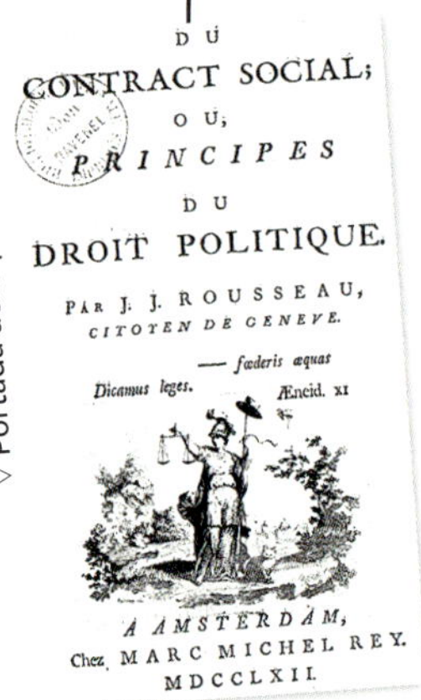

DU CONTRACT SOCIAL; OU, PRINCIPES DU DROIT POLITIQUE.

PAR J. J. ROUSSEAU, CITOYEN DE GENEVE.

— fœderis æquas Dicamus leges. Æneid. XI

A AMSTERDAM, Chez MARC MICHEL REY. MDCCLXII.

1762

JEAN-JACQUES ROUSSEAU PUBLICA *EL CONTRATO SOCIAL*

Con su declaración de que «el hombre ha nacido libre, pero en todas partes está encadenado», Rousseau defendía que la gente solo podía experimentar la libertad verdadera viviendo en una sociedad civil que asegurase los derechos y el bienestar de todos sus ciudadanos: una idea revolucionaria en la época.

«La ambición me empuja tan lejos como creo posible que pueda llegar el hombre.»

JAMES COOK (1774)

1769

JAMES COOK LLEGA A NUEVA ZELANDA

El 25 de agosto de 1768, James Cook y 96 hombres zarparon a bordo del *Endeavour* en busca del legendario continente meridional de Terra Australis. Cook alcanzó Nueva Zelanda el 6 de octubre de 1769, donde su primer encuentro con los maoríes en la bahía de la Pobreza (en la actual Isla Norte) acabó con la muerte de varios de ellos. Tras cartografiar ambas islas, Cook siguió hacia el oeste.

◁ **Estatua de James Cook** en Tūranganui-a-Kiwa (bahía de la Pobreza), en Nueva Zelanda.

1765 China intenta la primera de cuatro invasiones infructuosas de Birmania.

1766–1769 La primera guerra de Mysore enfrenta a los británicos con Haidar Alí, sultán de Mysore, en el sur de India.

1766 La botánica Jeanne Baret es la primera mujer en circunnavegar el globo; viaja disfrazada de hombre.

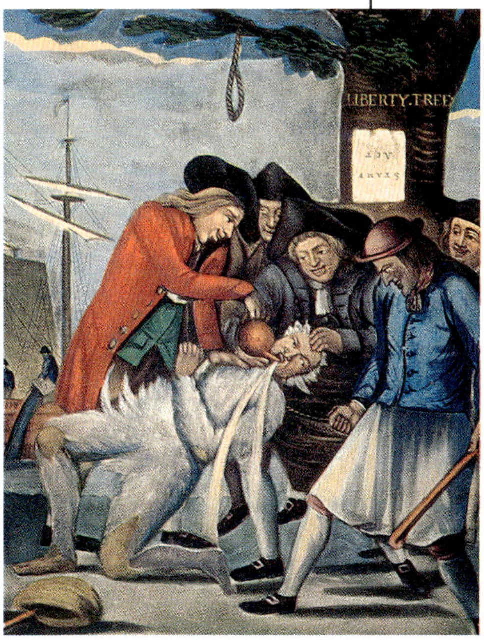

1765

LA LEY DEL TIMBRE SUSCITA PROTESTAS EN AMÉRICA DEL NORTE

En 1764–1765, el gobierno británico aprobó una serie de impuestos destinados a recaudar fondos de los colonos en América. Estos incluían la Stamp Act (Ley del Timbre), que gravaba cada hoja de papel impreso (como documentos legales, periódicos y naipes) usada por los colonos, que, enfurecidos, elevaron peticiones y protestaron. Lograron la anulación de la ley, pero el sentimiento antibritánico creció.

◁ **Manifestantes americanos** dan brea y empluman a un recaudador de impuestos

1728–1779

JAMES COOK

Experto navegante y cartógrafo, Cook capitaneó tres expediciones al Pacífico entre 1768 y 1779. Murió durante un altercado en Hawái, dejando un controvertido legado.

1770

LA EXPEDICIÓN DE COOK LLEGA A AUSTRALIA

A bordo del *Endeavour*, Cook arribó a la península de Kurnell el 29 de abril. Llamó a la zona bahía de Botany («botánica»), ya que Joseph Banks y Daniel Soleander, los naturalistas de la expedición, registraron allí 30 000 especímenes de plantas, 1600 de los cuales eran desconocidos para la ciencia. Durante su estancia vieron por primera vez aborígenes australianos.

△ **Joseph Banks,** botánico en la expedición de Cook

1772

PRIMERA PARTICIÓN DE POLONIA

En el siglo XVIII, la otrora poderosa Confederación de Polonia-Lituania estaba cerca de la anarquía. En 1772, sus vecinos Austria, Prusia y Rusia acordaron anexionarse partes de la Confederación para evitar una guerra por la expansión. Polonia perdió la mitad de su población y casi un tercio de territorio. Dos particiones posteriores, en 1793 y 1795, desmantelaron Polonia por completo.

△ **La división de Polonia,** grabado

1770

1771 El gran tsunami de Yaeyama golpea Japón, matando a 12 000 personas en Okinawa.

1771 En Moscú, la peste mata a 200 000 personas, y se producen disturbios cuando las autoridades imponen cuarentenas.

«Sabrás vivir en cuanto en ti confíes.»

JOHANN WOLFGANG VON GOETHE, *FAUSTO,* PARTE UNO (1808)

1770-1850
EL MOVIMIENTO ROMÁNTICO

Fue un movimiento artístico e intelectual europeo de respuesta a la Ilustración que exploró lo emocional y la naturaleza.

1774 Johann Wolfgang von Goethe publica *Las penas del joven Werther*, una influyente novela sentimental.

1781 Henry Fuseli pinta *La pesadilla*, inquietante evocación de la obsesión que alude a lo sobrenatural y a una sexualidad oscura.

1790 William Blake publica *Matrimonio del cielo y el infierno*; escrito como una profecía, perfila sus creencias románticas y revolucionarias.

1801 Ludwig van Beethoven termina su sonata *Claro de luna*, en la que abandona restricciones tradicionales para crear música que plasma las emociones.

1774

LUIS XVI ASCIENDE AL TRONO DE FRANCIA

Con solo 19 años, Luis sucedió a su abuelo, Luis XV, para convertirse en el último rey de Francia antes de la Revolución Francesa (1789). Heredó un reino sumamente endeudado donde el resentimiento hacia la monarquía era creciente. Hombre débil e indeciso, se mostró incapaz de combatir a las fuerzas que actuaban para impedir unas reformas económicas y sociales muy necesarias. Su decisión de convocar los Estados Generales (una reunión de la Iglesia, la nobleza y el pueblo llano) puso en marcha la revolución.

◁ Busto de Luis XVI

1774

1772 **El emperador Qianlong** ordena la creación del *Siku Quanshu*, la mayor colección de libros de la historia de China.

1773 **James Cook circunnavega la Antártida** en su segundo viaje al hemisferio sur.

1774 **El Imperio otomano cede Crimea** a Rusia al final de la guerra ruso-turca.

△ **Representación del motín del té**, grabado

1773

MOTÍN DEL TÉ DE BOSTON

Una queja de los colonos norteamericanos contra Gran Bretaña era su obligación de pagar impuestos, y sin embargo no tenían representación en el Parlamento británico. Como protesta, el 16 de diciembre, un grupo de colonos de Massachusetts arrojó al mar un cargamento de té desde un barco en el puerto de Boston. Las represalias de la metrópoli impulsaron a los colonos a convocar el primer Congreso Continental (1774) para tratar el futuro de América del Norte.

1738-1820

JORGE III

Rey de Gran Bretaña e Irlanda (1760-1820), su línea de dureza contra la disensión en las colonias tras el motín del té precipitó su fracaso en la guerra de Independencia de Estados Unidos.

▽ **Batalla de Lexington,** primer enfrentamiento de la guerra de Independencia de Estados Unidos

1775

EMPIEZA LA GUERRA DE INDEPENDENCIA DE ESTADOS UNIDOS

A medida que crecía el descontento en América del Norte, los británicos empezaron a temer una rebelión armada. El 19 de abril, el general Thomas Gage dirigió a un grupo de soldados británicos a incautarse de las armas y munición almacenadas por los «patriotas» americanos. La milicia rebelde chocó con los británicos en Lexington y Concord, y la lucha no tardó en extenderse por Nueva Inglaterra. George Washington fue nombrado comandante en jefe del ejército Continental revolucionario, liderándolo hasta el final de la guerra de Independencia, en 1783.

1775

1775 Estalla en India la primera guerra anglo-maratha.

◁ **Chiyo-ni,** xilografía

1775

MUERTE DE FUKUDA CHIYO-NI (KAGA NO CHIYO)

Chiyo-ni (1703-1775), una de las mayores poetisas de haiku de Japón, era hija de un enmarcador de la provincia de Kaga. Empezó a escribir a los siete años de edad y desarrolló su propio estilo después de estudiar los poemas de Matsuo Bashō. A los 17 años, sus haikus ya eran muy conocidos en Japón. En 1754 se hizo monja budista, tomando el nombre de Soen.

▽ **La Campana de la Libertad,** en Filadelfia (Pensilvania)

1776

ESTADOS UNIDOS DECLARA SU INDEPENDENCIA

El 4 de julio de 1776, el Congreso adoptó la Declaración de Independencia, que celebraba las «verdades evidentes» del derecho a la vida, la libertad y la búsqueda de la felicidad, denunciaba al rey Jorge III como un «tirano» y disolvía «toda conexión política» entre Gran Bretaña y sus colonias norteamericanas. Las campanas, incluida la Campana de la Libertad (arriba), repicaron para anunciar la noticia.

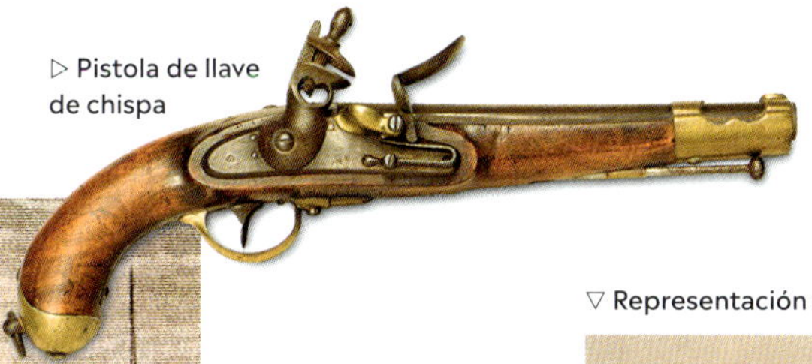

▷ Pistola de llave de chispa

▽ **Representación colonial** de las guerras xhosas

1779

COMIENZAN LAS GUERRAS XHOSAS

Desde 1779 hasta 1879, los colonos neerlandeses y británicos en lo que hoy es el Cabo Oriental de Sudáfrica se vieron envueltos en una serie de nueve guerras contra el pueblo xhosa, originadas por las tensiones entre jefes xhosas o entre los colonos y los xhosas. La primera guerra (1779-1810) surgió de las acusaciones de los colonos bóeres de que los xhosas les robaban ganado. También se llamaron guerras cafres, nombre dado por los colonos a los xhosas.

1776 Adam Smith publica *La riqueza de las naciones*, que establece las bases del capitalismo occidental moderno.

1781 William Herschel descubre Urano, el primer planeta detectado desde la Antigüedad.

1782 Rama I de Siam funda la dinastía Chakri, que aún sigue reinando en Tailandia.

1784

1783

ERUPCIÓN DEL VOLCÁN LAKI EN ISLANDIA

La erupción del Laki fue la mayor vista desde tiempos históricos. Durante casi un año (junio 1783-febrero 1784), el volcán escupió lava que se extendió sobre 565 km². Los gases liberados causaron una nube que alcanzó Siria, Siberia occidental y el norte de África, y mató a la mayoría de los animales domésticos de Islandia. En la hambruna subsiguiente, murió una quinta parte de la población islandesa.

△ **El cráter Laki,** parte de la fisura Lakagigar, en Islandia

> «Empezó con la Tierra [...] partiéndose en dos, desgarrándose como si un animal enloquecido estuviera destrozando algo.»

RELATO DEL PASTOR JÓN STEINGRÍMSSON SOBRE LA ERUPCIÓN DEL LAKI (1783)

1787
REINICIO DE LA GUERRA RUSO-TURCA

Como resultado de guerras previas entre Rusia y los otomanos, la emperatriz Catalina II de Rusia se anexionó la península de Crimea. Temiendo que su plan era repartirse su imperio con los Habsburgo austriacos, los otomanos fueron a la guerra. El conflicto acabó en 1791 con la cesión por los otomanos a Rusia de toda la costa occidental ucraniana del mar Negro.

△ **La Armada Imperial rusa** asedia el puerto turco de Ochákov

1787
AUMENTAN LOS LLAMAMIENTOS A ABOLIR LA ESCLAVITUD

Ante el planteamiento del problema sobre la justificación moral de la esclavitud —en particular por la Sociedad Religiosa de los Amigos (cuáqueros)—, varias sociedades surgidas en Europa exigieron su abolición. Entre ellas, la Sociedad de Amigos de los Negros francesa y la Sociedad para la Abolición de la Trata de Esclavos británica.

▷ Una popular imagen abolicionista

1785

1785 La invención del telar mecánico revoluciona la industria textil.

1785 El reformista social británico Jeremy Bentham aboga por la despenalización de la homosexualidad.

1786 El hundimiento de una presa en el río Dadu de China causa una inundación que mata a unas 100 000 personas.

1787 Grupos de exesclavos llegados desde Inglaterra, Nueva Escocia y Jamaica colonizan Sierra Leona.

1732-1799
GEORGE WASHINGTON

Signatario de la Constitución de Estados Unidos, Washington fue su primer presidente (1789-1797), y sirvió por dos mandatos antes de retirarse a su hacienda familiar de Mount Vernon, en Virginia.

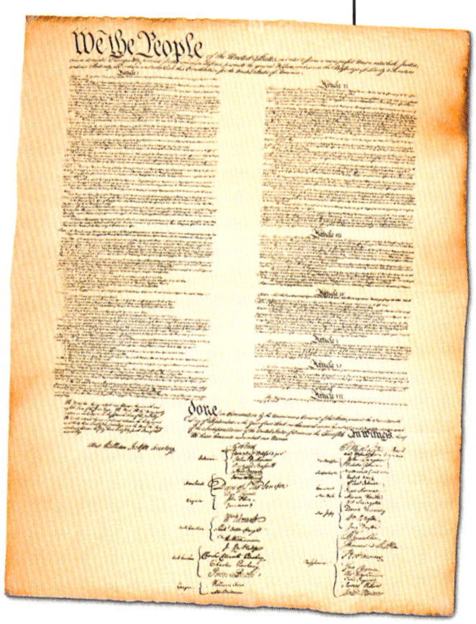

1787
LA CONSTITUCIÓN DE EE UU

El 17 de septiembre de 1787, 39 delegados de la Convención Constitucional se reunieron en la Sala de Asambleas de la Cámara legislativa del estado de Pensilvania para firmar la Constitución de Estados Unidos. Con su inicio «Nosotros, el pueblo», establecía los derechos de los ciudadanos y definía la estructura tripartita de los órganos del gobierno federal: legislativo (Congreso), ejecutivo (presidente y funcionarios del gobierno) y judicial (Tribunal Supremo y otros tribunales federales).

▽ Pergamino con la Constitución de Estados Unidos

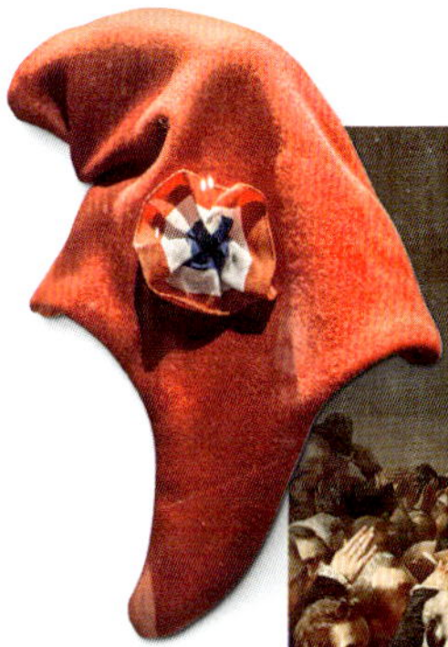

▷ **Gorro frigio,** un símbolo de la revolución

1789
REVOLUCIÓN FRANCESA

En junio de 1789, representantes del tercer estado (el pueblo francés) se autoproclamaron Asamblea Nacional, jurando en una cancha de juego de pelota en Versalles establecer una constitución escrita. Cuando una muchedumbre asaltó la prisión de la Bastilla (un símbolo de la tiranía del rey) el 14 de julio, el gobierno se vio obligado a aceptar la abolición de la aristocracia. Ese día marcó el final del Antiguo Régimen, el sistema político y social de Francia durante siglos.

△ ***El juramento del Juego de Pelota,*** por Auguste Couder

1789

1788 Hungría se alza contra el Sacro Imperio.

1788 Los primeros colonos llegan a Australia: entre ellos, 732 convictos y 22 niños.

1789 Revolucionarios franceses publican la *Declaración de los derechos del hombre y del ciudadano.*

△ **El barco de John Fitch** navega por el río Delaware

1787
PRIMER BARCO DE VAPOR EN LOS RÍOS DE ESTADOS UNIDOS

El 22 de agosto de 1787, el inventor e ingeniero estadounidense John Fitch hizo el primer ensayo con éxito de su barco de vapor, el *Perseverance*, en el río Delaware. Fitch establecería el primer servicio regular de vapores en la historia de Estados Unidos, sentando las bases de la gran época de los viajes en vapor en los ríos norteamericanos.

1788-1807

EL FIN DE LA TRATA DE ESCLAVOS

Entre los siglos XVI y XIX, unos doce millones de africanos fueron llevados a América para ser vendidos como esclavos. A medida que este comercio crecía en el siglo XVIII, con su punto álgido en 1750-1800, también lo hacían los alegatos por su abolición. Personas negras asumieron papeles protagonistas en la lucha para acabar con la institución que los deshumanizaba a cambio de beneficios. En el siglo XVII, el príncipe angoleño Lourenço da Silva Mendonça viajó hasta Roma para convencer al papa de que acabara con el comercio de esclavos, y, en 1792, *The York Herald* publicó que los africanos habían hecho saltar por los aires el barco esclavista *Le Couleur* frente a las costas de Guinea.

Acciones de guerrilla como el incendio o el envenenamiento eran una amenaza para los dueños de plantaciones, mientras que las revueltas, como la de Santo Domingo (abajo), hicieron que la clase dirigente se cuestionara la viabilidad de la esclavitud. Los exesclavos sumaron sus voces al movimiento creciente por la abolición. La trata de esclavos se prohibió en Gran Bretaña en 1807, aunque más de un millón de africanos serían aún embarcados ilícitamente hacia América después de esa fecha.

THE
INTERESTING NARRATIVE
OF
THE LIFE
OF
OLAUDAH EQUIANO,
OR
GUSTAVUS VASSA,
THE AFRICAN.
WRITTEN BY HIMSELF.

VOL I.

Behold, God is my salvation; I will trust and not be afraid, for the Lord Jehovah is my strength and my song; he also is become my salvation.
And in that day shall ye say, Praise the Lord, call upon his name, declare his doings among the people. Isaiah xii. 2, 4.

SECOND EDITION.

LONDON:
Printed and sold for the AUTHOR, by T. WILKINS, No. 23, Aldermanbury;
Sold also by Mr. Johnson, St. Paul's Church-Yard;

MOMENTOS CLAVE

1788 Ley del Comercio de Esclavos
Tras la presión ejercida por los Hijos de África, un grupo de 12 hombres negros que incluía a Olaudah Equiano (izda.), y por la Sociedad para la Abolición de la Trata de Esclavos, Gran Bretaña aprobó una ley que regulaba el comercio atlántico de esclavos.

1791-1804 Revolución Haitiana
El exesclavo Toussaint Louverture dirigió a miles de esclavos de la colonia de Santo Domingo (izda.) a la victoria sobre los ejércitos coloniales europeos para establecer Haití como la primera república negra independiente en América.

1807 Abolición de la Ley del Comercio de Esclavos
Reino Unido fue la primera nación europea de peso en abolir la trata de esclavos. Pero los esclavistas británicos hallaron formas de evadir la prohibición usando intermediarios (izda.), y la esclavitud siguió siendo legal en las colonias hasta 1833.

Una escultura en el Museo Da Silva, en Benín, muestra en qué condiciones eran transportados los esclavos a través del Atlántico. Horriblemente amontonados, encadenados y sometidos a abusos físicos y psicológicos, muchos morían antes de llegar a su destino.

1791

SUEÑO EN EL PABELLÓN ROJO

Una de las cuatro grandes novelas clásicas chinas, *Sueño en el pabellón rojo*, de Cao Xueqin, fue publicada en 1791. Relato semiautobiográfico con cientos de personajes, proporciona una rica visión de la sociedad durante la dinastía Qing a través de su historia de la acaudalada familia Jia.

◁ **Escena de *Sueño en el pabellón rojo*,** un novela clásica china

1790

1791 La Revolución Haitiana supone el derrocamiento por esclavos del sistema esclavista y la formación de la primera república negra en América.

1792 Mary Wollstonecraft publica *Vindicación de los derechos de la mujer*, un temprano texto feminista.

1792 Dinamarca prohíbe el comercio de esclavos, convirtiéndose en el primer país del mundo en hacerlo.

«No deseo que [las mujeres] tengan poder sobre los hombres, sino sobre ellas mismas.»

MARY WOLLSTONECRAFT, *VINDICACIÓN DE LOS DERECHOS DE LA MUJER* (1792)

1792

GUERRA DE LA PRIMERA COALICIÓN

De 1792 a 1802, Francia se vio envuelta en una serie de guerras con Gran Bretaña, el Sacro Imperio, Prusia y Rusia, todas ellas orientadas a detener la expansión de su revolución. La guerra de la Primera Coalición (1792-1797) comenzó con una efímera invasión austro-prusiana de Francia, que fue frustrada en la batalla de Valmy, en septiembre de 1792. Tras una serie de derrotas, los franceses lograron grandes victorias a partir de 1794, entre ellas la de Fleurus (1794) contra los austriacos, que firmaron la paz cuando el general francés Napoleón Bonaparte diezmó sus tropas en Italia (1796-1797).

△ **Batalla de Valmy,** 20 de septiembre de 1792

▽ Asalto al palacio de las Tullerías

1792

FRANCIA SE DECLARA REPÚBLICA

La Revolución Francesa alcanzó su clímax en septiembre de 1792. Después de que Luis XVI vetara las medidas radicales acordadas por la Asamblea Legislativa, revolucionarios armados asaltaron el palacio de las Tullerías el 10 de agosto, apresando al rey y a su familia. El 21 de septiembre, la monarquía era formalmente abolida, y al día siguiente se establecía la república.

1793 China rechaza las exigencias británicas de abrir más puertos comerciales a sus mercantes.

1794 La batalla de los Árboles Caídos acaba con la guerra india del Noroeste, despejando Ohio para el asentamiento de blancos.

1794

1794 La rebelión polaca en Varsovia aspira a librar la capital del control de Rusia.

▷ **Efigie del almirante Arthur Phillip** en un jarrón de Wedgewood

1794

COMIENZAN LAS GUERRAS DEL HAWKESBURY Y EL NEPEAN

Estas guerras, que se prolongaron hasta 1816, fueron provocadas por los intentos británicos de colonizar la región que circunda Sídney (Australia). Mientras que el primer gobernador de Nueva Gales del Sur, Arthur Phillip, intentó mantener buenas relaciones con los aborígenes, las incursiones continuadas de estos sobre asentamientos británicos llevaron al tercer gobernador, Philip Gidley King, a autorizar que los colonos disparasen a los aborígenes sin previo aviso.

△ Mosaico del periodo Qayar

1794

LA DINASTÍA QAYARÍ TOMA EL PODER EN PERSIA

En 1794, Agá Muhamad Kan Qayar (r. 1789-1797) depuso a Lotf Alí Kan (r. 1751-1794), último sah de la dinastía Zand, que reinaba en gran parte de Persia y en áreas de Armenia e Irak. Sometió al reino cristiano de Georgia, y luego conquistó la región de Jorasán, bastión tradicional de la dinastía afsárida de Nadir Sah, uniendo Irán bajo los Qayar, que reinaron hasta 1925.

1796

GEORGES CUVIER ESTABLECE LA EVIDENCIA DE LA EXTINCIÓN

Los naturalistas del siglo XVIII no podían aceptar la extinción de criaturas que, por entonces, se creían creadas por un Dios perfecto. A través de la comparación de la anatomía de animales fosilizados con la de otros vivos, el zoólogo francés Cuvier estableció que, de hecho, muchas especies habían desaparecido. La extinción era un hecho.

▷ Estatua de Georges Cuvier

1795

1795 Gran Bretaña ocupa territorio de los Países Bajos en el cabo de Buena Esperanza (Sudáfrica).

1796 El emperador Qianlong abdica, provocando la decadencia de la dinastía Qing.

1797 Soldados franceses desembarcan en Fishguard (Gales) durante la guerra de la Primera Coalición.

▽ **Miembros de la** Sociedad del Loto Blanco

1796

REBELIÓN DEL LOTO BLANCO

La milenaria Sociedad del Loto Blanco era una secta dedicada al derrocamiento de la dinastía Qing manchú. En respuesta a la hambruna y la persecución, la Sociedad lideró una rebelión contra los Qing, y sofocarla costó ocho años y un gasto inmenso. En la revuelta murieron unos 100 000 rebeldes, pero el mito de la invencibilidad militar manchú se extinguió.

△ **Hanaoka Seishū,** en el *Libro de casos quirúrgicos*

1796

SE PRACTICA LA ANESTESIA GENERAL EN JAPÓN

Hanaoka Seishū, cirujano japonés del periodo Edo, empezó por desarrollar un compuesto vegetal, llamado *tsūsensan*, que podía dejar al paciente inconsciente entre 6 y 24 horas. Alrededor de 1804 ya había perfeccionado su fórmula y fue capaz de llevar a cabo las primeras operaciones quirúrgicas del mundo mediante anestesia general.

1798

NAPOLEÓN BONAPARTE INVADE EGIPTO

En mayo de 1798, Napoleón se embarcó hacia África con la intención de anexionarse el Egipto otomano y desestabilizar la influencia británica en la zona. Su victoria en la batalla de las Pirámides fue equilibrada en la batalla naval del Nilo (1-2 de agosto). Después de una irrupción infructuosa en Siria (1799), eludió a los británicos en la bahía de Abukir, y luego escapó a Francia (julio de 1799).

◁ **Batalla de las Pirámides,** 21 de julio de 1798

1799

1799 Napoleón derroca a la Primera República francesa y se autoproclama primer cónsul.

1798 La Sociedad de los Irlandeses Unidos se rebela contra el dominio británico, aspirando a formar una república.

1799 El sultán Tipu, llamado el Tigre de Mysore, muere defendiendo su baluarte en Srirangapatna contra una fuerza de británicos, marathas e hyderabadíes.

1799

DESCUBRIMIENTO DE LA PIEDRA DE ROSETTA

La piedra de Rosetta fue desenterrada en 1799 por soldados franceses en el pueblo de Rashid (Rosetta), en Egipto, y luego fue capturada por los británicos en 1801. Con su inscripción escrita en tres lenguas —griega antigua, demótica egipcia y jeroglífica— de un decreto publicado en 196 a. C., la piedra ayudó a los estudiosos a descifrar los antiguos jeroglíficos egipcios.

Descifrar la piedra de Rosetta costó 20 años.

△ **La piedra de Rosetta,** clave para descifrar la escritura jeroglífica

1801

COMIENZA LA PRIMERA GUERRA DE BERBERÍA

Los países que comerciaban en el Mediterráneo pagaban un tributo a los estados berberiscos del norte de África para tener protección contra los piratas. La negativa a pagar de los estadounidenses desencadenó el conflicto entre Estados Unidos y Trípoli, el cual duró hasta que Estados Unidos tomó Derna, en Trípoli, en 1805.

△ **Marinos de Estados Unidos** abordan una cañonera tripolitana

1802

NGUYEN ANH UNIFICA VIETNAM Y SE CONVIERTE EN EMPERADOR

Tras capturar Saigón en 1788, Nguyen Anh atacó desde su base en el sur a los gobernantes Tay So'n de Vietnam. Poco a poco, después de siglos de conflicto interno, unió el país y lo gobernó como emperador Gia Long hasta su muerte, en 1820. Su dinastía fue la última de Vietnam; a partir de 1883, el país formaría parte de la Indochina francesa.

◁ **Emperador Gia Long** (1762-1820)

1800

1800 Napoleón cruza los Alpes para derrotar a los austriacos en la batalla de Marengo.

1801 El Acta de Unión crea el Reino Unido de Gran Bretaña e Irlanda.

> «La palabra "imposible" no es francesa.»
>
> NAPOLEÓN BONAPARTE (1813)

1800-1991 TECNOLOGÍA DE LAS PILAS

La invención de las pilas, que convierten la energía química en energía eléctrica, abrió las posibilidades de la energía portátil.

1800 Alessandro Volta desarrolla una pila que produce una corriente eléctrica constante.

1859 Gaston Planté inventa la batería de ácido y plomo, una célula electromagnética reversible y recargable que pronto halla multitud de usos.

1886 Georges Leclanché desarrolla pilas secas de larga duración usando electrodos de cinc-carbono y pasta de cloruro de amonio.

1991 La baterías de ion de litio (Li-ion) se producen comercialmente. Recargables, ligeras y potentes, se usan en dispositivos portátiles.

▷ **La batalla de Trafalgar,** 21 de octubre de 1805

1803

EMPIEZAN LAS GUERRAS NAPOLEÓNICAS

En 1803, Reino Unido declaró la guerra a Francia en un intento de poner freno al expansionismo de Napoleón. Austria, Rusia y Suecia se vieron arrastradas al conflicto, y diversas coaliciones de potencias europeas se involucraron en una serie de guerras con Francia que se extendieron por el mundo, desde India hasta América, durante los 12 años siguientes. Tras una espectacular victoria inicial británica en la batalla de Trafalgar en 1805, el rumbo de la guerra no se volvió contra Napoleón hasta 1812.

1769–1861

NAPOLEÓN BONAPARTE

Napoleón, uno de los líderes militares más famosos del mundo, salvó a la Francia revolucionaria de ser destruida por sus enemigos entre 1792 y 1802; en 1804 se autoproclamó emperador de Francia.

1804 Haití se convierte en república tras la última batalla de la Revolución Haitiana en Vertières.

1804

1803 La Meca cae ante el primer Estado saudita wahabí.

1803

LA COMPRA DE LUISIANA

En 1803, Francia había perdido interés por sus posesiones en América, y necesitaba captar fondos para su guerra contra Reino Unido. En consecuencia, Napoleón vendió la totalidad de Luisiana (2 144 500 km² de tierra entre el río Misisipi y las montañas Rocosas) a Estados Unidos por 60 millones de francos (15 millones de dólares). La compra duplicó la extensión de Estados Unidos en aquella época.

▷ **Mapa de la compra de Luisiana** en 1803

△ **Napoleón** en la batalla de Austerlitz

1805
VICTORIA FRANCESA EN AUSTERLITZ

Después de una rotunda derrota frente a los británicos en Trafalgar el 21 de octubre, Napoleón se apuntó una de sus victorias más brillantes contra rusos y austriacos en Austerlitz el 2 de diciembre. Con genialidad táctica y duros combates, superó a un ejército enemigo muy superior. Austria se vio obligada a firmar la paz, y la Tercera Coalición contra Francia se rompió.

1810-1826
GUERRAS DE INDEPENDENCIA

Tras 300 años de dominio español, todas las colonias de España en América, menos Cuba y Puerto Rico, obtuvieron su independencia entre 1810 y 1826, principalmente por el liderazgo de Simón Bolívar en el norte de Sudamérica y de José de San Martín en el sur. Ambos convergieron en Perú y Bolivia, forzando a las últimas tropas españolas a dejar América del Sur en 1826.

▽ **José de San Martín**, batalla de Chacabuco (Chile, 1817)

1805

1808-1814 **La guerra de la Independencia española** enfrenta a Francia contra España, Portugal y Reino Unido.

1807 **Abolición de la trata de esclavos en Reino Unido** (aunque el esclavismo en sí sigue siendo legal); Estados Unidos promulga una ley similar en 1808.

1810
INSURRECCIÓN POR LA INDEPENDENCIA DE MÉXICO

El 16 de septiembre de 1810, en el pueblo de Dolores, el sacerdote Miguel Hidalgo y Costilla lanzó un llamamiento revolucionario, conocido como el «grito de Dolores», que clamaba por el final del dominio español sobre México. Un ejército campesino reunido en torno a Hidalgo estuvo a punto de ocupar Ciudad de México, pero fue derrotado en la batalla del Puente de Calderón en enero de 1811. Tras sublevaciones posteriores, declaró su independencia en 1821. En 1822 se estableció un efímero imperio, y en 1823 se creó la Primera República Federal.

▷ **El «grito de Dolores»**, en el mural *Retablo de la Independencia de México*, por Juan O'Gorman

1783-1830

SIMÓN BOLÍVAR

Conocido como «el Libertador», Bolívar fue un militar y político venezolano que lideró la independencia respecto a España de Venezuela, Bolivia (nombrada así en su honor), Colombia, Ecuador, Perú y Panamá.

△ Zheng Shi

1810

RENDICIÓN DE LA FLOTA BANDERA ROJA

El mar del Sur de China era aterrorizado por una gran coalición pirata que estuvo liderada desde 1808 por una mujer, Zheng Shi. Ella comandaba personalmente la flota Bandera Roja, de varios cientos de veleros, y tan poderosa como para amenazar a la Compañía de las Indias Orientales, el Imperio portugués y la China Qing. En noviembre de 1809, una flota combinada china y portuguesa bloqueó a la de Zheng en la bahía de Tung Chung; en abril de 1810 firmó un acuerdo de amnistía con el emperador Qing, y la coalición pirata se disolvió.

1812 Mehmet Alí, de Egipto, inicia una campaña para recuperar La Meca y Medina de manos wahabíes y frenar su poder en Arabia.

1814

1812-1814 Guerra de 1812 entre Estados Unidos y Reino Unido, debida a la incautación de barcos estadounidenses por los británicos.

1812

NAPOLEÓN INVADE RUSIA

En un momento clave de las guerras napoleónicas, Napoleón invadió Rusia con un ejército inmenso, esperando obtener una victoria rápida sobre el imperio. Pero los rusos atrajeron al ejército francés al interior de Rusia, donde este fue diezmado por hambre, sed, calor extremo y nevadas monstruosas. Después de la batalla irresuelta de Borodino en septiembre, Napoleón fue obligado a retirarse a través del invierno ruso, y llegó a París con apenas 50 000 hombres.

△ Uniforme francés napoleónico

Alrededor de 85 000 soldados franceses murieron en su retirada desde Moscú hasta París en 1812.

1815

BATALLA DE WATERLOO

El 18 de junio de 1815, ejércitos aliados anglo-prusianos bajo el mando del duque de Wellington y el general Blücher pusieron fin a las guerras napoleónicas en una dura batalla cerca de Waterloo (Bélgica). Las tropas de Wellington soportaron un feroz asalto francés hasta que la llegada de Blücher y los prusianos le permitieron a Wellington lanzar una ofensiva final que expulsó a los franceses del campo de batalla. Napoleón fue capturado y exilado a la isla de Santa Elena.

1815

1816-1858 Las guerras seminolas (en tres fases) entre Estados Unidos y la tribu seminola en Florida son las más sangrientas de las guerras indias en Estados Unidos.

> «Créeme, al margen de una batalla perdida, no hay nada tan triste como una batalla ganada.»

ARTHUR WELLESLEY, DUQUE DE WELLINGTON, SOBRE LA BATALLA DE WATERLOO; CARTA DESDE EL CAMPO DE BATALLA (JUNIO DE 1815)

1769-1852

DUQUE DE WELLINGTON

Arthur Wellesley, un veterano de la guerra de la Independencia española y el mayor rival de Napoleón, quedó profundamente afectado por los horrores de Waterloo: sería su última batalla.

1816

SHAKA EMPIEZA A CONSTRUIR EL IMPERIO ZULÚ

Hijo de Senzangakona, rey de los zulúes, Shaka transformó su reino a través de una serie de reformas militares, sociales y políticas. Cuadruplicó el tamaño del ejército e introdujo un sistema de promoción por mérito en lugar del hereditario, creando una fuerza sumamente entrenada y disciplinada que conquistaría grandes porciones del sur de África y desafiaría al ejército británico.

▷ **Shaka,** rey de los zulúes

△ Batalla de Waterloo

△ **«Sopa de monstruos»,** una caricatura contemporánea sobre la mala calidad del agua en Londres

1817

PRIMERA PANDEMIA DE CÓLERA

El brote de cólera iniciado en Bengala en 1817 se expandió por India, y tuvo resonancia en Occidente al saberse que murieron cientos de miles de indios y unos 10 000 soldados británicos. La pandemia llegó a China, Indonesia y el mar Caspio antes de extinguirse. Fue la primera de varias pandemias de cólera que asolaron el mundo en el siglo XIX.

◁ **Espada corta circasiana,** o *qama*

1817

RUSIA SE ANEXIONA EL NORTE DEL CÁUCASO

La invasión del Cáucaso por el Imperio ruso inició una serie de conflictos contra los pueblos circasianos de la región que duraría hasta 1864. Muchos musulmanes del Cáucaso fueron masacrados o deportados, la mayoría de ellos a Anatolia.

1818

FIN DE LA CONFEDERACIÓN MARATHA

Después de dominar gran parte del subcontinente indio a lo largo del siglo XVIII, la Confederación maratha hindú cayó frente a la presión de los británicos en el siglo XIX. En 1803 perdió el control de Delhi, y se desintegró tras la rendición del peshwa Bajirao II a la Compañía Británica de las Indias Orientales en la tercera guerra anglo-maratha en 1818, lo cual despejó el camino para la dominación británica de India.

▷ **Cabeza de maza ceremonial** maratha

1819 **Establecimiento de Singapur** como puesto comercial británico por sir Stamford Raffles.

1819 **Aparecen las primeras bicicletas:** el velocípedo de Karl Drais da pie a la primera de muchas fiebres ciclistas.

1819 **España cede** el territorio del Oregón y la Florida a Estados Unidos; se redefinen los límites de Nueva España (después, México).

1819

1820
HUNDIMIENTO DEL BALLENERO *ESSEX*

Un cachalote embistió al ballenero estadounidense *Essex* en el Pacífico, aplastando su proa. La tripulación abandonó el barco e intentó alcanzar tierra en tres barcas. Después de tres meses en el mar, de soportar tormentas y de verse forzados al canibalismo, solo sobrevivieron cinco hombres. La historia inspiró la novela *Moby Dick*.

△ **Un cachalote** embiste al *Essex*

1820
LA COLONIA DE LIBERIA

En 1820, la Sociedad Americana de Colonización empezó a enviar voluntarios exesclavos negros de Estados Unidos a África occidental para establecer una colonia en la costa de la Pimienta. Casi la mitad de los primeros colonos murieron; llegaron más, y la colonia, llamada Liberia, declaró su independencia en 1847.

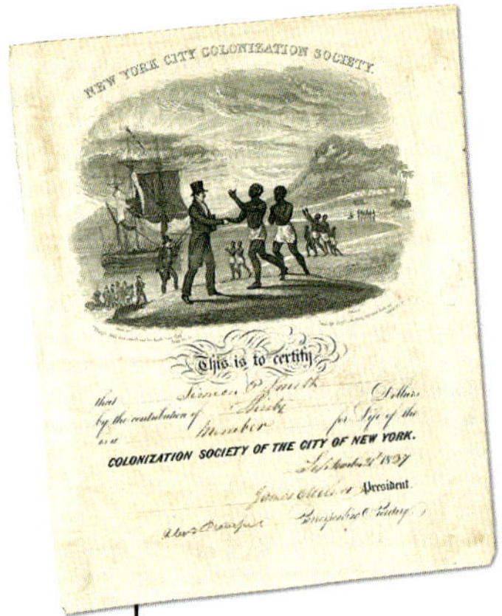

△ **Certificado de miembro** de la Sociedad Americana de Colonización

1820

1821 México se declara nación soberana, pero España no reconoce su independencia hasta 1836.

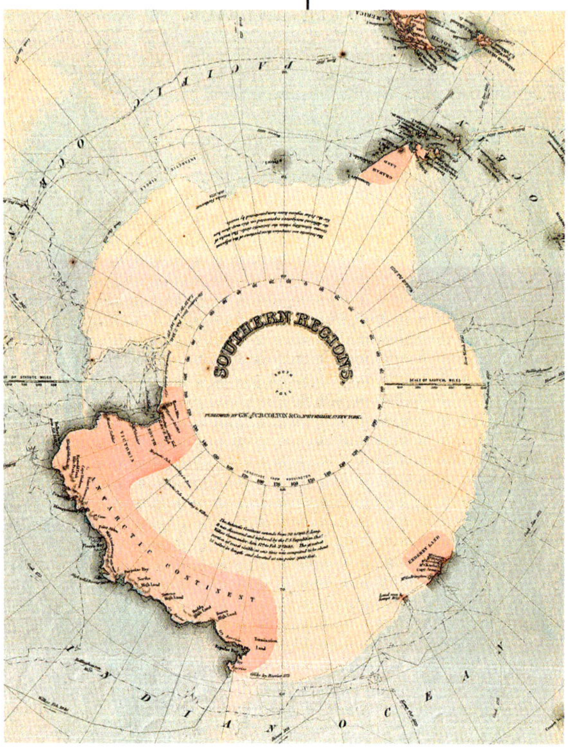

△ **Mapa de Colton** del Polo Sur (1872)

1820
PRIMER AVISTAMIENTO REGISTRADO DE LA ANTÁRTIDA

Los antiguos griegos postularon la idea de una masa de tierra austral y, en 1773, el capitán James Cook cruzó el círculo antártico sin saberlo. Pero el primer avistamiento de la Antártida lo realizó el explorador ruso Fabian von Bellingshausen, que vio los campos de hielo de la costa antártica el 28 de enero de 1820. Dos días después, el irlandés Edward Bransfield avistó el punto más septentrional del continente antártico.

1822-1943
INICIOS DE LA COMPUTACIÓN

El desarrollo de la teoría computacional en el siglo XIX sentó las bases de la informática moderna, preparando el camino para las primeras máquinas digitales en el siglo XX.

1822 Charles Babbage, inventor británico, diseña una «máquina diferencial»: una calculadora accionada por vapor; pudo ser la primera computadora.

1821

EMPIEZA LA GUERRA DE INDEPENDENCIA GRIEGA

Cuando estalló su guerra de Independencia el 21 de febrero de 1821, Grecia llevaba bajo control otomano desde el siglo XV. La guerra se puso a favor de los griegos cuando Reino Unido, Francia y Rusia se unieron al conflicto en su bando y destruyeron la flota otomano-egipcia en Navarino (20 de octubre de 1827). Una invasión rusa obligó al Imperio otomano a aceptar la independencia de Grecia, que sería reconocida de manera formal en el Protocolo de Londres del 3 de febrero de 1830.

◁ **Lázaros Kountouriotis,** patriota de la guerra de Independencia griega

1822 **Brasil declara su independencia** como Imperio de Brasil, regido por Pedro I.

1823 **Comienzan las guerras anglo-asantes** entre Reino Unido y el Imperio asante de África occidental.

1824 **Nueva Holanda** es renombrada como Australia por las autoridades coloniales británicas.

1824

«La máquina analítica teje patrones algebraicos como el telar de Jacquard teje flores y hojas.»

LUIGI MENABREA, MATEMÁTICO ITALIANO, SOBRE LA MÁQUINA ANALÍTICA DE BABBAGE (1843)

1843 **Ada Lovelace** reescribe algoritmos de Babbage considerados el primer programa para la máquina analítica.

1854 **George Boole,** matemático y filósofo británico, desarrolla el álgebra booleana, que sustenta la programación informática.

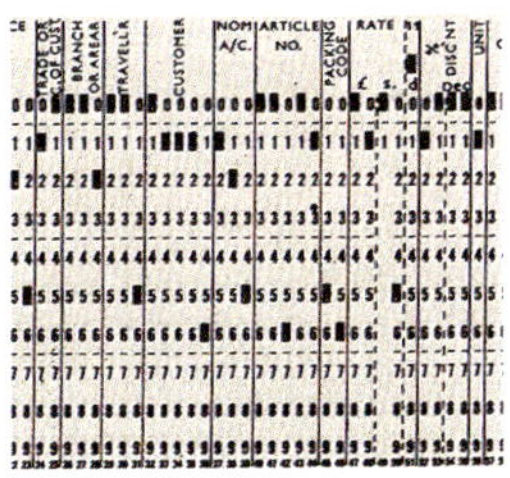

1890 **El sistema de tabulación** por tarjeta perforada de Herman Hollerith procesa los resultados del censo de Estados Unidos.

1936 **Alan Turing** describe su «máquina universal»: un sistema de reglas y condiciones que prueba los límites de lo que puede ser computado.

1943 **Colossus,** la primera computadora digital electrónica programable, ayuda a descifrar códigos en la Segunda Guerra Mundial.

1825-1900
LA REVOLUCIÓN DEL TRANSPORTE

Los avances en la energía de vapor, la producción de hierro y acero y la ingeniería impulsaron en el siglo XIX una revolución en el transporte. Obras a gran escala como el canal de Suez fomentaron el desarrollo del comercio. Los barcos de vapor surcaban los grandes lagos y ríos estadounidenses y transportaban pasajeros alrededor del mundo, favoreciendo así los objetivos del imperialismo. Pero el mayor impacto en la movilidad decimonónica llegó con el ferrocarril. El pionero de este sector fue el ingeniero británico George Stephenson, cuya locomotora fue la primera en transportar pasajeros por una vía férrea pública, la línea Stockton-Darlington, abierta en 1825. En pocas décadas, las vías cruzaban continentes, lo cual revolucionó la velocidad a la que podían transportarse bienes y personas. Estos adelantos fomentaron oleadas migratorias: miles de trabajadores procedentes de China y Japón obtuvieron contratos míseros para construir las líneas férreas de Estados Unidos; los irlandeses pobres huían de la hambruna de 1845-1852 en buques transatlánticos, y muchos otros buscaron fortuna en India y Sudáfrica.

MOMENTOS CLAVE

1838 El SS *Great Western* cruza el Atlántico
El primer barco de vapor construido con el fin de cruzar el Atlántico, el SS *Great Western* (izda.), diseñado por Isambard Kingdom Brunel, alcanzó Nueva York desde Inglaterra en 15,5 días, el primer servicio regular de transatlánticos a vapor.

1859 Construcción del canal de Suez
Supervisados por el ingeniero francés Ferdinand de Lesseps, miles de trabajadores forzados empezaron a cavar los 193 km del canal (izda.) que enlazaría Port Said, en el Mediterráneo, con Suez, en el mar Rojo. El canal se completó en 1869, reduciendo la necesidad de rodear el cabo de Buena Esperanza.

1869 Enlace pacífico-atlántico de Estados Unidos
Combinando dos líneas férreas —la Central Pacific (con origen en San Francisco) y la Union Pacific (desde Omaha, Nebraska)—, el ferrocarril transcontinental (izda.) une las costas Este y Oeste de Estados Unidos. Esta vía comercial contribuyó a disparar las exportaciones a través de los océanos Pacífico y Atlántico.

Planos de diseño de 1841 que muestran la locomotora de caldera larga diseñada por Robert Stephenson, hijo del «padre del ferrocarril», George Stephenson. Poderosas y eficientes, eran máquinas bastante lentas, pero siguieron en servicio durante décadas.

1829

BRAILLE PUBLICA SU SISTEMA DE ESCRITURA DE PUNTOS EN RELIEVE

Ciego desde los tres años por un accidente, el inventor francés Louis Braille tenía solo 15 cuando empezó a desarrollar su sistema de «celdas» de seis puntos que permitían a los ciegos leer por el tacto. Llegaría a inventar el decapunto (o rafigrafía), un sistema de diez puntos con el que los ciegos podían escribir a los videntes.

▷ **Rafígrafo,** aparato de Foucault para imprimir en decapunto

1830

SE PUBLICA EL *LIBRO DEL MORMÓN*

A sus 24 años, el líder religioso estadounidense Joseph Smith publicó lo que él afirmaba que era la historia de una antigua civilización americana, revelada a él por un ángel: el *Libro del mormón*. La nueva religión de Smith, el mormonismo, atrajo a miles de seguidores, muchos de los cuales se trasladaron a Utah en 1847 para fundar una sociedad basada en sus creencias.

▷ **Joseph Smith,** profeta mormón

1825

1825 La guerra de Java, una guerra de guerrillas contra el imperio colonial neerlandés, se lleva 200 000 vidas a lo largo de cinco años.

1830 Francia invade la Regencia otomana de Argel; la lucha continuará hasta 1847.

1828 La reina Ranavalona I de Madagascar (r. 1828-1861) comienza un reinado brutal durante el cual perece la mitad de la población.

1826

LAS PRIMERAS FOTOGRAFÍAS

El inventor francés Joseph-Nicéphore Niépce captó la fotografía más antigua que ha sobrevivido con su técnica de la heliografía («escritura solar»), en la que una placa cubierta con betún fotosensible se dejaba en una cámara oscura durante varios días para producir una imagen. Louis Daguerre refinó el proceso y fue reconocido como inventor de la fotografía, hasta que la fotografía de Niépce *Vista desde la ventana en Le Gras* fue redescubierta en 1952.

◁ ***Vista desde la ventana en Le Gras,*** la fotografía más antigua superviviente de una escena del mundo real

◁ **Cámara de Niépce**

1830
LAS REVOLUCIONES DE 1830
Una ola revolucionaria recorrió Europa en 1830. Afectó a Polonia, los Estados italianos, Portugal, Suiza y, más radicalmente, a Bélgica y Francia. Bélgica se liberó de los Países Bajos, convirtiéndose en nación independiente gobernada por el rey Leopoldo I, mientras que en Francia la Revolución de Julio derrocó al rey borbón Carlos X para poner a su primo, el duque de Orleans, como Luis Felipe I.

◁ ***La Libertad guiando al pueblo,*** de Eugène Delacroix, conmemora la Revolución de Julio

1830 **La Ley de Traslado de los Indios** obliga a las tribus indias de Estados Unidos a trasladarse a reservas.

1831 **Pedro I abdica** como emperador de Brasil en su hijo de cinco años Pedro II, que reinará casi 59 años.

1831 **Mehmet Alí** establece una dinastía en Egipto tras ir a la guerra contra el Imperio otomano; su dinastía reina hasta 1952.

1833 **Comienzan en España las guerras carlistas** entre los partidarios de la reina Isabel II y los del pretendiente al trono, el infante Don Carlos.

1834

«Dejo mi pincel en el Este y emprendo mi viaje.»

UTAGAWA HIROSHIGE; POEMA ESCRITO ANTES DE MORIR EN 1858

1833-1834
UTAGAWA HIROSHIGE PUBLICA LAS CINCUENTA Y TRES ESTACIONES DE LA TŌKAIDŌ
Hiroshige, último gran maestro del género artístico japonés *ukiyo-e* («imágenes del mundo flotante»), creó una serie de impresiones xilográficas para documentar su viaje por la ruta Tōkaidō, entre Edo (Tokio) y Kioto. Su obra activó el japonismo, una pasión por el arte japonés que influyó en artistas occidentales como Van Gogh, Degas y Whistler a mediados del siglo XIX.

▷ **45.ª estación: *Shōno,*** impresión xilográfica de Hiroshige

1836
CHARLES DICKENS PUBLICA SU PRIMERA NOVELA

Charles Dickens publicó su primera novela, *Los papeles póstumos del Club Pickwick*, como una serie por entregas durante 20 meses. El libro, que tuvo un éxito inmenso, asentó la reputación de Dickens como uno de los grandes autores británicos y le dio fama internacional.

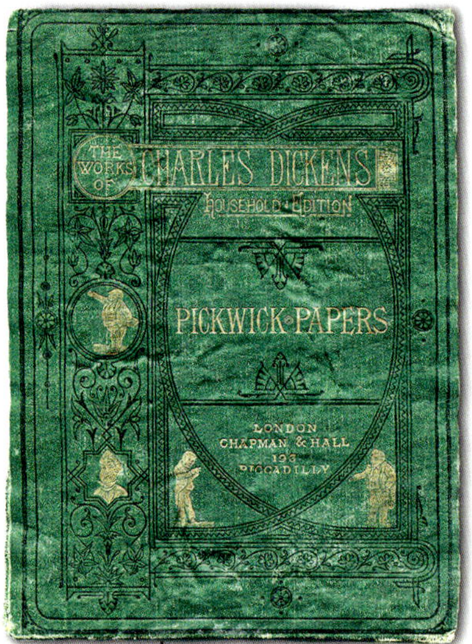

▷ **Cubierta original de** *Los papeles póstumos del Club Pickwick*

1839-1842
PRIMERA GUERRA ANGLO-AFGANA

En el primer conflicto importante del llamado Gran Juego —la pugna entre Reino Unido y Rusia por la influencia en Asia central—, los británicos intervinieron en Afganistán, instalando en el trono al sah Shuja Durrani. El ejército británico sería luego aniquilado durante su retirada de Kabul en 1842. Una segunda expedición británica destruyó parte de Kabul, pero se retiró rápidamente, dejando Afganistán en manos del rival de Durrani, Dust Muhamad.

▷ **El sah Shuja Durrani**

1835

1835 Acaba la guerra Negra en Tasmania, entre colonos británicos y aborígenes australianos.

1835 Los colonos neerlandeses dejan la colonia británica de El Cabo, emigrando al norte en la marcha llamada el Gran Trek.

1837 La reina Victoria comienza su reinado de 63 años en Reino Unido.

◁ **Los defensores de El Álamo,** friso conmemorativo

1836
ACABA LA GUERRA DE LA INDEPENDENCIA DE TEXAS

La lucha entre México y los colonos estadounidenses en Texas estalló en octubre de 1835. Después de que los mexicanos matasen a los defensores texanos de la misión de El Álamo en marzo, el ejército texano venció al mexicano en la batalla de San Jacinto, afirmando la independencia para la República de Texas.

1838-1953
AVANCES EN BIOLOGÍA

En el siglo XIX, varios hallazgos clave en biología celular y herencia biológica (genética) ayudaron a desentrañar los secretos de la vida, preparando el camino para la decodificación del ADN en el siglo XX.

1838 La teoría celular avanza cuando los biólogos alemanes Matthias Schleiden y Theodor Schwann postulan que la célula es la unidad básica de la vida y que los organismos están compuestos por células.

△ **Barcos británicos atacan** a juncos chinos (1841)

1819-1901
REINA VICTORIA
Victoria fue reina de Reino Unido entre 1837 y 1901, y emperatriz de India (Raj británico) desde 1877. Tuvo nueve hijos con el príncipe Alberto, que se casaron con la realeza europea, lo que le valió el apodo de «Abuela de Europa».

1839-1842
PRIMERA GUERRA DEL OPIO
Reino Unido llevaba años inundando China con opio, que intercambiaba por té, lo que provocó adicción en gran parte de la población. Encargado de erradicar este tráfico tóxico, en 1839, el funcionario chino Lin Zexu confiscó 20 000 cajas de opio en Cantón. Los británicos respondieron ocupando la ciudad, y hacia 1842 amenazaban Nankín.

1839 **Charles Goodyear** vulcaniza caucho y crea así el material flexible e impermeable usado en los neumáticos.

1839 **Un ciclón devasta** el puerto de Coringa (India) por segunda vez, matando a 300 000 personas; la ciudad no es reconstruida.

1839

«¿Cómo podéis seguir adelante, vendiendo productos dañinos para otros [...] por consumar vuestro deseo insaciable?»

CARTA DE LIN ZEXU A LA REINA VICTORIA SOBRE EL TRÁFICO DE OPIO (1839)

1859 **La variación en los picos** de los pinzones observados en las islas Galápagos lleva a Charles Darwin a proponer su teoría de la evolución a través de la selección natural.

1866 **Gregor Mendel,** monje agustino austriaco, estudia la herencia en los guisantes y descubre que estos transmiten sus características a través de «factores» (genes) invisibles.

1869 **El biólogo suizo Friedrich Miescher** identifica la «nucleína», hoy llamada ácido desoxirribonucleico (ADN), en células sanguíneas; propone que tiene un papel en la herencia.

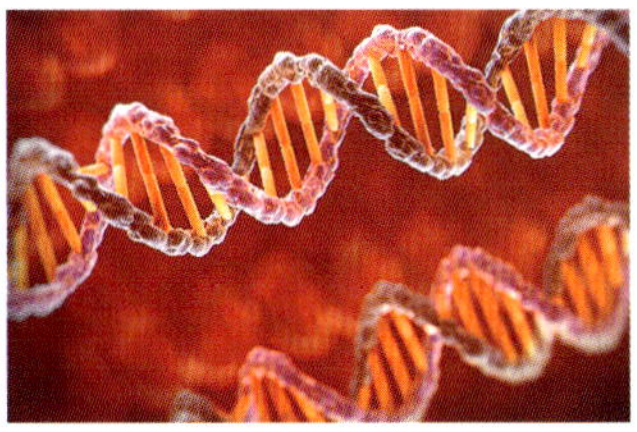

1953 **Rosalind Franklin, Francis Crick y James Watson** describen la estructura de doble hélice del ADN que sugiere cómo se transmite la información biológica (genética).

1842

TRATADO DE NANKÍN

La primera guerra del Opio acabó con la derrota de China en 1842. Bajo los términos punitivos del Tratado de Nankín —el primero de varios «tratados desiguales»—, China fue obligada a abrir más puertos al comercio británico, pagar 21 millones de dólares de plata como compensación y ceder la isla de Hong Kong a Reino Unido. El territorio bajo control británico se amplío en 1860 para incluir parte de la península de Kowloon.

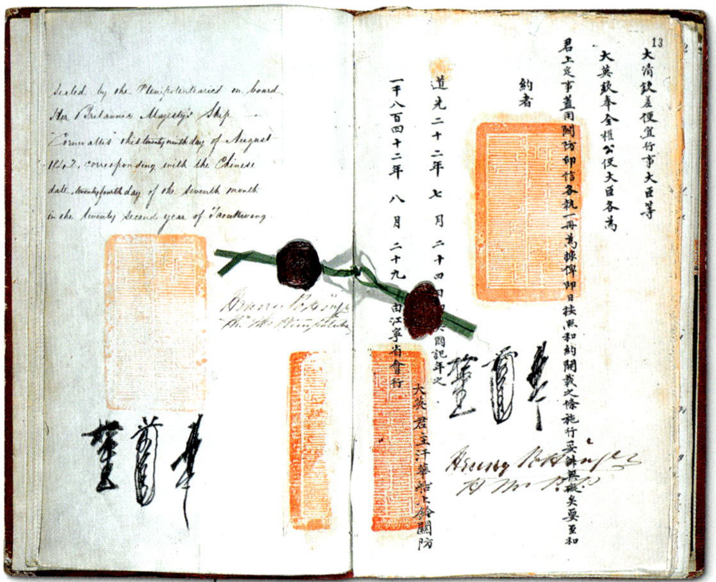

▷ **Tratado de Nankín,** de agosto de 1842

1840

1841 Estalla la guerra entre Siam y Vietnam en Camboya cuando Vietnam absorbe Camboya y degrada a los gobernantes jemeres.

1844 Samuel Morse envía el primer mensaje de telégrafo, de Washington D.C. a Baltimore (Maryland).

1845-1852 Una gran hambruna en Irlanda provoca un millón de muertes debido a la plaga de mildiu de la patata y la política británica de propiedad de la tierra.

1840

TRATADO DE WAITANGI

El Tratado de Waitangi, documento fundador de Nueva Zelanda, fue un acuerdo entre la corona británica y 540 *rangatiras* (jefes) maoríes por el que se cedía el control de Nueva Zelanda a Reino Unido. Las guerras de Nueva Zelanda estallaron cuando el gobierno colonial aumentó su control sobre los asuntos maoríes en 1845. Se prolongaron hasta 1872.

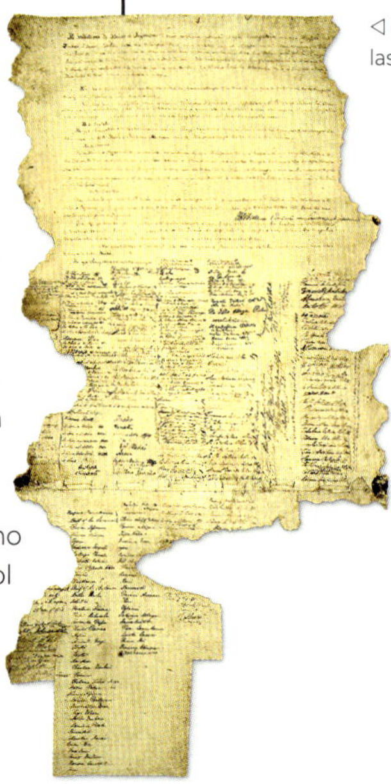

◁ **Hoja de Waitangi,** una de las nueve copias del Tratado

1848

UN AÑO DE REVOLUCIONES

Una ola revolucionaria se extendió por Europa afectando a Francia, Italia, Hungría, Austria y Prusia, entre otros países. Impulsada por diversos factores, como el nacionalismo o las demandas de supresión de viejas estructuras monárquicas, las revoluciones fueron mayormente reprimidas, pero dieron lugar a la abolición de la servidumbre en Austria y Hungría, al final del absolutismo en Dinamarca y al establecimiento de la Segunda República en Francia.

1848

KARL MARX Y FRIEDRICH ENGELS PUBLICAN EL *MANIFIESTO COMUNISTA*

En el *Manifiesto comunista*, Marx y Engels presentaron su teoría de la historia, que ellos interpretaban como una serie de luchas de clase que, inevitablemente, llevarían al derrocamiento de la clase dominante (burguesía) por la trabajadora (proletariado). Las discusiones sobre qué forma tomaría esta revolución y cuál debería ser el papel del Estado en ella no tardaron en recorrer Europa, contribuyendo así al desarrollo del socialismo, el comunismo y el anarquismo.

▷ **Monumento a Marx y Engels,** en Biskek (Kirguizistán)

1818-1883

KARL MARX

Filósofo, teórico social y economista alemán, Marx se encuentra entre los pensadores más influyentes del mundo; sus teorías han moldeado la historia intelectual, económica y política.

1849

1848 La primera convención de Estados Unidos sobre los derechos de la mujer se celebra en Seneca Falls (Nueva York), dando inicio al movimiento sufragista.

1847 Liberia declara su independencia de Estados Unidos, convirtiéndose en la primera república moderna africana.

1848 Comienza la fiebre del oro de California con el hallazgo del metal en el aserradero de Sutter, en Coloma.

△ **Escena de batalla** de la Revolución Húngara

1849

ACABA EL IMPERIO SIJ

Formado en 1799 por Ranjit Singh, el Imperio sij cayó frente a Reino Unido después de morir este, en 1839. Tras exiliar a Jind Kaur, la formidable regente del imperio, en la primera guerra anglo-sij (1845-1846), los británicos lograron la disolución del imperio en la segunda (1848-1849), dividiéndolo en varios principados y en la provincia británica del Punyab.

▷ **La maharaní Jind Kaur**

△ Rebelión Taiping

1850-1864

LA REBELIÓN TAIPING

Liderados por el místico Hong Xiuquan, los rebeldes del Reino Celestial Taiping (o de la Gran Paz) se extendieron por 16 provincias en lucha contra la dinastía Qing. En 1853, Nankín fue la capital de su Reino Celestial, un experimento teocrático y social utópico que promovía la igualdad de sexos y la vida pura. Desde 1856, el ejército Qing a las órdenes de Zeng Guofan recuperó zonas del Taiping, y tomó Nankín en 1864, acabando así con un conflicto que causó 20 millones de muertos.

1850

1851 **El Congreso de Estados Unidos** aprueba la Ley de Apropiaciones Indígenas, que confina a los nativos norteamericanos en reservas.

▽ **Palacio de Cristal** en Hyde Park, en Londres

1851

GRAN EXPOSICIÓN DE LONDRES

Reino Unido acogió la «Gran Exposición de los trabajos de la industria de todas las naciones», nombre de la primera Exposición Universal. Tuvo lugar en el Palacio de Cristal, un inmenso pabellón de cristal y hierro instalado en Hyde Park, en Londres. Se presentaron 100 000 objetos de 15 000 exhibidores, la mitad de ellos británicos. Unos seis millones de personas acudieron a ver objetos como el diamante Koh-i-Noor, revólveres de Samuel Colt, alfombras de Axminster o maquinaria de precisión.

El Palacio de Cristal de Londres tenía 293 655 paneles de vidrio.

1851

FIEBRE DEL ORO EN AUSTRALIA

Edward Hargraves, veterano de la fiebre del oro de California, descubrió en febrero de 1851 motas de oro en una poza cerca de Bathurst, en Nueva Gales del Sur (Australia). Poco después se descubrieron pepitas mayores en Victoria, al sur. Esto provocó la llegada de miles de buscadores de Reino Unido, Estados Unidos, Alemania, Polonia y China, lo cual cuadruplicó la población de Australia en solo 20 años.

△ Cribado de oro

1814-1864

HONG XIUQUAN

Líder religioso sincretista y revolucionario, Xiuquan desafió a la dinastía Qing de China, estableciendo el Reino Celestial de Taiping y declarándose «Rey Celestial» y hermano menor de Jesucristo.

1854 **El médico británico John Snow** descubre que el cólera se transmite por el agua; este hallazgo transformará los saneamientos públicos.

1854

1854

ESTALLA LA GUERRA DE CRIMEA

Tras la ocupación de territorio turco por Rusia en 1853, Francia y Reino Unido, decididas a mantener el Imperio otomano como baluarte frente a la expansión rusa, invadieron Crimea y sitiaron la base naval rusa en Sebastopol en 1854. Ambos bandos se vieron obstaculizados por la incompetencia de sus mandos, y combatieron en condiciones terribles. Sebastopol fue capturada en 1855, y Rusia renunció a sus pretensiones sobre tierras otomanas en 1856.

▷ **Veterano británico** de la guerra de Crimea

▷ **Barco expedicionario de Perry,** pintura japonesa

1854

FIN DE LA POLÍTICA DE AISLAMIENTO DE JAPÓN

En 1853-1854, el comodoro Matthew Perry situó una flota de buques de guerra estadounidenses en la bahía de Tokio para obligar a Japón a abrirse al comercio exterior tras 200 años de aislamiento bajo el sogunado Tokugawa. Este acto de «diplomacia de la cañonera» reveló a Japón que estaba mal equipado para defenderse de las modernas armas y naves del Occidente industrializado.

1857-1900
IMPERIALISMO

Las naciones occidentales remodelaron el mundo al embarcarse en una pugna sin precedentes por territorios extranjeros a fines del siglo XIX. La competencia entre ellas jugó su papel en esta ansia de control: Reino Unido esperaba recuperar su importancia tras la pérdida de sus colonias en América; Francia buscaba reconstruir su poder de las guerras napoleónicas; Rusia presionaba hacia el este contra la debilitada China del Imperio Qing; y, desde la década de 1860, las jóvenes naciones de Alemania, Italia y Estados Unidos aspiraban a convertirse en potencias mundiales. Japón, tras siglos de aislamiento, también deseaba acceder a recursos y territorios. Una desatinada «misión moral» se usó como justificación para la conquista y el control de territorios en Asia, África, el Caribe y Australasia.

La industrialización fue una fuerza clave que impulsó el imperialismo, porque exigía acceso a materias primas, mano de obra y nuevos mercados; y también lo posibilitaba gracias a las armas modernas y los transportes y comunicaciones rápidos. Las armas permitían someter y hasta aplastar la resistencia local (en ocasiones llegando al genocidio); mientras que la comunicación por telégrafo facilitaba el control de grandes áreas. La medicina moderna, y en particular el hallazgo de la quinina como tratamiento para la malaria, también ayudó a la difusión del imperialismo, ya que los colonizadores eran menos vulnerables a la enfermedad.

MOMENTOS CLAVE

1857-1858 Reino Unido toma el control de India
Después de suprimir una gran revuelta en 1857-1858 (izda.), el gobierno británico puso la India británica y sus principados bajo el mando directo de la Corona: el Raj británico. En 1876, la reina Victoria se convertía en emperatriz de India.

1876 La lucha por África
En 1876, el rey Leopoldo II de Bélgica empezó la colonización del Congo, induciendo a las potencias europeas a reunirse en la Conferencia de Berlín (1884-1885) para decidir entre ellas el reparto de África. Hacia 1900, los europeos gobernaban el 90 % del continente (izda.) y sus valiosos recursos naturales.

Década de 1870 Misión social y moral
El imperialismo occidental estaba respaldado por la creencia en la superioridad de la raza blanca y por un supuesto «deber moral» de gobernar, civilizar, educar (izda.) y cristianizar a los pueblos nativos. Las políticas resultantes causaron estragos en culturas indígenas en todo el mundo.

Este mapa de 1886 muestra la extensión del Imperio británico (en rosa) en esa época. Al pie del mapa, Britania se sienta simbólicamente sobre el mundo, reinando sobre sus colonias, mientras que los pueblos colonizados se representan mediante estereotipos.

1855

TEODORO (TEWODROS) II, EMPERADOR DE ETIOPÍA

El arquitecto de la Etiopía moderna, Teodoro II, unificó los reinos etiópicos bajo su control, acabando con la Zemene Mesafint (Era de los Príncipes), durante la cual el emperador era poco más que una figura decorativa. Estaba decidido a modernizar el país, pero se encontró con oposición. Se suicidó en abril de 1868, después de ser derrotado por los británicos en Magdala.

▷ **El emperador Teodoro II**

1855

1855 David Livingstone es el primer europeo en ver la cascada Mosi-oa-Tunya del río Zambeze; la renombra como cataratas Victoria.

«Una vista tan maravillosa ha tenido que ser contemplada por los ángeles en su vuelo.»

DAVID LIVINGSTONE DESCRIBE LA CASCADA MOSI-OA-TUNYA (1855)

▷ **Plano de las zonas destruidas** por el terremoto

1855

TERREMOTO DE EDO

El terremoto del 11 de noviembre fue el último de los tres que sacudieron Japón en 1854–1855. Su epicentro se hallaba cerca de la desembocadura del Arakawa, junto a Edo (hoy Tokio). Gran parte de la ciudad fue destruida por el fuego; perdieron la vida más de 6600 personas, y otras 2700 resultaron heridas. No tardaron en aparecer xilografías representando el terremoto, algunas de las cuales mostraban a Namazu, el siluro gigante al que la tradición culpaba de los terremotos.

1856-1860

SEGUNDA GUERRA DEL OPIO

Entre 1856 y 1860, China estuvo en guerra contra los imperios británico y francés por cuestiones relacionadas con el tráfico de opio. A pesar de superar en gran número a las tropas extranjeras, el ejército Qing se mostró incapaz de evitar la toma de la capital imperial, Pekín, y la destrucción del Palacio de Verano. Vencidos, los Qing tuvieron que legalizar el comercio de opio, abrir más puertos a los mercaderes extranjeros y ceder la península de Kowloon a los británicos.

◁ **Fuerzas anglo-francesas** sitian Beitang (China)

1856 **Los huesos hallados en el valle del Neander** (Alemania) son reconocidos como pertenecientes a un homínido, más tarde llamado *Homo neanderthalensis*.

1859 **España declara la guerra** a Marruecos tras los ataques contra los enclaves españoles en África de Ceuta y Melilla.

1859

1858 **En México, la guerra de la Reforma** enfrenta a liberales y conservadores; acaba en 1860, con victoria liberal.

1859 **Los franceses conquistan Saigón,** en Vietnam, durante la guerra de Cochinchina.

◁ Convertidor Bessemer

1855

BESSEMER TRANSFORMA LA PRODUCCIÓN DE ACERO

El inventor británico Henry Bessemer patentó su convertidor para la fabricación de acero. El hierro en bruto se vierte en un recipiente donde se insufla aire para eliminar impurezas. Sumamente eficiente, marcó el principio de la producción en masa de acero.

◁ La rebelión de los cipayos

1857-1858

EL MOTÍN DE INDIA

El 10 de mayo de 1857, un motín entre los cipayos (soldados indios) de la guarnición británica de Meerut a raíz de la grasa de cerdo o vaca de los cartuchos de los fusiles (prohibida para musulmanes e hindúes) derivó en una rebelión antibritánica a la que se sumaron campesinos en la región central del Ganges. Tras ser sofocada, la Corona británica estableció su gobierno directo (el Raj) en toda India.

1861

LA EMPERATRIZ VIUDA CIXI TOMA EL CONTROL DE CHINA

Al suceder su joven hijo Tongzhi al emperador chino Xianfeng, la emperatriz viuda se apoderó del poder en un sangriento golpe de Estado. Adoptó el nombre de Cixi («maternal y auspiciosa») y dedicó su vida a la supervivencia del frágil Imperio Qing. Antes de morir en 1908, Cixi manipuló sin piedad los acontecimientos para controlar la sucesión de dos emperadores más.

◁ La emperatriz viuda Cixi

1861 Victor Manuel II de Cerdeña se convierte en rey de Italia, iniciando la reunificación del país.

1860

1862 Omar Tall conquista Masina en Mali y funda el Imperio tuculor.

1860

FLORENCE NIGHTINGALE FUNDA LA PRIMERA ESCUELA DE ENFERMERAS

Famosa por organizar el cuidado de soldados heridos durante la guerra de Crimea, Nightingale transformó la enfermería en una profesión y aumentó la participación de las mujeres en la población activa al fundar la primera escuela moderna de enfermería en Londres.

◁ Florence Nightingale

1861-1865 LA GUERRA DE SECESIÓN ASOLA EE UU

Furiosos por la postura antiesclavista de Lincoln, varios estados se retiraron de la Unión y formaron los Estados Confederados de América en 1860. Cuando la Unión intentó la reunificación, estalló una guerra civil.

12-13 abril 1861 Primeros disparos de la guerra cuando la milicia de Carolina del Sur bombardea la guarnición unionista del fuerte Sumter, cerca de Charleston.

17 diciembre 1862 En la batalla de Antietam, tropas de la Unión impiden la conquista confederada de Maryland; es el día más sangriento de la historia de Estados Unidos.

1863 En la Proclamación de Emancipación, Lincoln cambia el estatus legal de los esclavos en la Confederación: 3,5 millones de afroamericanos son liberados.

▷ Ametralladora Gatling

1862

PATENTADA LA AMETRALLADORA GATLING

Inventada por Richard Gatling, esta ametralladora de manivela tenía diez cañones rotatorios capaces de disparar 400 balas por minuto. Gatling esperaba que su potencia de fuego desalentaría la guerra; en cambio, fue usada con un efecto devastador contra los pueblos indígenas de EE UU, África y Asia durante la colonización.

1864-1870

GUERRA DE LA TRIPLE ALIANZA

La guerra de la Triple Alianza (o de Paraguay) fue la guerra entre naciones más sangrienta de la historia de Latinoamérica. Implicó a Paraguay, que pretendía probar su fuerza en la región, y a la alianza entre Argentina, Brasil y Uruguay. La guerra acabó en 1870, y se estima que en ella murió el 60 % de la población paraguaya (unas 270 000 personas) y unas 56 000 de la Alianza.

▷ La guerra de la Triple Alianza

1864

1863 Se funda la Asociación de Fútbol (FA) en Londres, primer organismo de su clase, que establece reglas normalizadas para el deporte.

1863 Creación del Segundo Imperio mexicano, regido por el emperador Maximiliano I hasta su ejecución en 1867.

La guerra civil de EE UU cuesta 6200 millones de dólares a la Unión y 4000 millones a la Confederación.

1864 El general unionista Sherman toma Atlanta, un importante centro confederado, y marcha al sur hacia el mar, destruyendo posesiones sudistas a su paso.

1865 La guerra civil acaba cuando fuerzas de la Unión rodean al ejército confederado en Virginia; el 9 de abril, el general Lee capitula en Appomattox.

1839-1915

ROBERT SMALLS

Antiguo esclavo afroamericano, Smalls robó el barco confederado *Planter* de Charleston y lo pilotó a través de puestos de control sudistas hasta llegar al bloqueo unionista y a la libertad.

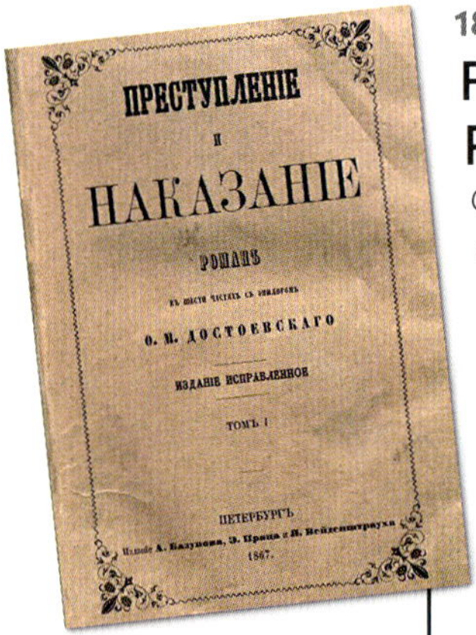

1866

FIÓDOR DOSTOIEVSKI PUBLICA *CRIMEN Y CASTIGO*

Crimen y castigo, una de las mayores obras de la literatura rusa, explora la psicología del crimen, la culpa y la redención a través de la historia del asesino empobrecido Raskolnikov. Dostoievski se basó en sus propias experiencias en un campo de prisioneros siberiano.

◁ **Cubierta de la primera edición** de *Crimen y castigo*

1867

FORMACIÓN DEL IMPERIO AUSTROHÚNGARO

Tras una serie de errores en política exterior y la derrota militar a manos de Prusia, Francisco José de Austria buscó fortalecer su imperio. Para pacificar una Hungría rebelde, convirtió a Austria y Hungría en estados autónomos bajo la soberanía de un «imperio dual»: el Imperio austrohúngaro. El sistema ignoró las reclamaciones de otras minorías nacionalistas, entre ellas croatas, serbios y eslovacos, avivando así las tensiones en Europa.

▽ **Francisco José** hace su juramento de posesión en Budapest

1865

15 abril 1865 **Abraham Lincoln,** presidente de Estados Unidos, muere tras ser tiroteado.

1867 **Estados Unidos** compra Alaska a Rusia.

1866-1871

UNIFICACIÓN DE ALEMANIA

En 1866, el canciller prusiano Otto von Bismark empezó a eliminar los últimos obstáculos a la unificación de los distintos Estados bajo control prusiano. Primero, urdió la guerra de las Siete Semanas (junio-julio de 1866) contra Austria, que dejó a esta aislada y debilitada y le otorgó a él el control de la Confederación Alemana del Norte. Luego, su victoria en la guerra franco-prusiana (1870-1871) neutralizó a Francia, última opositora a la unificación. El 18 de enero de 1871, el rey Guillermo IV de Prusia se convirtió en Guillermo I, emperador de Alemania.

◁ **Proclamación del Imperio alemán**

△ **Mutsuhito,** emperador Meiji (1867-1912)

1868

RESTAURACIÓN MEIJI

En 1868, un grupo de jóvenes samuráis ambiciosos se reunieron en la corte imperial de Kioto para arrebatarle el poder al sogunado Tokugawa y restaurar la autoridad del emperador. Después de su victoria en la guerra Boshin entre el ejército imperial y las fuerzas reaccionarias, el joven emperador Meiji («reinado iluminado») supervisó reformas que transformaron Japón, que pasó de ser un país feudal aislacionista a una nación industrial moderna.

1869

MENDELÉIEV CREA LA TABLA PERIÓDICA

El químico ruso Dimitri Mendeléiev publicó su tabla periódica buscando un medio para organizar los elementos químicos conocidos. Los ordenó según su masa atómica relativa, y agrupó aquellos con propiedades similares. Al observar tendencias en estas propiedades, dejó huecos para elementos aún por descubrir, prediciendo qué características deberían tener.

△ **Dimitri Mendeléiev**

1869

1867 Creación del Dominio británico de Canadá a partir de las provincias de Canadá, Nueva Escocia y Nueva Brunswick.

1868 Cuba comienza la guerra de los Diez Años (guerra de Cuba, 1868-1878) para independizarse de España.

△ **Ceremonia de apertura** del canal de Suez

1869

APERTURA DEL CANAL DE SUEZ

El canal que une el Mediterráneo y el mar Rojo fue abierto —con cuatro años de retraso— el 17 de noviembre de 1869. Después de recibir bendiciones católicas y musulmanas en Port Said, el yate imperial francés *L'Aigle* lideró una procesión de barcos a través del canal. En la primera noche, la nave francesa *Péluse* encalló a la entrada del lago Timsah, donde los barcos iban a anclar para más festejos.

1815–1898

OTTO VON BISMARCK

Arquitecto del Imperio alemán, Bismark (apodado el «Canciller de Hierro») dirigió Alemania en una época de industrialización, reforma social y colonización, hasta ser obligado a dimitir en 1890.

1870

COMIENZA LA CONSTRUCCIÓN DEL PUENTE DE BROOKLYN, EN NUEVA YORK

Enlazando Nueva York y Brooklyn a través del East River, en el momento de su construcción el puente de Brooklyn fue el puente colgante más largo del mundo. La ejecución fue supervisada por Emily Roebling, esposa de John A. Roebling, el diseñador del puente, que murió en 1869 por tratarse mal la lesión de un accidente. Con un gallo en los brazos, Emily fue la primera persona en cruzar el puente en su inauguración, el 24 de mayo de 1883.

◁ **Trabajadores** sobre el puente en construcción

El puente de Brooklyn mide 1834 m de largo y 83 m de alto.

1870

1871 Roma se integra en el reino de Italia, acabando el proceso de reunificación.

1871 Se descubre oro en Sudáfrica, después de la aparición de diamantes en 1867.

1872 La sufragista estadounidense Susan B. Anthony vota en las elecciones presidenciales y es arrestada.

1872 Louis Ducos du Hauron, un físico francés, es precursor de la fotografía en color moderna.

1872

ABRE YELLOWSTONE, PRIMER PARQUE NACIONAL DEL MUNDO

Después de que fotografías y pinturas ayudaran a aumentar el interés por las maravillas naturales únicas del lugar, el presidente Ulysses S. Grant firmó la Ley de Protección del Parque Natural Yellowstone el 1 de marzo de 1872. Por ella se retiraban las «cabeceras del río Yellowstone» de todo «asentamiento, ocupación o venta» y se convertían en un «parque público o terreno de placer para el beneficio y disfrute del pueblo».

▷ **Gran Cañón** del río Yellowstone

1841-1895

BERTHE MORISOT

La pintora francesa Berthe Morisot fue una de las pocas mujeres entre los primeros impresionistas. La Académie des Beaux-Arts aceptó su obra, pero ella también exhibió con los impresionistas en sus exposiciones.

1874

PRIMERA EXPOSICIÓN IMPRESIONISTA

Después de años de rechazos por la Académie des Beaux-Arts francesa, un grupo de pintores impresionistas organizó su propia exposición en París. Presentó 165 obras de 30 artistas, entre ellas *Impresión, sol naciente*, de Claude Monet. Los críticos se burlaron de las anchas pinceladas sin mezcla y de los colores vivos que caracterizaban el impresionismo; algunos calificaron las pinturas como obras de «lunáticos» o comediantes.

▷ ***Impresión, sol naciente***, de Monet

11 febrero 1873 Primera República española, tras abdicar Amadeo I durante la tercera guerra carlista (1872-1876); los militares restauran la monarquía el 29 de diciembre de 1874.

1874

1873-1896

GRAN DEPRESIÓN DE 1873

El mundo quedó atrapado durante más de dos décadas en una crisis financiera causada por el pánico en las bolsas de Viena, Nueva York y París, una guerra arancelaria entre Francia e Italia y un aumento del proteccionismo. La crisis realineó las economías del mundo, y Estados Unidos salió antes de la depresión, sustituyendo a Reino Unido como principal potencia industrial mundial.

◁ **Pánico en la Bolsa** de Nueva York

1874

DESTRUCCIÓN DE KUMASI, LA CAPITAL ASANTE

Entre 1824 y 1900 hubo cinco guerras entre el Imperio asante de África occidental y Reino Unido. En 1874, una fuerza británica destruyó el palacio de piedra y tierra del *asantehene* (rey supremo) en Kwaman (hoy Kumasi), e impuso una indemnización de 50 000 onzas de oro, que los asantes pagaron en parte entregando máscaras de oro, joyas y otros tesoros.

▷ **Cabeza de oro macizo,** de Kumasi

1876
PRIMERA LLAMADA DE TELÉFONO

El 10 de marzo, el inventor escocés Alexander Graham Bell hizo la primera llamada usando su «telégrafo parlante», que convertía las ondas de sonido en una corriente eléctrica fluctuante que podía reconvertirse en sonido al otro extremo del circuito. Llamó a su asistente, que estaba en otra estancia, diciéndole: «Señor Watson, venga aquí, quiero verle».

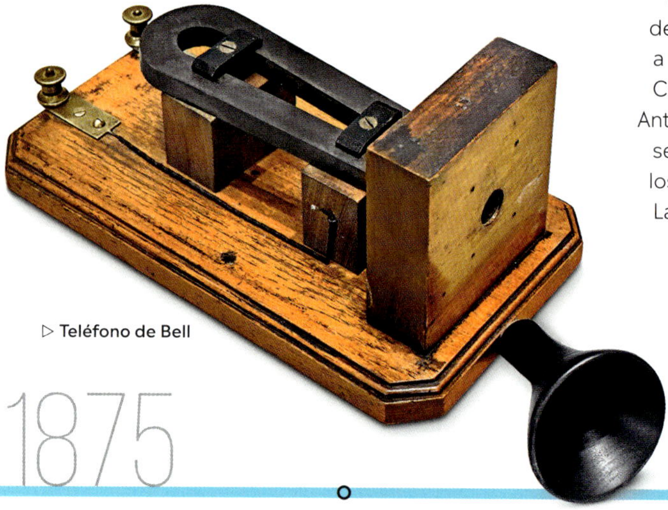

▷ **Teléfono de Bell**

1879-1884
LA GUERRA DEL PACÍFICO

En una pugna por controlar la región rica en minerales del desierto de Atacama, en la costa del Pacífico, Chile declaró la guerra a Bolivia y Perú. En febrero de 1879, Chile ocupó el puerto boliviano de Antofagasta, y el conflicto que siguió se extendió por el océano Pacífico, los desiertos peruanos y los Andes. La guerra acabó en 1883-1884 con la anexión por Chile de territorio peruano y boliviano a lo largo de la costa.

1875

1875 Etiopía rechaza una fuerza invasora egipcia, garantizando su independencia de la injerencia exterior.

1876-1878 La gran hambruna en el centro y sur de India afecta a 58 millones de personas; mueren 8,2 millones.

1876 Porfirio Díaz ocupa la presidencia de México; la ostentará durante 31 años, supervisando la modernización del país.

1876
BATALLA DE LITTLE BIGHORN

El 25-26 de junio, el general estadounidense Custer atacó precipitadamente, con una fuerza de caballería de 600 hombres, el campamento de Toro Sentado, líder indio de las llanuras del norte, en el río Little Bighorn. Los hombre de Custer se vieron envueltos en una refriega con 2000 guerreros dirigidos por el jefe siux oglala Caballo Loco. Custer libró su «última batalla» en un terreno elevado sobre el asentamiento siux y murió en combate junto a 210 de sus hombres.

▷ **George Custer** con exploradores

1831-1890
TORO SENTADO

Jefe siux lakota, Toro Sentado unió a los indios de las Grandes Llanuras de Estados Unidos contra los colonos y soldados blancos. Orquestó la victoria en Little Bighorn, lo cual fomentó la decisión del gobierno de aplastar a los indígenas americanos.

◁ **Batalla de Angamos,** en la guerra del Pacífico

1877 El Imperio Qing sofoca la revuelta Dungan iniciada por los musulmanes hui y otros grupos étnicos.

1878 El Tratado de San Stefano pone fin a la guerra ruso-turca, y Serbia, Rumanía y Montenegro logran la independencia.

1879

LOS ZULÚES DERROTAN A LOS BRITÁNICOS EN ISANDLWANA

En enero de 1879, los británicos invadieron Zululandia cuando su rey, Cetshwayo kaMpande, rechazó disolver su ejército y unirse a una federación de colonias británicas en Sudáfrica. El 22 de enero, 20 000 zulúes atacaron el campamento británico cercano a Isandlwana y mataron a más de 1300 soldados. Impresionados por la disciplina y las dotes guerreras de los zulúes, los británicos iniciaron una campaña más agresiva contra ellos.

◁ **Cetshwayo kaMpande,** rey zulú

1879

«Uno no vende la tierra por la que camina su pueblo.»

CABALLO LOCO, CITADO POR DEE BROWN EN *ENTERRAD MI CORAZÓN EN WOUNDED KNEE* (1970)

1879-1898
REALISMO

Fue un movimiento artístico que aspiraba a representar fielmente la experiencia cotidiana de las vidas de las personas.

1879 Henrik Ibsen, «padre del realismo», publica *Casa de muñecas*, retrato de la vida de las mujeres en una sociedad dominada por los hombres.

1880 Émile Zola delinea los elementos de una novela «naturalista» abrazando el determinismo, la objetividad científica y la crítica social.

1896 Giacomo Puccini estrena *La Bohème*, una ópera verista («realista»), marcada por las tramas con personajes corrientes.

1898 Konstantín Stanislavski crea un método interpretativo que anima al actor a identificarse con las motivaciones internas y emociones del personaje.

▷ **Fuerzas británicas** se enfrentan a las bóeres

1880
PRIMERA GUERRA BÓER
Tras la anexión por Reino Unido en 1877 de la república bóer del Transvaal, en el sur de África, las tensiones fueron en aumento. Descendientes de colonos sobre todo neerlandeses, los bóeres declararon su independencia y, por medio de tácticas de guerrilla, vencieron a los británicos en varios enfrentamientos. La Convención de Pretoria de 1881 reconoció la independencia del Transvaal.

1882
ALEMANIA, AUSTRIA-HUNGRÍA E ITALIA FORMAN UNA ALIANZA SECRETA
Los tres países se unieron en lo que llegaría a ser conocido como Triple Alianza. Bajo sus términos, Alemania y Austria-Hungría (estrechos aliados desde 1879) aceptaban apoyar a Italia en caso de que Francia iniciara un ataque no provocado. Italia, a su vez, apoyaría a Alemania en las mismas circunstancias. En caso de guerra entre Austria-Hungría y Rusia, Italia debía permanecer neutral.

▷ **Escudo** con los jefes de Estado de la Triple Alianza

1880

1881 La Asamblea del estado de Tennessee aprueba la segregación en los vagones de tren: una de las primeras leyes «Jim Crow».

1881 La pionera de la enfermería Clara Barton funda la Cruz Roja estadounidense.

1881 Francia invade y se apodera de Túnez, en el norte de África.

▷ **Booker T. Washington**

1881
SE ABRE EN TUSKEGEE (ALABAMA) UN INSTITUTO PARA AFROAMERICANOS
Booker T. Washington, nacido esclavo, luchó por obtener una educación, y en 1872 logró entrar al Instituto Hampton, en Virginia. Pensaba que la educación era esencial para la liberación de los afroamericanos, y, empezando con un pequeño local, abrió la Escuela Normal de Tuskegee (más tarde, Instituto Tuskegee) para proporcionar formación en profesorado a afroamericanos.

▷ **Krakatoa** antes de su erupción

La erupción del Krakatoa arrojó a la atmósfera gases y desechos a 24 km de altura.

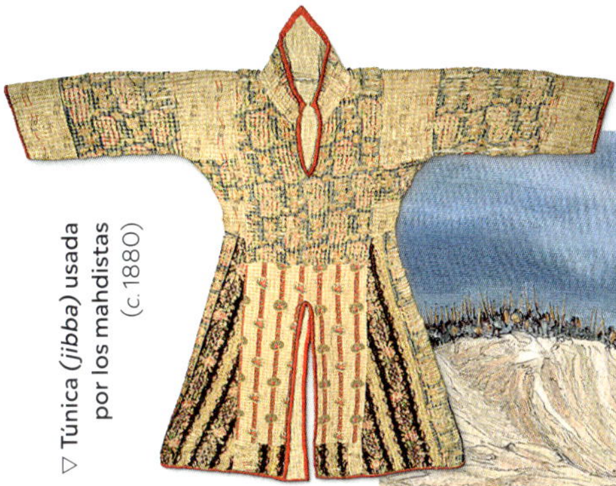

▽ Túnica (*jibba*) usada por los mahdistas (c. 1880)

△ **Tropas del Mahdi y británicas** en batalla

1883

LOS MAHDISTAS COMBATEN A UN EJÉRCITO ANGLO-EGIPCIO EN SUDÁN

En 1881, el clérigo islámico Muhamad Ahmad se proclamó Mahdi (líder espiritual) y dirigió un alzamiento contra Egipto, que controlaba Sudán desde 1819. En 1883, fuerzas egipcias y británicas fueron derrotadas en El Obeid por tropas del Mahdi, que tomaron Jartum en 1885.

1884

1882 Pogromos antijudíos en Rusia tras el asesinato del zar Alejandro II en 1881, del que se culpa falsamente a los judíos.

1883

ERUPCIÓN DEL KRAKATOA EN INDONESIA

Desde el 20 de mayo, la isla volcánica de Krakatoa, entre Java y Sumatra, entra en erupción por primera vez en 200 años. En agosto, una serie de cuatro explosiones destruyen casi por completo la isla. Las erupciones lanzaron cantidades inmensas de tierra al aire, crearon tsunamis y mataron a 36 000 personas.

△ **Delegados** en la Conferencia de Berlín sobre África

1884

LAS POTENCIAS EUROPEAS SE REPARTEN ÁFRICA

Marcando una nueva etapa en sus ambiciones imperialistas, las potencias europeas se reúnen en noviembre de 1884 en Berlín para la partición efectiva de África en colonias europeas. Organizada por el canciller alemán Otto von Bismark, la conferencia se prolongó hasta febrero de 1885. Asistieron unas 14 naciones, entre ellas, Francia, Bélgica, Portugal y Reino Unido. Ningún líder africano fue consultado o invitado a asistir, ni hubo consideración alguna hacia las fronteras culturales, sociales, étnicas o idiomáticas existentes. A los pocos años, las potencias europeas controlaban más del 80 % de África.

1885

FUNDACIÓN DEL CONGRESO NACIONAL INDIO

También conocido como Partido del Congreso, este fue el primer partido nacionalista moderno surgido en un país colonizado por Reino Unido en África y Asia. Reunido por primera vez en Bombay en diciembre, su objetivo era lograr una mayor representación política para los indios instruidos y un control político en el seno del Raj británico. A partir de 1920, con Mahatma Gandhi como líder, luchó por una gran reforma política, y luego encabezó el movimiento por la independencia de India.

◁ **Reunión de primeros miembros** del Congreso Nacional Indio

1885

1887 El espectáculo «Salvaje Oeste de Buffalo Bill» llega a Reino Unido para el jubileo de la reina Victoria.

1885 La vía férrea de la Canadian Pacific Railway llega a Columbia Británica y se da por concluida.

1888 Abolición de la esclavitud en Brasil tras más de 300 años de trabajo esclavo.

◁ **La torre Eiffel** en construcción

1885

LEOPOLDO II RECLAMA EL CONGO

Tras la Conferencia de Berlín sobre África, el rey Leopoldo II de Bélgica se apoderó del Congo, rico en caucho, que fue renombrado Estado Libre del Congo. Leopoldo, a diferencia de otros colonizadores europeos, dirigió la región como propiedad personal para su propio beneficio. Su administración fue infame debido a su brutalidad excesiva, el trabajo forzado y la tortura y el asesinato de congoleños.

▷ **Leopoldo II**

1889

INAUGURACIÓN DE LA TORRE EIFFEL

Alzándose a 312 m sobre París, la torre Eiffel fue presentada en la Exposición Universal para conmemorar el centenario de la Revolución Francesa. Diseñada por el ingeniero Gustave Eiffel y construida por su empresa, fue la estructura más alta de su época, y su construcción duró 22 meses. La enorme estructura de hierro forjado fue criticada por público y artistas, pero al abrir fue un éxito inmediato, atrayendo a casi 12 000 visitantes al día.

1889
EXPANSIÓN IMPERIAL EN ÁFRICA

El control europeo sobre África creció rápidamente cuando Italia colonizó Eritrea y Reino Unido afianzó su control sobre el sur del continente. La expansión fue liderada por especuladores como el polémico imperialista Cecil Rhodes: tras obtener una concesión para su Compañía Británica de Sudáfrica, amplió el territorio bajo control británico, luego nombrado Rhodesia por él mismo, y obtuvo derechos para la extracción de mineral de líderes como el rey Lobengula del pueblo ndebele.

◁ **Cecil Rhodes,** caricaturizado como codicioso imperialista (revista *Punch*)

1889

1889 **Socialistas de 20 países** se reúnen en París para la Segunda Internacional.

1889 **Japón adopta la constitución Meiji,** que introduce algunas reformas políticas.

1889 **La periodista estadounidense Nellie Bly** da la vuelta al mundo en 72 días.

Entre 1913 y 1927, las fábricas de Ford producen más de 15 millones del Modelo T.

1886-1908
INICIOS DEL AUTOMOVILISMO

Los primeros coches de motor eran caros, pero la llegada de la producción en serie en 1908 redujo los precios, lo cual dio paso a la era del automóvil.

1886 **El ingeniero alemán Karl Benz** patenta el primer automóvil propulsado por gasolina. Con su motor de cuatro tiempos y sus tres ruedas de radios, fue el primer coche viable.

1890 **Los franceses René Panhard y Émile Levassor** crean el primer coche con motor delantero. Tiene tracción a las ruedas traseras y transmisión deslizante.

1908 **El primer Modelo T de Ford** sale de la cadena de montaje. Diseñado y producido por Henry Ford, es apodado «Tin Lizzie», y es el primer coche fabricado en serie y asequible.

1891

INAUGURACIÓN DEL FERROCARRIL TRANSIBERIANO

Idea del zar Alejandro III, esta línea férrea fue diseñada para cubrir los 9198 km entre Moscú y el puerto oriental de Vladivostok. La construcción se inició desde ambos puntos en direcciones opuestas, y en ella trabajaron decenas de miles de personas. Los trenes debían cruzar el lago Baikal en transbordadores, pero en 1904 ya se había tendido la vía para circunvalarlo y completado todas las secciones, abriendo Siberia.

▷ **Ingenieros** junto al ferrocarril Transiberiano

1892

ABRE LA ISLA ELLIS

Con el creciente número de inmigrantes europeos que llegaban a Estados Unidos, fue necesario abrir un nuevo centro federal de inmigración en el puerto de Nueva York. El primer día pasaron 700 emigrantes, a los que siguieron unos 450 000 durante el resto del año. Entre ellos había judíos que escapaban de los pogromos en Rusia e italianos que huían de la pobreza. En el periodo 1900-1914 llegaron unos 1900 inmigrantes diarios.

▷ **Inmigrantes llegando** a Nueva York

1890

1891 Eugène Dubois, un paleoantropólogo neerlandés, encuentra fragmentos de hueso en Java; llama *Pithecanthropus erectus* al que será conocido como «Hombre de Java» y, luego, *Homo erectus*.

1890

MATANZA DE WOUNDED KNEE

En su reserva, y devastado por la pérdida de sus tierras y su medio de vida, el pueblo siux adoptó una ritual danza de los espíritus, creyendo que restauraría sus tierras y su cultura. El gobierno de Estados Unidos lo consideró una provocación, y envió fuerzas armadas al arroyo de Wounded Knee, en Dakota, para desarmar a los siux lakotas. Fueron asesinados entre 150 y 300 siux.

◁ **El jefe llamado Caballo Temido,** negociador después de la matanza de Wounded Knee

«Estos soldados cortan nuestra madera, matan nuestros búfalos [...], mi corazón quiere saltar del pecho.»

SANTANA, JEFE KIOWA (1867), CITADO POR DEE BROWN EN *ENTERRAD MI CORAZÓN EN WOUNDED KNEE* (1970)

1893

LLEGA EL *ART NOUVEAU*

Como reacción contra la afectación de la decoración victoriana, los arquitectos y diseñadores europeos desarrollaron un estilo llamado *art nouveau* (literalmente, «arte nuevo»). Se caracterizaba por sus fluidas líneas orgánicas, formas naturales y materiales modernos. Arquitectos como el belga Victor Horta, que diseñó la casa Tassel, popularizaron este estilo, que fue presentado en la Exposición Universal de París de 1900.

▷ **La casa Tassel,** en Bruselas (Bélgica)

1893 Francia extiende su dominio colonial sobre gran parte de África occidental.

1894

1892 Homer Plessy, un criollo de Luisiana, desafía las discriminatorias leyes «Jim Crow» al sentarse en un vagón solo para blancos.

1894 Masacre de cristianos armenios que exigen reformas dentro del Imperio otomano.

1848–1943

KATE SHEPPARD

Nacida en Liverpool, se trasladó a Nueva Zelanda con apenas veinte años. Comprometida con los derechos de las mujeres, emprendió una enérgica campaña por el voto cruzando el país, formando grupos de presión y organizando peticiones.

◁ **Monumento a Kate Sheppard,** Meri Te Tai Mangakahia y otras activistas

1893

LAS MUJERES CONSIGUEN EL VOTO EN NUEVA ZELANDA

En septiembre de 1893, las neozelandesas fueron las primeras mujeres en conseguir el derecho al voto en elecciones parlamentarias. Su éxito llegó tras una larga campaña encabezada por mujeres como Kate Sheppard, que presentó peticiones al Parlamento hasta lograr la aprobación de la ley que otorgaba el derecho al voto a las mujeres blancas y maoríes. Pero las mujeres no pudieron ser candidatas hasta 1919.

DÉCADA DE 1840-2021

VOTO PARA LA MUJER

Las mujeres han luchado mucho por el derecho al voto. En la década de 1860, en Reino Unido y Estados Unidos surgieron movimientos por el sufragio femenino vinculados a las demandas por la igualdad de la mujer. Estas sufragistas hacían campaña presentando peticiones, presionando a parlamentarios, celebrando reuniones, organizando marchas y escribiendo a la prensa, todos ellos métodos respetuosos con la ley. Con el paso del tiempo, algunas —las *suffragettes*— viraron hacia la acción directa y la desobediencia civil.

A finales del siglo XIX, la lucha flaqueaba, pero recobró fuerza en 1893, cuando las neozelandesas lograron el derecho al voto. Luego fue Australia, en 1902, y cuatro años después Finlandia: el primer país europeo. La mayoría de las mujeres lograron este derecho en el periodo de entreguerras; algunas tras cambios constitucionales o revolucionarios. Un ejemplo es Rusia, que extendió el voto a las mujeres como parte de la Revolución de Febrero de 1917.

Entre 1893 y 2021, casi todas las mujeres del mundo habían conseguido el derecho al voto, pero no siempre de forma igualitaria: la edad, la posesión de bienes, la alfabetización o la etnicidad pueden restringir derechos. En España, el derecho al voto de la mujer fue reconocido en la Constitución republicana de 1931; la dictadura de Franco (1939-1975) anuló tal derecho, que se recuperó con la democracia en 1976.

MOMENTOS CLAVE

1893 Emitir el voto
Las neozelandesas fueron las primeras en poder votar, en 1893; otras tuvieron que esperar mucho más. En Kuwait, las mujeres no pudieron votar hasta 2005, y en Arabia Saudí (izda.), hasta 2015, y solo en elecciones municipales.

1903 Militancia creciente
En Reino Unido, desde 1903, las *suffragettes*, miembros de la Unión Social y Política de Mujeres (WSPU), liderada por Emmeline Pankhurst (izda.), recurrieron a la militancia activa: irrumpían en las cámaras del Parlamento, se encadenaban a las verjas y rompían ventanas. Unas mil fueron encarceladas.

1917 Participación política
El acceso a cargos políticos llegó para las mujeres más tarde que el derecho al voto. La primera mujer elegida al Parlamento de una nación independiente fue Jeannette Rankin (izda.), que entró en la Cámara de Representantes de Estados Unidos en 1917. Hoy son visibles muchas mujeres en política, pero en menor cantidad que hombres.

En Estados Unidos, la lucha por el voto de las mujeres empezó en 1848. En 1890, la Asociación Nacional Americana por el Sufragio de la Mujer (NAWSA), principal grupo activista, se manifestaba y ejercía presión en el Tribunal Supremo. El voto se concedió en 1920, pero la mayoría de las afroamericanas e indígenas fueron excluidas.

1895

VICTORIA JAPONESA EN WEIHAIWEI

La dinastía Qing china luchó contra Japón por la supremacía sobre aguas coreanas. Los japoneses lograron una rápida serie de victorias y, en febrero de 1895, y destruyeron la flota china en Weihaiwei. La guerra acabó en abril con la firma del Tratado de Shimonoseki. Japón ganó influencia sobre Corea, se anexionó Formosa (hoy Taiwán) y se convirtió en la fuerza dominante en Asia oriental.

▷ Batalla de Weihaiwei

1895

1895 Revolucionarios cubanos se alzan contra el gobierno colonial español.

1895 Tropas británicas a las órdenes de Starr Jameson entran en el Transvaal en un intento fallido de derrocar al gobierno bóer.

1895 El ingeniero italiano Guglielmo Marconi inventa el telégrafo sin hilos.

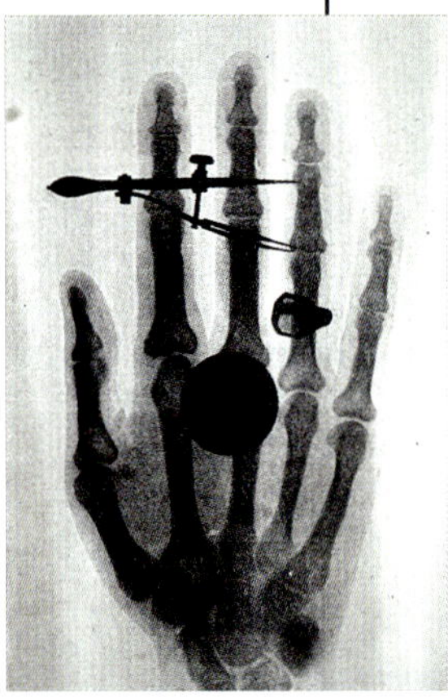

▷ Radiografía de Röntgen

1895

DESCUBRIMIENTO DE LOS RAYOS-X

Mientras experimentaba con rayos catódicos, el físico alemán Wilhelm Röntgen descubrió un tipo de radiación que solo era bloqueada por materiales densos. Al proyectar esos rayos a través de un objeto sobre una placa fotográfica, producía una imagen sombreada de las zonas densas. Experimentando con partes del cuerpo, observó que los rayos, que él llamó «X» por ser desconocidos, atravesaban la carne pero dejaban la sombra de los huesos, que se hacían claramente visibles.

1896

ETIOPÍA COMBATE A ITALIA

Los intereses italianos en África habían crecido desde 1895: había colonizado Eritrea y deseaba controlar una Etiopía golpeada por el hambre. Por el Tratado de Wichale, Italia proponía convertir Etiopía en un protectorado. El emperador Menelik II rechazó el tratado, movilizó sus tropas y derrotó a los italianos en Adua. Etiopía se mantuvo como única nación africana que evitaba la colonización europea.

◁ El emperador Menelik II observa la batalla de Adua

▽ Estadio olímpico de Atenas, en 1896

1896

PRIMEROS JUEGOS OLÍMPICOS MODERNOS

El Comité Olímpico Internacional (COI) revivió una versión moderna de los juegos olímpicos antiguos, que organizó en Atenas. Participaron atletas masculinos de todo el mundo (pero, sobre todo, de Europa, Chile, Australia y Estados Unidos), compitiendo en deportes como atletismo, tiro, gimnasia, ciclismo y esgrima.

En los primeros Juegos Olímpicos modernos participaron 241 atletas.

1896 **El Tribunal Supremo de Estados Unidos** respalda la segregación racial en lugares públicos en el caso Plessy contra Ferguson.

1897 **Grecia y el Imperio otomano** van a la guerra por el estatus de Chipre.

1899 **Sigmund Freud,** neurólogo austriaco, publica *La interpretación de los sueños.*

1899

1898 **La física Marie Curie** aísla los elementos radiactivos polonio y radio.

1867-1934

MARIE CURIE

Nacida en Polonia como Maria Skłodowska, la física Marie Curie fue famosa por su obra pionera sobre radiactividad. Descubrió el radio y el polonio, y en 1903 obtuvo el Nobel de Física junto con su marido, Pierre Curie.

1898

ESTADOS UNIDOS DECLARA LA GUERRA A ESPAÑA

Las tensiones entre Estados Unidos y España por Cuba crecieron cuando el acorazado *Maine* de Estados Unidos explotó en el puerto de La Habana. Culpando a España, Estados Unidos envió tropas para apoyar la lucha de Cuba por su independencia. España capituló diez semanas después. Cuba obtuvo la independencia, aunque Estados Unidos mantuvo en la isla tropas que acabarían ocupando el país en 1902.

△ **Caballería de Estados Unidos** en acción en Cuba

«La interpretación de los sueños es un camino real al conocimiento de las actividades inconscientes de la mente.»

SIGMUND FREUD, *LA INTERPRETACIÓN DE LOS SUEÑOS* (1900)

1900
REBELIÓN DE LOS BÓXERS

En 1900, las grandes potencias europeas habían extendido su influencia a través de China. Incitados por el resentimiento, los miembros de una sociedad semiclandestina china —la Sociedad de los Puños Rectos y Armoniosos—, llamados bóxers por los occidentales, encabezaron un levantamiento en el norte de China, matando a diplomáticos, civiles y misioneros cristianos, y destruyendo propiedades extranjeras. Asediaron la capital Pekín, hasta que una alianza de fuerzas internacionales rompió el asedio y aplastó el levantamiento.

▷ **Tropas aliadas en el asalto a Pekín,** por Torajirō Kasai

1900

1900 Los asante de África occidental se alzan contra la ocupación británica, pero son reprimidos.

1901 El inventor italiano Guglielmo Marconi envía la primera transmisión de radio a través del Atlántico.

1900
PRIMER VUELO DE UN ZEPELÍN

Después de años de planificación, el LZ-1, primera aeronave del inventor alemán Ferdinand von Zeppelin, se eleva desde un hangar flotante sobre el lago Constanza. Formado por un armazón cilíndrico rígido con 17 celdas de gas en su interior e impulsado por un motor de combustión interna, el LZ-1 medía 128 m de largo. Era dirigido por timones de proa y popa. Su vuelo inaugural duró 17 minutos. En 1909, Von Zeppelin desarrolló el LZ-6, que transportaba 20 pasajeros en vuelos de paseo.

◁ **El primer zepelín**

1904
JAPÓN Y RUSIA EN GUERRA

Las tensiones ruso-japonesas habían aumentado debido a la rivalidad sobre Corea y Manchuria. Japón declaró la guerra tras un ataque sorpresa a la flota rusa en Port Arthur (Manchuria). Las fuerzas japonesas derrotaron a las rusas en una serie de batallas terrestres y navales, y acabaron por destruir la flota rusa en el estrecho de Tsushima, finalizando la guerra en 1905. Japón obtuvo Port Arthur y, en 1910, ocupó Corea.

▷ **Batalla naval del estrecho de Tsushima** (ilustración de un periódico italiano)

1904 Los pueblos herero y nama se rebelan contra el dominio imperial alemán en África del Suroeste (Namibia); son reprimidos brutalmente.

1904

1904 Estados Unidos comienza la construcción del canal de Panamá, que concluirá en 1914.

△ **Certificado de licenciamiento** de la guerra de los Bóeres

1902
ACABA LA SEGUNDA GUERRA DE LOS BÓERES

Tras más de dos años de combates entre británicos y bóeres por el control del Transvaal y el Estado Libre de Orange, la guerra acabó con la victoria de los británicos. Los bóeres tuvieron victorias iniciales, sitiando Ladysmith, Kimberley y Mafeking en 1900. Sin embargo, las tropas británicas rompieron el asedio y ejecutaron una política de «tierra quemada», destruyendo las granjas bóeres y encerrando a las familias desposeídas en campos de concentración.

1903-1958
VUELO CON MOTOR

Los inventores de aeronaves tuvieron poco éxito hasta los primeros años del siglo xx. En la década de 1920, los vuelos de pasajeros habían empezado.

1903 Orville y Wilbur Wright consiguen el primer vuelo sostenido en una nave más pesada que el aire; dura 12 segundos.

1915 El primer aeroplano metálico, diseñado por el ingeniero Hugo Junkers, alcanza una velocidad de 170 km/h.

1939 El ingeniero Hans von Ohain instala un motor a reacción en el avión Heinkel He 178, el primer avión a reacción del mundo.

1958 El Boeing 707 establece el diseño de los aviones de pasajeros. Con cuatro motores, puede llevar a 190 pasajeros entre continentes.

◁ Combate en Mahenge

1905

REBELIÓN EN ÁFRICA ORIENTAL

Tras años de opresión y trabajo forzado, los africanos en el África Oriental Alemana (Tanzania) se rebelaron. Guerreros armados con arcos y lanzas atacaron guarniciones y destruyeron cultivos. La rebelión se extendió, reuniendo a 20 grupos étnicos distintos, y llegó al clímax en Mahenge, donde varios miles de guerreros maji maji atacaron sin éxito una fortaleza alemana. Para 1907, la rebelión había sido aplastada y habían muerto unos 75 000 africanos.

1879-1955

ALBERT EINSTEIN

Einstein, uno de los más grandes físicos teóricos de la historia, desarrolló dos teorías de la relatividad, la especial y la general, que revolucionaron la comprensión del espacio, el tiempo, el movimiento y el universo.

1905

1905 **El físico de origen alemán Albert Einstein** publica su teoría de la relatividad especial.

1906 **La ciudad de San Francisco** sufre un terremoto devastador que mata a unas 2000 personas.

1906 **Upton Sinclair expone** en su novela *La jungla* las terribles condiciones de trabajo en la industria cárnica de Estados Unidos.

1905

REVOLUCIÓN EN RUSIA

En Rusia estallaron protestas avivadas por el descontento con el régimen autocrático del zar, las dificultades económicas y la humillación de Rusia en la guerra ruso-japonesa. Cuando las tropas dispararon sobre manifestantes desarmados, parte del ejército se unió a las revueltas, y los marinos se amotinaron en el acorazado *Potemkin*. Los revolucionarios establecieron sóviets (consejos) hasta que el zar Alejandro II aceptó reformas y el establecimiento de una asamblea legislativa electa, o Duma.

△ La Revolución Rusa de 1905, representada en un cartel

El terremoto de San Francisco de 1906 dejó sin hogar a más de 225 000 personas.

1907

LLEGA EL CUBISMO

El pintor español Pablo Picasso y el francés Georges Braque impulsaron un nuevo enfoque artístico conocido como cubismo. Influidos por la obra de Paul Cézanne, abandonaron la idea tradicional de un único punto de vista para combinar múltiples perspectivas de su sujeto en una imagen de formas abstractas, como en *Las señoritas de Aviñón*, de Picasso. El cubismo tuvo un impacto enorme en el desarrollo del arte en el siglo XX.

▷ ***Las señoritas de Aviñón***, de Pablo Picasso

1906 La anarquista lituana Emma Goldman lanza en Estados Unidos la revista *Mother Earth*.

1909

1909 *Suffragettes* encarceladas en Reino Unido inician una huelga de hambre y son alimentadas por la fuerza.

1906

CARRERA ARMAMENTISTA NAVAL EN AUGE

A partir de 1898, el káiser Guillermo II se propuso convertir Alemania en una gran potencia militar. Ordenó al almirante Tirpitz la creación de una flota que rivalizara con la británica, la más poderosa del mundo en esa época. Tirpitz se concentró en el desarrollo de naves que compitieran con los acorazados británicos, enormes naves con armamento pesado. Considerando a Alemania una amenaza, Reino Unido también construyó más buques de guerra. La tensión en Europa aumentó a la vez que lo hacía la carrera de armamento naval.

◁ **Almirante Alfred von Tirpitz**

△ **Bandera** de los Jóvenes Turcos

1908

LOS JÓVENES TURCOS EXIGEN REFORMAS

Un grupo integrado por liberales, estudiantes y revolucionarios, conocido como Jóvenes Turcos, exigieron el fin del absolutismo en el Imperio otomano. Se rebelaron contra el sultán Abdulhamid II, que había disuelto el Parlamento y suprimido la disensión. El movimiento se expandió, atrayendo a funcionarios y oficiales del ejército, marchó sobre Estambul, y obligó al sultán a restablecer el Parlamento.

△ **Pancho Villa** y sus guerrilleros

1910

REVOLUCIÓN MEXICANA

Bajo el dictador mexicano Porfirio Díaz, la pobreza se apoderó del país y la oposición fue aplastada. El reformista Francisco Madero se presentó a las elecciones contra él, pero fue encarcelado. Tras fugarse, llamó a la revolución armada, y tropas de guerrilleros campesinos, lideradas por Emiliano Zapata y Pancho Villa atacaron a los terratenientes, tomaron pueblos y combatieron a las tropas presidenciales. Díaz fue depuesto, y Madero fue nombrado presidente en 1911.

1912

HUNDIMIENTO DEL TITANIC

Terminado en 1911, el RMS *Titanic* era el trasatlántico más grande y lujoso del mundo. Con 16 compartimentos estancos en el casco, se suponía insumergible. Sin embargo, en el cuarto día de su viaje inaugural entre Southampton y Nueva York, colisionó con un gran iceberg que desgarró su banda de estribor. En menos de tres horas el *Titanic* se hundía con sus 1500 ocupantes.

△ Cartel promocional del *Titanic*

1910

1911 El noruego Roald Amundsen es el primer hombre en alcanzar el polo sur, batiendo al británico Robert Scott.

1910 El activista afroamericano William Edward Burghardt Du Bois es uno de los fundadores de la Asociación Nacional para el Progreso de las Personas de Color.

1911 Redescubrimiento de la ciudad inca de Machu Picchu por el arqueólogo estadounidense Hiram Bingham.

1911

DERROCAMIENTO DE LA DINASTÍA QING

Tras más de 2000 años, la China imperial llegó a su fin cuando las fuerzas nacionalistas derrocaron a la dinastía Qing manchú. Ello fue producto del creciente malestar en China cuando grupos revolucionarios y nacionalistas protestaron contra la corrupción, el conservadurismo y la incapacidad de la dinastía Qing para impedir la intervención extranjera. El partido Kuomintang, liderado por Sun Yat-sen, organizó un alzamiento que desencadenó las revueltas. Los nacionalistas declararon la república, el emperador Qing abdicó y Sun Yat-sen se convirtió en presidente provisional.

◁ **Postal** con líderes y escenarios de la revolución

1914

ESTALLA LA PRIMERA GUERRA MUNDIAL

El 28 de junio de 1914, Gavrilo Princip, nacionalista serbio, asesinó al archiduque Francisco Fernando, heredero al trono austriaco. Como represalia, Austria declaró la guerra a Serbia, y las alianzas existentes hicieron que otras naciones entraran en el conflicto. Rusia se movilizó en apoyo de Serbia; Alemania declaró la guerra a Rusia y a su aliada, Francia. Tropas alemanas invadieron Bélgica, y Reino Unido, comprometido con la defensa de la neutralidad belga, declaró la guerra a Alemania y Austria el 4 de agosto. Había empezado la Primera Guerra Mundial. Colonias británicas, francesas y alemanas de todo el mundo se unieron también a la contienda.

▷ El archiduque Francisco Fernando

1912 Fundación del Congreso Nacional Nativo Sudafricano, precursor del Congreso Nacional Africano (ANC, por sus siglas en inglés).

1913 Las mujeres rusas celebran el Día Internacional de la Mujer el 8 de marzo; se convierte en un acto anual.

1913 Estalla el conflicto entre la Liga Balcánica (Grecia, Serbia, Montenegro y Bulgaria) y el Imperio otomano.

1914

1914

LOS ALIADOS FRENAN EL AVANCE ALEMÁN

Con la intención de eliminar rápidamente a Francia de la guerra, tropas alemanas se extendieron por Bélgica y el noreste de Francia. En lugar de rodear París, persiguieron a los franceses en retirada hasta el río Marne donde, en el primer gran enfrentamiento de la guerra, franceses y británicos montaron una contraofensiva que hizo retroceder a los alemanes. Ambos bandos empezaron a cavar trincheras y, para Navidad, estaban en tablas a lo largo de una línea (el Frente Occidental) que se extendía de la costa de Bélgica a la frontera suiza.

△ **Soldados alemanes** en una trinchera

Unos 65 millones de hombres combatieron en la Primera Guerra Mundial; unos 8,5 millones de ellos murieron, y 21,2 millones resultaron heridos.

1917

FRACASA LA OFENSIVA EN YPRES

El 31 de julio, los aliados iniciaron un asalto sobre las líneas alemanas en torno al saliente de Ypres. El objetivo era cruzarlas, llegar a los puertos belgas y capturar los submarinos alemanes. La ofensiva fracasó: los bombardeos y la lluvia convirtieron el terreno en un lodazal con aguas lo bastante profundas para ahogar a un hombre. En noviembre, las fuerzas aliadas tomaron Passchendaele, a 7 km, y la ofensiva fue cancelada. Murieron unos 580 000 soldados.

▷ **Soldados australianos** cruzan un paisaje devastado en Ypres

«Yo morí en el infierno. Ellos lo llamaron Passchendaele.»

SIEGFRIED SASSOON, POETA BRITÁNICO (OCTUBRE DE 1918)

1915

1915 Seis millones de afroamericanos migran al norte para trabajar en la industria bélica.

1915 Se celebra en La Haya (Países Bajos) el I Congreso Internacional de Mujeres por la Paz.

1915 Italia declara la guerra a Austria-Hungría y entra en la Primera Guerra Mundial en el bando aliado.

1916 Republicanos irlandeses se alzan contra el gobierno británico; la rebelión es sofocada brutalmente.

△ La batalla de Verdún

◁ **Maxim 303 MkII,** ametralladora de la Primera Guerra Mundial

1916

TROPAS FRANCESAS Y ALEMANAS COMBATEN POR VERDÚN

La batalla más larga de la Primera Guerra Mundial empezó el 21 de febrero, cuando fuerzas alemanas bombardearon la ciudad fortificada de Verdún. Los franceses se vieron obligados a retroceder, pero respondieron: bajo bombardeos y fuego de ametralladora constante, la batalla continuó durante diez meses. Cuando acabaron los combates en diciembre, habían muerto más de 700 000 hombres.

1917
DERROCAMIENTO DEL ZAR

La Revolución Rusa estalló en febrero, cuando los manifestantes tomaron las calles de Petrogrado pidiendo pan y paz. El ejército, que había sufrido terribles pérdidas en la guerra, apoyó a los trabajadores. El zar Nicolás tuvo que abdicar, y los mencheviques, un partido obrero moderado, formaron gobierno. En octubre, los bolcheviques, comunistas revolucionarios, tomaron el palacio de Invierno y se hicieron con el poder. Con Vladímir Lenin, Rusia se convertía en la Unión Soviética, primer Estado comunista del mundo.

△ Cartel de propaganda soviético de 1917

1919
MASACRE EN AMRITSAR

Al menos 379 indios desarmados fueron asesinados por tropas bajo mando británico en Jallianwala Bagh, un parque de la ciudad santa de Amritsar, en la región del Punyab. Preocupadas por el auge del nacionalismo, las autoridades británicas habían prohibido las reuniones públicas, pero, ignorantes de ello, miles de punyabíes acudieron al parque para un festival. Las tropas británicas, a las órdenes del general Reginald Dyer, abrieron fuego. La masacre causó indignación y aumentó las exigencias nacionalistas por la independencia de India.

◁ Monumento a los muertos y heridos en Jallianwala Bagh (India)

1917 Estados Unidos entra en la Primera Guerra Mundial al declarar la guerra a Alemania y enviar tropas a Francia.

1919 Benito Mussolini, periodista y político italiano, crea el núcleo del futuro Partido Nacional Fascista.

1919

1917 El gobierno británico manifiesta su apoyo a la creación de un Estado judío en Palestina.

1919 Durante el Verano Rojo estallan en Estados Unidos más de 30 disturbios raciales en respuesta a linchamientos y leyes segregacionistas.

△ **Celebración del armisticio** en Estados Unidos

1918
PRIMERA GUERRA MUNDIAL: ARMISTICIO

A las 11.00 del 11 de noviembre de 1918, tras más de cuatro años de guerra y millones de muertos, las armas del mundo guardaron silencio. Bulgaria, Austria-Hungría y Turquía habían sido derrotadas en octubre. Alemania seguía en la lucha, pero el sentimiento antibélico en el país era intenso. El káiser abdicó, Alemania admitió la derrota y, el 11 de noviembre, las delegaciones alemana y aliada firmaron un armisticio, o alto el fuego, en Compiègne (Francia). La noticia se difundió a todo el mundo en minutos.

1919
FIN DE LA PRIMERA GUERRA MUNDIAL

La guerra terminó formalmente con el Tratado de Versalles, que se firmó el 28 de junio de 1919 y entró en vigor en enero de 1920. El tratado encerró controversias, ya que fue fraguado por Reino Unido, Francia, Italia y Estados Unidos (los «Cuatro Grandes»), mientras que Alemania tuvo que aceptar la culpa de la guerra y fue obligada a pagar inmensas indemnizaciones a los aliados. Alemania perdió todas sus colonias de ultramar, y su ejército fue drásticamente reducido.

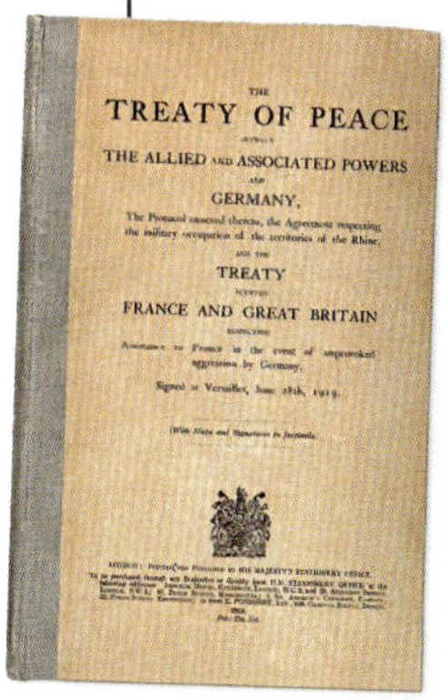

△ Portada del Tratado de Versalles

1920
ENTRA EN VIGOR LA LEY SECA EN ESTADOS UNIDOS

Como consecuencia de la presión de los movimientos cristianos por la temperancia (abstinencia) y la Liga Antitabernas, se impuso en Estados Unidos la prohibición sobre la fabricación, venta y transporte de «licores embriagadores» (bebidas alcohólicas). La prohibición supuso un auge del crimen organizado, que compitió por la fabricación y venta ilegal de alcohol y por la explotación de bares clandestinos.

◁ **La policía supervisa** la eliminación de alcohol ilegal

1920

1920 El consejo de la Sociedad de Naciones celebra su primer encuentro en París.

1921 Marie Stopes abre en Londres la primera clínica de planificación familiar británica.

1922 El fascista Benito Mussolini marcha sobre Roma y se convierte en primer ministro de Italia.

1920 La Asociación Universal de Desarrollo Negro (UNIA), creada en 1914 por el jamaicano Marcus Garvey, organiza su primer congreso internacional, en Nueva York.

1921 Charlie Chaplin estrena en Estados Unidos su primer largometraje, *El chico*.

1921
HAMBRUNA EN RUSIA

Una devastadora hambruna asoló la Rusia soviética, llevándose más de cinco millones de vidas. La grave sequía produjo una escasez de alimentos que fue exacerbada por el impacto de la Revolución de 1917 y la guerra civil subsiguiente. Enfrentado a revueltas antibolcheviques en Kronstadt y otros lugares, Lenin se vio obligado a pedir ayuda extranjera. Retractándose de la aplicación estricta de la economía comunista, introdujo una Nueva Política Económica con elementos de libre mercado.

△ **Cartel soviético** que exhorta al pueblo a recordar el hambre

1870-1924
VLADÍMIR ÍLICH ULIÁNOV (LENIN)

Lenin, marxista revolucionario, fundó el Partido Bolchevique. Tras ocupar el poder en 1917, gobernó como un dictador. Suprimió la oposición, nacionalizó bancos e industria y redistribuyó la tierra.

> «Queremos lograr un orden social nuevo y mejor [...], no debe haber ni ricos ni pobres.»

LENIN, A LOS CAMPESINOS POBRES, EN *OBRAS ESCOGIDAS* (1903)

1923
HUNDIMIENTO DEL MARCO ALEMÁN

Las duras indemnizaciones impuestas a Alemania después de la Primera Guerra Mundial culminaron en 1922 cuando el país fue incapaz de cumplir los pagos, lo que provocó que tropas francesas y belgas ocuparan el Ruhr, corazón industrial de Alemania. La economía se hundió, el gobierno imprimió billetes en exceso y el valor del marco se desplomó, quedando prácticamente sin valor.

▷ **Billete de 100 000** marcos impreso en 1923

En 1922, una barra de pan costaba en Alemania 163 marcos; en 1923, 200 000 000 marcos.

1922 Howard Carter, arqueólogo británico, descubre la tumba del faraón egipcio Tutankamón.

1923 El General Primo de Rivera derroca al gobierno español y toma el poder como dictador, bajo la monarquía, hasta 1930.

1924

1924 El compositor estadounidense George Gershwin escribe *Rhapsody in Blue*.

△ **Firmantes** del Tratado Anglo-Irlandés

1922
FORMACIÓN DEL ESTADO LIBRE IRLANDÉS

Tras años de lucha entre el Ejército Republicano Irlandés (IRA) y fuerzas británicas, el Tratado Anglo-Irlandés creó el Estado Libre Irlandés dentro del Imperio británico. Los seis condados de Irlanda del Norte seguían siendo parte del Reino Unido. El tratado dividió al movimiento republicano y condujo a una guerra civil.

◁ **Kemal Ataturk,** primer presidente de la República de Turquía

1923
TURQUÍA SE CONVIERTE EN REPÚBLICA

Tras la Primera Guerra Mundial, el Tratado de Sèvres desmanteló de hecho el Imperio otomano, concediendo grandes porciones a Francia, Grecia, Italia y Reino Unido. Los nacionalistas turcos, liderados por el general Mustafá Kemal (Ataturk), libraron varias guerras contra los ocupantes, en particular con los griegos. El último sultán otomano abdicó y Kemal, victorioso, declaró Turquía como república, con él como presidente. Posteriormente, en 1934, se le dio por ley el apellido Ataturk («padre de los turcos»).

1925
EL KKK MARCHA EN WASHINGTON D. C.

El Ku Klux Klan (KKK) fue fundado a fines de la década de 1860. Consagrado a la supremacía blanca en Estados Unidos, el KKK estableció un reinado de terror contra los esclavos negros emancipados. Ilegalizado en 1871, resurgió en 1915 y creció con rapidez. En agosto, unos 40 000 miembros, con sus uniformes blancos distintivos, marcharon sobre Washington exigiendo un país blanco y protestante.

◁ **Marcha del KKK** en Washington D. C.

1925

1926 El Congreso de la Unión de Sindicatos (TUC, en inglés) convoca la primera huelga general de la historia de Reino Unido en apoyo a los mineros. El gobierno rompe la huelga después de nueve días.

1926
INVENCIÓN DE LA TELEVISIÓN

En enero de 1926, el inventor escocés John Logie Baird hizo una demostración del primer aparato de televisión operativo. Mediante un sistema mecánico con un disco rotatorio como escáner, transmitió imágenes en movimiento desde su laboratorio en Londres a una audiencia compuesta por miembros de la Royal Institution y un periodista de *The Times*.

△ **John Logie Baird**

1925
MILLONES DE VISITAS A UNA EXPOSICIÓN DE ARTE MODERNO

La Exposición Internacional de Artes Decorativas e Industrias Modernas abierta en París exhibía arte decorativo moderno de 20 países. La exposición, que recibió 16 millones de visitantes, presentaba muestras de un nuevo estilo de diseño, el *art déco*. Se expusieron telas, cerámicas, diseños de interior, arquitectura y vidrio, todo ello caracterizado por los atrevidos colores y las formas geométricas del nuevo estilo.

◁ **Cartel promocional** que anuncia la exposición de 1925

▽ El *Spirit of St Louis,* aeroplano de Charles Lindbergh

1927

LINDBERGH CRUZA EL ATLÁNTICO EN SOLITARIO

El aviador estadounidense Charles Lindbergh voló en mayo desde Nueva York a París, convirtiéndose en la primera persona en completar un vuelo trasatlántico en solitario sin escalas. Su avión *Spirit of St. Louis* fue azotado por fuertes vientos y lluvia. Lindbergh cubrió el viaje de 5793 km en 33 horas y 30 minutos. Más de 100 000 personas esperaban para verle aterrizar.

1928 **La estadounidense Amelia Earhart** es la primera mujer que cruza el Atlántico en aeroplano.

1928 **El médico escocés** Alexander Fleming descubre la penicilina.

1928 **El Kuomintang** (partido nacionalista chino) dirigido por Chiang Kai-shek toma Pekín y establece un gobierno nacional.

1929

1928 **En la Unión Soviética,** Stalin ordena la colectivización de la agricultura según un programa de cambio económico radical.

▽ ***El cantante de jazz,*** póster promocional

1927

LLEGA EL CINE SONORO

El cine cambió para siempre cuando la audiencia pudo oír sonido grabado junto con las imágenes. Se vio primero en una filmación del despegue del vuelo de Charles Lindbergh (arriba). Sin embargo, la que consiguió mayor popularidad fue la primera película hablada: *El cantante de jazz*, con Al Jolson como protagonista.

▽ **Un agente de bolsa** vende su coche

1929

EL CRAC DE WALL STREET

Tras un periodo de especulación tras la Primera Guerra Mundial, el precio de las acciones titubeó. El 24 de octubre —el «Jueves Negro»—, el mercado se hundió, lo que fue seguido por los desplomes del 28 y 29 de octubre. En una semana, las pérdidas fueron de 30 000 millones de dólares (diez veces el presupuesto del país). Miles de inversores se arruinaron, y el crac dio inicio a una depresión económica mundial.

1916-1929
LA ERA DEL JAZZ

La década posterior al final de la Primera Guerra Mundial se ha llamado la «era del jazz» o los «locos años veinte». Fue un periodo de intenso cambio social y cultural en el que los jóvenes se giraron hacia el ocio y el placer, adoptando nuevas modas, bailes y músicas, y, en particular, el jazz. Surgida en Nueva Orleans, la cultura del jazz se popularizó en Estados Unidos, y luego en Londres, París, Singapur y otras ciudades. Se difundió una relajación de las restricciones sociales y un sentimiento optimista de libertad. Las mujeres, en particular, abrazaron la nueva era como continuación de las mejoras en las libertades sociales producidas durante la Gran Guerra y del buen resultado del movimiento sufragista. Liberándose de estereotipos de dependencia y fragilidad, la mujer avanzó hacia una mayor independencia, implicación pública y libertad sexual. Apareció la «nueva mujer»: vestida con falda corta y corte de pelo *bob*, fumaba cigarrillos y rechazaba las convenciones.

En Estados Unidos, la era del jazz coincidió con la «ley seca» —la prohibición sobre el alcohol—, y los jóvenes acudieron en masa a los bares clandestinos y las salas de baile para beber alcohol ilegal, permitiendo que gánsteres como Al Capone sacaran inmensos beneficios de su contrabando. Gracias a los avances tecnológicos en grabación, cine y radio, el entretenimiento popular también floreció. La era del jazz llegó a su fin en 1929, cuando el crac de Wall Street anunció una década de depresión económica.

MOMENTOS CLAVE

1916-1917 El jazz viaja al norte
Las penosas condiciones económicas y la discriminación impulsaron la emigración de millones de afroamericanos del Sur rural. Durante los años siguientes, músicos tales como Louis Armstrong (izda.) llevaron el jazz a Chicago y Nueva York, y luego a París y Londres.

1918 El Renacimiento de Harlem
Desde 1918, Harlem, en Manhattan, fue un foco principal de la cultura negra en Estados Unidos. A través de literatura, música, teatro y baile, poetas como Langston Hughes y artistas como Josephine Baker (izda.) llevaron la cultura negra a conocimiento del público.

1925 *El gran Gatsby*
Con su estilo de vida vertiginoso, el escritor Scott Fitzgerald y su esposa Zelda (izda.) personificaron el espíritu de la época. La novela de Fitzgerald *El gran Gatsby* (1925) retrató tanto la ostentación como la fragilidad de la era del jazz.

El charlestón se convirtió en el baile más popular de Estados Unidos en la era del jazz. Danza de movimiento rápidos, implicaba balancear los brazos y patear con los pies. Otros bailes populares fueron el *lindy hop* y el *black bottom*; todos tenían sus raíces en la música de las comunidades afroamericanas.

«La victoria obtenida con violencia es equivalente a una derrota, porque es momentánea.»

MOHANDAS GANDHI, FOLLETO *SATYAGRAHA* Nº. 30 (1919)

▽ **Mohandas Gandhi** en la marcha de la sal

1930

MARCHA DE LA SAL DE GANDHI

Con su estrategia de desobediencia civil no violenta, que llamó *satyagraha* («insistencia en la verdad»), Mahatma Gandhi lideró a miles de hindúes en una protesta contra el gobierno británico en India. Una campaña se orientó a las «leyes de la sal», que imponían impuestos sobre esta y prohibían a los indios elaborarla. En la marcha de la sal, Gandhi y cientos de acompañantes anduvieron 390 km de su casa de meditación *(ashram)* junto al río Sabarmati, en Guyarat, a la costa, donde —desafiando la ley— los caminantes recogieron sal del mar.

1930

1931 El rey de España Alfonso XIII abdica y se exilia; se crea la Segunda República española.

◁ **Fuerzas japonesas** de ocupación en Manchuria

1931

FUERZAS JAPONESAS INVADEN MANCHURIA

Ante la preocupación de que China amenazara la influencia de Japón en Manchuria, tropas japonesas la invadieron en septiembre. Lo justificaron afirmando que los nacionalistas chinos habían dinamitado el ferrocarril de propiedad japonesa. Tras tomar la ciudad de Mukden (hoy Shenyang) y ocupar Manchuria, Japón ignoró la condena de la Sociedad de Naciones y estableció un gobierno títere bajo Pu Yi, último emperador de China, que había sido destronado en 1912.

1931

INAUGURACIÓN DEL EMPIRE STATE

Con sus 443 m de altura, el edificio Empire State, el más alto del mundo en su época, fue inaugurado oficialmente el 1 de mayo de 1931. Había ocupado a más de 3500 trabajadores, muchos de ellos inmigrantes irlandeses e italianos, durante 18 meses. En su inauguración, el presidente Herbert Hoover encendió las luces pulsando un botón desde Washington D.C.

△ **El edificio Empire State,** en Manhattan (Nueva York)

1933

ADOLF HITLER ES ELEGIDO CANCILLER

Con la promesa de restaurar el orgullo nacional de Alemania, los nacionalsocialistas (nazis) dirigidos por Adolf Hitler ganaron escaños en el gobierno, y él mismo fue designado canciller. Poco tiempo después se produjo el incendio del Reichstag, del que Hitler culpó a los comunistas, a fin de poder declarar el estado de emergencia e imponer una dictadura unipartidista. Impulsados por la creencia en una raza aria pura, los nazis sabotearon negocios judíos, quemaron libros considerados antialemanes y aplastaron violentamente toda oposición.

▷ **Adolf Hitler** entre una multitud de seguidores

1932 La guerra del Chaco, una disputa territorial, estalla entre Bolivia y Paraguay.

1933 Anarcosindicalistas españoles se sublevan en diversos puntos del país en protesta por las condiciones de vida de los trabajadores.

1933 Franklin D. Roosevelt, recién elegido presidente de Estados Unidos, introduce el *New Deal*, su programa de estímulo económico.

1934

△ **El Medio Oeste de Estados Unidos** fue golpeado por la sequía

1932

LA GRAN DEPRESIÓN SE INTENSIFICA

A inicios de la década de 1930, la depresión económica se había extendido por el mundo. En Estados Unidos estaban sin trabajo 15 millones de personas; en Alemania, 5 millones. La pobreza era generalizada, los comedores de beneficencia eran habituales, y, en Estados Unidos, la ausencia de asistencia pública llevó a miles de personas a quedarse sin hogar. Varias sequías y tormentas de polvo en el Medio Oeste expulsaron a los granjeros de sus tierras, exacerbando el problema.

1934

MAO LIDERA LA LARGA MARCHA

Después de los intentos del Kuomintang (partido nacionalista chino) de expulsar a los comunistas de la provincia de Jiangxi, Mao Zedong llevó al Ejército Rojo hacia el oeste, con la esperanza de hallar una base segura. Unas 100 000 personas marcharon a lo largo de unos 9700 km hasta Yan'an, en la provincia de Shaanxi, donde Mao estableció una base comunista. Solo unos 7000 soldados de la fuerza original llegaron a Yan'an.

△ La Larga Marcha

△ **Clasificación de categorías raciales** según las Leyes de Núremberg

1935

ALEMANIA INTRODUCE LAS LEYES DE NÚREMBERG

En un mitin en Núremberg, el Partido Nazi anuncia leyes racistas que otorgan la ciudadanía solo a las personas «de sangre alemana o emparentada», y prohíben el matrimonio y las relaciones sexuales entre alemanes y judíos, leyes luego aplicadas también a gitanos y negros. Los que no se consideraban de sangre alemana fueron privados de los derechos de ciudadanía normales, y el Estado nazi y sus simpatizantes promovieron la persecución de las minorías y la segregación racista.

1935

1935 Persia pasa formalmente a llamarse Irán por iniciativa del sah.

1935

ITALIA INVADE ETIOPÍA

El líder fascista italiano Mussolini envió 200 000 soldados a una guerra de conquista contra Etiopía desde sus colonias vecinas, Eritrea y la Somalia italiana. Después de 16 meses de lucha, el soberano etíope Haile Selassie tuvo que marchar al exilio, e Italia integró como colonia Etiopía, con el nombre de Abisinia. En la invasión murieron miles de etíopes.

△ **Un guerrero etíope**

1936 Revuelta palestina contra las fuerzas de ocupación británicas.

1936

COMIENZA LA GUERRA CIVIL ESPAÑOLA

Tras la victoria del Frente Popular (de izquierdas) en las elecciones generales, fuerzas tradicionalistas y de la derecha dirigidas por el general Franco y otros altos mandos intentaron dar un golpe de Estado. Este fracasó inicialmente, ante la oposición de gran parte del ejército republicano y de milicias socialistas, comunistas y anarquistas. El apoyo militar de Alemania e Italia a los sublevados (los nacionales) llevó a una guerra civil que duró casi tres años, y el bando nacional se impuso finalmente al republicano en 1939. Franco permanecería en el poder como dictador hasta su muerte en 1975.

△ **Cartel republicano** por la unidad contra los sublevados

△ **Infantería japonesa** en una campaña en China

1937
GUERRA ENTRE CHINA Y JAPÓN
Establecida ya su presencia en Manchuria desde 1931, Japón trató de extender su control a toda China con una invasión a gran escala. Los japoneses tomaron Pekín, Shanghái y Nankín, cometiendo graves atrocidades, y el gobierno chino se vio obligado a trasladarse al sur para una campaña de guerrilla que no acabó hasta la derrota japonesa en la Segunda Guerra Mundial.

1938
ALEMANIA AMENAZA A CHECOSLOVAQUIA
Las ambiciones alemanas sobre la región checa de los Sudetes, con numerosa población germanófona, llevaron a Hitler a ocuparla por la fuerza. El gobierno checoslovaco buscó la ayuda de Francia y de Reino Unido, sin que esta llegara. A la ocupación siguieron grandes manifestaciones y movilizaciones, pero eso no disuadió a Hitler.

△ **Adolf Hitler** saluda a los alemanes de los Sudetes

△ **Insignia nazi de los Sudetes**

1938

1937 El Congreso Nacional Indio gana las primeras elecciones provinciales en India.

1937 Frank Whittle construye el primer motor a reacción funcional en Inglaterra.

«Creo que es la paz para nuestra época.»

NEVILLE CHAMBERLAIN, SOBRE LOS ACUERDOS DE MÚNICH (1938)

1938
ACUERDOS DE MÚNICH
Para tratar de apaciguar a Hitler en cuanto a sus exigencias en Checoslovaquia, el primer ministro británico Neville Chamberlain y el francés Édouard Daladier volaron a Múnich para firmar un acuerdo que aceptaba la ocupación alemana de los Sudetes y establecía una comisión para determinar el futuro de otras áreas en disputa. Checoslovaquia fue desmantelada como Estado independiente. Y, seis meses después, Alemania tomó más territorios checos, creó el Protectorado de Bohemia y Moravia y convirtió Eslovaquia en un Estado satélite de Alemania.

▽ **Neville Chamberlain** al regreso de Múnich (1938)

23 agosto 1939

TRATADO DE NO AGRESIÓN NAZI-SOVIÉTICO

Un pacto inesperado entre las dos potencias hostiles permitió a ambas —al menos temporalmente— reforzarse sin temor a un ataque. Un protocolo secreto anexo a este Tratado de No Agresión definía las esferas de influencia respectivas en Polonia, los Estados bálticos y Finlandia.

△ Firma del Tratado de No Agresión nazi-soviético

1889-1945

ADOLF HITLER

Tras unirse al Partido Nazi en 1919 y abogar por una revolución nacional, Hitler llegó a ser canciller de Alemania en 1933. Ya como dictador, aplicó un programa racista y llevó al mundo a la guerra.

1939

Septiembre 1939 **El presidente Roosevelt** opta por la neutralidad de Estados Unidos, aunque favorece a los Aliados.

30 noviembre 1939 **Estalla la guerra de Invierno** al invadir la URSS la neutral Finlandia.

▽ **Tropas alemanas** en Varsovia

1 septiembre 1939

INVASIÓN ALEMANA DE POLONIA

Tras provocaciones inventadas, Hitler envió tropas a Polonia por varios frentes, empujando hacia el este a los defensores. Dieciséis días después, la URSS se unió al ataque desde el este, atrapando en una pinza a los defensores polacos. A principios de octubre, la resistencia polaca había sido superada con creces, y pronto los agresores se repartieron el país antes independiente, tal y como estipulaba el protocolo secreto del Tratado de No Agresión nazi-soviético (también llamado Pacto Ribbentrop-Mólotov, apellidos de los ministros de Asuntos Exteriores respectivos firmantes del tratado).

△ **Neville Chamberlain** se dirige a la nación

3 septiembre 1939

DECLARACIÓN DE GUERRA CONTRA ALEMANIA

La invasión alemana de Polonia desacreditó la política de apaciguamiento con la que los primeros ministros británico y francés, Neville Chamberlain y Édouard Daladier, habían tratado de asegurar la paz. Estos emitieron un ultimátum por el que, si los alemanes no se retiraban de inmediato, se declararía la guerra. Las tropas de Hitler continuaron con la conquista, y la declaración de guerra se produjo, con lo cual comenzó la Segunda Guerra Mundial.

Abril-mayo 1940

LA GUERRA RELÁMPAGO DE ALEMANIA EN EUROPA OCCIDENTAL

Después de un periodo de siete meses de guerra limitada (luego llamado «falsa guerra» o «guerra de broma»), Hitler ordenó invadir Dinamarca y Noruega, controladas en pocos meses, y después tomó Bélgica y los Países Bajos. Luego, las fuerzas alemanas se dirigieron al sur contra Francia, y a mediados de junio habían tomado París. Al poco se firmó un armisticio por el que la mayor parte del país quedó en manos alemanas.

▷ **Tropas alemanas** en París

23 marzo 1940 La Liga Musulmana Panindia reclama un Estado de Pakistán musulmán separado.

30 marzo 1940 Los invasores japoneses establecen un gobierno títere chino en Nankín.

1940

◁ **Caza británico** Supermarine Spitfire

27 septiembre 1940 Japón, Alemania e Italia forman la alianza militar de potencias de lo que se llamará el Eje.

> «Nunca en el ámbito del conflicto humano tantos debieron tanto a tan pocos.»
>
> WINSTON CHURCHILL (1940)

10 julio 1940

COMIENZA LA BATALLA DE INGLATERRA POR EL CONTROL DEL CIELO

Después de que las fuerzas terrestres británicas que se enfrentaron al avance alemán en los Países Bajos tuvieran que retirarse a Gran Bretaña desde Dunkerque, Hitler trató de dominar el espacio aéreo británico para llevar a cabo una invasión terrestre. La batalla de Inglaterra duró casi un año, durante el cual Londres y otras ciudades soportaron la campaña de bombardeos masivos, llamada *Blitz*.

22 junio 1941

ALEMANIA INVADE LA URSS

Rompiendo el Tratado de No Agresión nazi-soviético de 1939, Hitler ordenó un ataque masivo de casi tres millones de hombres a la Unión Soviética, a lo largo de un frente de 2900 km. A pesar de los éxitos iniciales, la invasión fue pronto una guerra de desgaste. Al abrir este segundo frente y obligar a la URSS a coaligarse con los Aliados, las fuerzas de Hitler se encontraron bajo una presión enorme.

◁ Cartel de propaganda soviético

1941

6 abril 1941 **Alemania invade Yugoslavia,** que tarda diez días en rendirse.

9 octubre 1941 **Comienza la investigación atómica** del Proyecto Manhattan en Estados Unidos.

7 diciembre 1941

JAPÓN BOMBARDEA PEARL HARBOR

Los líderes militares de Japón lanzaron un ataque aéreo sorpresa a la base naval estadounidense de Pearl Harbor en Hawái, cuartel general de la Flota del Pacífico. Destruyeron una docena de naves y mataron a más de 2400 militares, lo cual provocó la entrada de Estados Unidos en la guerra, del lado de los Aliados.

▷ **Buques de guerra de Estados Unidos** atacados en Pearl Harbor

1941-1945
GUERRA EN EL PACÍFICO

Los japoneses se expandieron por el Pacífico en 1941, tomaron Singapur, Rangún (capital de Birmania) y las Indias Orientales Neerlandesas.

Abril 1942 **Las tropas de Estados Unidos** que defendían Filipinas se rinden a los japoneses en la península de Bataán.

Mayo-junio 1942 **La armada de EE UU hace que se vuelvan las tornas** en el conflicto del Pacífico al derrotar a Japón en el mar del Coral y Midway.

7 agosto 1942 **El desembarco en Guadalcanal,** en las islas Salomón, inicia la ofensiva estadounidense de isla en isla en dirección a Japón.

21 junio 1945 **Fuerzas de EE UU toman Okinawa,** en el extremo sur del archipiélago de Japón, tras una larga lucha.

«Ayer, 7 de diciembre de 1941, una fecha que vivirá en la infamia [...].»

FRANKLIN D. ROOSEVELT, SOBRE EL ATAQUE DE JAPÓN A PEARL HARBOR EN UN DISCURSO ANTE EL CONGRESO (1941)

Octubre-noviembre 1942

BATALLA DE EL ALAMEIN

La lucha en el norte de África comenzó en 1940 con la entrada en la guerra de Italia. Tras éxitos aliados iniciales, el Afrika Korps alemán intervino, y la suerte del enfrentamiento fue vacilante hasta la victoria aliada decisiva en El Alamein (Egipto). En adelante, las fuerzas del Eje se vieron obligadas a retirarse, y las últimas se rindieron en Túnez en mayo de 1943.

◁ **El general británico Bernard Montgomery** en El Alamein

20 enero 1942 El Partido Nazi emprende la llamada «Solución Final», el genocidio planificado de los judíos.

1942

8 agosto 1942 El Congreso Nacional Indio lanza el movimiento Quit India («Salgan de India») contra el poder colonial británico; muchos activistas son detenidos.

1942 La hambruna en Henan (China) mata a entre 2 y 5 millones de personas.

Enero 1942

LA BATALLA DEL ATLÁNTICO ENTRA EN UNA NUEVA FASE

Desde el inicio de la guerra, submarinos alemanes atacaron las rutas de suministro atlánticas para someter a Reino Unido. Se inició una nueva fase al entrar en guerra Estados Unidos, y no acabó hasta l a rendición alemana en 1945, aunque la pugna fue favorable a los Aliados ya desde 1943, gracias a la extensión de la cobertura aérea, la mejora del radar y las escoltas de convoyes.

△ **Naves de guerra aliadas protegen un convoy** a través del Atlántico Norte

2 febrero 1943

DERROTA EN STALINGRADO

En una de las batallas más destructivas de la historia, los alemanes trataron de tomar Stalingrado, importante nudo de comunicaciones en el centro sur de la URSS. Tras cinco meses de lucha, los alemanes se rindieron. La derrota redujo los efectivos alemanes en otros frentes, y fue un punto de inflexión en la guerra.

▷ **Medalla soviética de latón** por la defensa de Stalingrado

▽ **Un soldado aliado** consuela a un bebé italiano

Julio 1943

INVASIÓN ALIADA DE ITALIA

Comenzando por la campaña de seis semanas para conquistar Sicilia, y reciente su victoria en el norte de África, los Aliados llevaron la guerra a territorio del Eje en Italia. A principios de octubre ya controlaban el sur del país, pero el avance hacia el norte resultó más duro y penoso, y la rendición alemana no se produjo hasta el 2 de mayo de 1945.

1943

8 febrero1943 Fuerzas especiales indias y británicas inician la guerrilla contra Japón en Birmania.

12 julio 1943 Los alemanes se retiran de Kursk (URSS) tras la mayor batalla de tanques de la historia.

Agosto-septiembre 1944 París y Bruselas son liberadas por el avance aliado.

6 junio 1944

OPERACIÓN OVERLORD

Al inclinarse la guerra en favor de los Aliados, estos ordenaron los desembarcos del Día D en la costa de Normandía como primer paso en una ofensiva a gran escala para retomar la Europa occidental bajo ocupación nazi. Asentada su presencia en el continente, tres millones de soldados avanzaron hacia el este, atravesando el Rin para entrar en Alemania en marzo de 1945.

◁ **Cabeza de puente** de los Aliados en Normandía (Francia)

Abril-mayo 1945
CAÍDA DE ALEMANIA

Después del fracaso de la ofensiva alemana final en las colinas de las Ardenas, entre Bélgica y Francia, las fuerzas del Eje estaban en retirada en todos los frentes. El líder fascista italiano Mussolini fue ejecutado el 28 de abril, fecha en la que los soviéticos estaban a punto de entrar en Berlín. Hitler se suicidó el 30 de abril, y Alemania se rindió de forma incondicional ocho días después.

◁ **Soldados soviéticos izan la bandera de la URSS** sobre el Reichstag

1945

27 enero 1945 **Tropas soviéticas** liberan Auschwitz, el mayor complejo de campos de concentración nazis.

12 abril 1945 **Muere el presidente de Estados Unidos Roosevelt,** y le sucede Harry Truman.

24 octubre 1945 **Se funda la Organización de las Naciones Unidas** con el respaldo de 50 países.

△ **Ceremonia de rendición de Japón** a bordo del USS *Missouri*

«No aceptaremos nada menos que una victoria plena. ¡Buena suerte!»

EL GENERAL ESTADOUNIDENSE DWIGHT EISENHOWER A LAS TROPAS LISTAS PARA LOS DESEMBARCOS DEL DÍA D (1944)

Agosto 1945
DERROTA DE JAPÓN

Una vez acabada la guerra en el oeste, la atención se desplazó al frente del Pacífico, donde Japón continuaba con acciones de retaguardia contra el avance aliado en varias islas. Para superar esta resistencia, los Aliados recurrieron a bombardeos masivos sobre territorio japonés, que culminaron en las bombas atómicas lanzadas sobre Hiroshima y Nagasaki. Japón se rindió formalmente cuatro semanas después.

1869-1948
MAHATMA GANDHI

Gandhi, el líder independentista indio más carismático, fue encarcelado muchas veces por sus campañas contra la dominación colonial británica. Defensor de la resistencia no violenta, toda su vida fue un agitador en favor de la justicia social.

15 agosto 1947
INDIA LOGRA LA INDEPENDENCIA

En junio de 1947, el virrey británico de India anunció el fin próximo del dominio británico y la creación de dos entidades independientes, India y Pakistán. Una vez aprobada la Ley de independencia de India por el Parlamento británico, ambos países fueron plenamente soberanos, pero la violencia sectaria se cobró más de un millón de vidas.

△ **Los líderes indios** aceptan el traspaso de poder

1946

5 marzo 1946 El discurso del «telón de acero» de Churchill presagia la Guerra Fría.

16 agosto 1946 Disturbios en India tras el llamamiento de la Liga Musulmana a crear un Estado pakistaní separado.

Junio 1946
GUERRA CIVIL EN CHINA

Durante la Segunda Guerra Mundial, las fuerzas nacionalistas de Chiang Kai-shek intentaron imponerse a los comunistas de Mao Zedong. Tras la derrota de Japón, Chiang lanzó un asalto a gran escala sobre las posiciones comunistas en el norte. Pese a las victorias iniciales, no hubo un progreso decisivo en la lucha por dominar China.

△ **Tropas nacionalistas chinas** marchan en su salida de Cantón

◁ **Jerusalén** durante la primera guerra árabe-israelí

14 mayo 1948

LOS LÍDERES JUDÍOS PROCLAMAN EL ESTADO DE ISRAEL

Tras la Primera Guerra Mundial, el territorio de Palestina fue declarado mandato del Imperio británico. Los sionistas lo reclamaban como hogar nacional judío desde la década de 1880, y la inmigración judía creció tras la Segunda Guerra Mundial. Al expirar el mandato, los líderes judíos proclamaron Israel como Estado independiente, desplazando a más de 750 000 palestinos. Cinco países árabes iniciaron la invasión, lo que dio lugar a la primera guerra árabe-israelí.

30 enero 1948 **Mahatma Gandhi** es asesinado por un nacionalista hindú.

3 abril 1948 **El Congreso de Estados Unidos aprueba el Plan Marshall** para reconstruir las economías europeas.

1948

▽ **Copia de un fragmento** de los rollos del mar Muerto

1947

SE DESCUBREN LOS ROLLOS DEL MAR MUERTO

Ocultos durante siglos en el desierto de Judea, pastores beduinos encontraron los primeros manuscritos por casualidad. Comprendida por los estudiosos su importancia entre los manuscritos bíblicos más antiguos conocidos, se procuró buscar y conservar nuevos textos.

◁ **Daniel Malan** en un sello sudafricano

26 mayo 1948

EL PARTIDO NACIONAL DE DANIEL MALAN LLEGA AL PODER EN SUDÁFRICA

Con el apoyo de la comunidad afrikáner de colonos blancos, el Partido Nacional de Sudáfrica adoptó la segregación racial *(apartheid)* como fundamento. Se prohibió el matrimonio interracial, y a los no blancos, a los que se les negaba ya el derecho al voto, se les prohibió también el acceso a áreas solo para blancos sin permiso expreso para ello.

1941-1952
LA CARRERA NUCLEAR

La tecnología de armas atómicas empezó a ser desarrollada en 1941 en Estados Unidos mediante el Proyecto Manhattan, con un arma de fisión que se probó en Nuevo México y que se usó después con efectos devastadores en las ciudades japonesas de Hiroshima y Nagasaki en agosto de 1945. Las autoridades estadounidenses mantuvieron en secreto el programa, pero la URSS, su aliado bélico, obtuvo la información gracias a su red de espías. La URSS trabajó en secreto para desarrollar su propia bomba, cuya prueba con éxito antes del final de la década sorprendió a los expertos occidentales. Mientras tanto, otros países trabajaban en proyectos nucleares propios: Reino Unido hizo su primera prueba nuclear en 1952; Francia, en 1960; y China, en 1964.

Las dos superpotencias compitieron por aumentar sus arsenales nucleares con armas de fusión mucho más potentes. Estados Unidos fue la primera en probar un ingenio termonuclear en el atolón de Eniwetok en 1952, pero los soviéticos no iban muy a la zaga, y probaron un arma menos sofisticada solo nueve meses después. Su rivalidad convirtió el mundo en un lugar mucho más inseguro para las generaciones futuras.

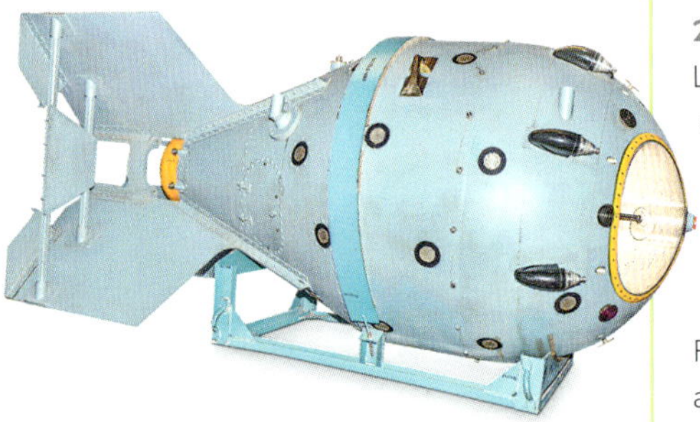

MOMENTOS CLAVE

29 agosto 1949 Prueba atómica soviética
La detección de rastros radiactivos en la atmósfera de la península de Kamchatka por un vuelo de reconocimiento climatológico en el Pacífico norte tomó por sorpresa a las autoridades estadounidenses: para su alarma, sus adversarios en la Guerra Fría habían probado con éxito una bomba, apodada Primer Rayo (izda.). Los soviéticos dedicaron recursos enormes —trabajos forzados del Gulag incluidos— para obtener el uranio necesario para las armas.

Enero 1950 Espía soviético detenido
Uno de los factores del éxito soviético, además del hallazgo de fuentes de uranio en Europa oriental, fue la información técnica facilitada por Klaus Fuchs (izda.), físico alemán encargado de estudios nucleares en Estados Unidos entre 1944 y 1946, y más adelante en Reino Unido. Comunista comprometido en secreto, Fuchs confesó, y fue condenado a 14 años de prisión.

Una nube en forma de hongo se forma sobre el atolón de Eniwetok, en las islas Marshall, al detonarse la primera bomba de hidrógeno (o termonuclear). Unas 450 veces más potente que la lanzada sobre Nagasaki, esta vaporizó el islote de Elugelap, que desapareció en un cráter llenado por el mar.

Febrero 1950 **La persecución de supuestos comunistas** por actividades «antiamericanas» en Estados Unidos llega al máximo por influencia del senador Joe McCarthy.

1949

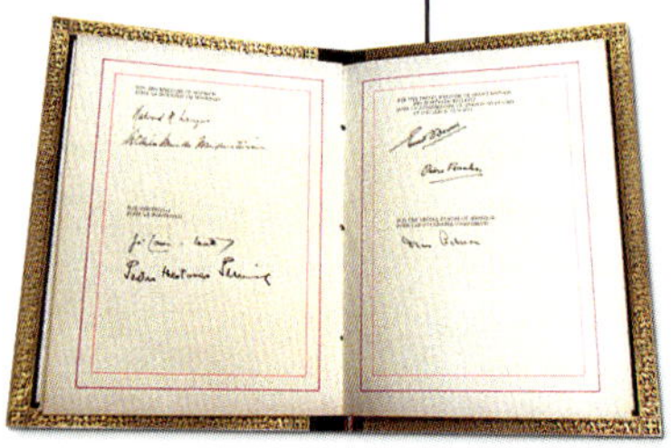

△ **Tratado de la OTAN,** original

4 abril 1949

TRATADO DEL ATLÁNTICO NORTE

Diseñado como freno a la amenaza de intervención soviética en Europa occidental, el documento que establecía la Organización del Tratado del Atlántico Norte fue firmado inicialmente por Estados Unidos, Canadá y 10 países europeos, entre ellos Reino Unido, Francia y los Países Bajos. Desde entonces han ingresado otros 18, y España lo hizo en 1982 (ratificado en referéndum en 1986). La única ocasión en que se ha invocado el tratado fue en respuesta a los ataques terroristas del 11 de septiembre de 2001 en Estados Unidos.

◁ **Medalla de la ONU** al servicio en la guerra de Corea

25 junio 1950

COMIENZA LA GUERRA DE COREA

Tras la Segunda Guerra Mundial, la península de Corea quedó dividida entre el norte comunista y el sur capitalista, pero ambos reclamaban la condición de gobierno legítimo de una Corea unida. En 1950, los norcoreanos invadieron el sur, pero fueron rechazados por fuerzas de la ONU, cuyo avance, a su vez, desencadenó un contraataque chino. Los dos bandos acordaron un armisticio en 1953.

▷ **Panfleto** de propaganda de la ONU

1 octubre 1949

FUNDACIÓN DE LA REPÚBLICA POPULAR DE CHINA

Durante los cuatro años posteriores a la Segunda Guerra Mundial, el largo conflicto entre los nacionalistas y los comunistas por el control de China se inclinó del lado de estos últimos. Desde finales de 1948, el líder nacionalista Chiang Kai-shek comenzó a retirar sus fuerzas a la isla de Taiwán, cediendo el control de la China continental. Tras varias victorias decisivas, entre ellas la toma de la capital nacionalista, Nankín, Mao Zedong proclamó la República Popular de China en la plaza de Tiananmen, en Pekín.

◁ **Cartel de propaganda** donde aparece Mao Zedong

1893-1976

MAO ZEDONG

El marxista-leninista Mao ayudó a fundar el Ejército Rojo, llegó al liderazgo del Partido Comunista y dirigió la lucha contra los nacionalistas por el control de China. Tras proclamar la República Popular de China, siguió al frente del país hasta su muerte.

1 septiembre 1951 **Australia, Nueva Zelanda y Estados Unidos** firman el Tratado de Seguridad ANZUS.

8 septiembre 1951 **Fin de la ocupación aliada de Japón,** que recupera la soberanía con la firma de un tratado en San Francisco.

4 noviembre 1952 **Dwight D. Eisenhower es elegido** 34.º presidente de Estados Unidos.

1952

18 abril 1951

TRATADO DE PARÍS

Traumatizados por los horrores de la guerra, líderes de Francia, Alemania, Italia y el Benelux se decidieron a cooperar a nivel supranacional. Un tratado defendido por el diplomático francés Jean Monnet estableció la Comunidad Europea del Carbón y del Acero, convertida con el tiempo en Comunidad Económica Europea (CEE) y, más tarde, en la Unión Europea (UE).

◁ **Cartel de la Comunidad Europea del Carbón y del Acero**

▽ **Sospechosos de rebelión** bajo vigilancia

3 octubre 1952

LA REBELIÓN DE LOS MAU MAU

Entre el rechazo a la dominación británica en Kenia, los militantes del Ejército de la Tierra y Libertad de Kenia —llamados los Mau Mau— organizaron una sublevación contra los colonos blancos y la autoridad colonial. Fue reprimida con brutalidad, pero una gran mayoría siguió aspirando al autogobierno, y Kenia consiguió la independencia en diciembre de 1963.

> «No hay más futuro para el pueblo de Europa que el de la unión.»
>
> JEAN MONNET (1950)

5 marzo 1953

MUERTE DE STALIN

Stalin, líder autocrático de la Unión Soviética, murió a los cuatro días de sufrir una hemorragia cerebral. En la subsiguiente pugna por el poder entre sus subordinados en el Comité Central del Partido Comunista de la URSS, se impuso Nikita Jruschov, quien en 1956 denunció los crímenes de Stalin y atacó el culto a la personalidad que le había rodeado hasta entonces, sobre todo después de su éxito en llevar a la URSS a la victoria en la Segunda Guerra Mundial.

◁ **Acto en memoria de Stalin** en Bucarest (Rumanía)

1953

27 julio 1953 **La guerra de Corea** acaba con un armisticio.

19 agosto 1953 **El primer ministro de Irán** Muhamad Mosaddeq es derrocado en un golpe respaldado por Estados Unidos.

7 mayo 1954 **Fuerzas francesas** se rinden a los insurgentes vietnamitas en Dien Bien Phu y termina la dominación colonial francesa en Indochina.

△ **La multitud celebra el cambio político** en El Cairo

◁ **Muhamad Naguib,** primer presidente de Egipto

18 junio 1953

EGIPTO SE CONVIERTE EN REPÚBLICA

En agosto de 1952, el rey Faruk I abdicó tras un golpe de Estado promovido por militares del clandestino Movimiento de Oficiales Libres, que abolieron la monarquía y declararon Egipto como una república. Mohamed Naguib ocupó la presidencia, y Gamal Abdel Nasser fue ministro de Interior y segundo en el poder.

1 noviembre 1954

ESTALLA LA GUERRA DE INDEPENDENCIA DE ARGELIA

La de Argelia fue una de las luchas por la independencia más largas y sangrientas del fin de la era colonial. Comenzó con una serie de ataques contra objetivos franceses por miembros del Frente de Liberación Nacional (FLN) y con el llamamiento al pueblo argelino a la rebelión contra la autoridad colonial. La guerra tuvo también importantes consecuencias políticas en Francia, y no acabó hasta la concesión de la independencia en 1962.

△ **Soldados franceses a caballo** en Argelia

1878-1953
IÓSIF STALIN

Stalin gobernó la URSS durante 30 años, primero como parte de un equipo, y luego como dictador. La brutalidad de su régimen ensombreció su papel decisivo en la derrota nazi en la Segunda Guerra Mundial.

1955
LA TELEVISIÓN LLEGA A UN PÚBLICO MASIVO

La televisión en blanco y negro se inventó en la década de 1920, pero no fue algo habitual en los hogares de clase media hasta después de la Segunda Guerra Mundial. En 1950, solo el 9 % de los hogares de EE UU tenía un televisor, pero en 1959 era ya el 80 %. La televisión en color comenzó en la década de 1960.

△ **Televisor de mesa Graetz,** de 1953

14 mayo 1955 **El Pacto de Varsovia** vincula a los países comunistas de Europa del Este en una alianza defensiva.

21 septiembre 1955 **Un golpe militar depone a Juan Perón** de la presidencia en Argentina.

1955

«El enemigo nos ha abrumado. Lo estamos volando todo. Viva Francia.»

ÚLTIMA COMUNICACIÓN POR RADIO FRANCESA DESDE DIEN BIEN PHU (7 DE MAYO DE 1954)

1954-1968 LOS DERECHOS CIVILES EN EE UU

La lucha por la justicia social y la igualdad racial en Estados Unidos ganó gran ímpetu en la década de 1950. Los movimientos de base lograron cambios en la legislación estatal y federal.

1955 **Rosa Parks** se niega a ceder el asiento a un hombre blanco en un autobús en Alabama e inspira un boicot a la empresa de transportes.

1962 **James Meredith** es el primer alumno negro matriculado en la Universidad de Misisipi, pese a los intentos de impedirle el acceso.

1963 **Martin Luther King** pronuncia el discurso «I have a dream» («Tengo un sueño»); Medgar Evers, activista por los derechos civiles, es asesinado.

1964 **Aprobación de la Ley de derechos civiles,** que prohíbe la discriminación laboral. Le sigue una segunda ley en 1968.

29 octubre 1956

COMIENZA LA CRISIS DE SUEZ

Tras anunciar el presidente egipcio Nasser la nacionalización del canal de Suez, Reino Unido y Francia respondieron con una invasión del país en connivencia con Israel, pero tuvieron que desistir y retirar sus fuerzas al declararse en contra Estados Unidos.

▽ **Bloqueo naval del canal de Suez**

4 octubre 1957

LANZAMIENTO DEL SPUTNIK 1

El Sputnik 1, puesto en órbita terrestre baja por científicos soviéticos, fue el primer satélite artificial en circular alrededor del planeta más allá de la atmósfera. Su éxito sorprendió a Estados Unidos, y desencadenó la carrera espacial entre ambas superpotencias. Viajando a 29 000 km/h, el Sputnik 1 devolvió señales durante tres semanas, hasta que las baterías se agotaron, y cayó finalmente a la atmósfera a inicios de 1958.

▷ **Monumento al Sputnik 1,** cerca de la estación de metro Rizhskaia de Moscú

1956

6 marzo 1957 **Ghana, bajo Kwame Nkrumah,** es la primera antigua colonia africana en lograr la independencia.

Junio 1956 **El presidente egipcio Nasser** acepta la ayuda soviética para construir la presa de Asuán.

25 marzo 1957

EL TRATADO DE ROMA

Partiendo del éxito de la Comunidad Europea del Carbón y del Acero (1951), los seis miembros fundadores —Francia, la República Federal de Alemania, Italia, Bélgica, los Países Bajos y Luxemburgo— la ampliaron a un mercado único de bienes y servicios cuyo resultado fue la Comunidad Económica Europea (CEE), fundamento a su vez de la posterior Unión Europea (UE).

△ **Los ministros** firman el tratado por el que se creó la CEE

Enero 1958

EL GRAN SALTO ADELANTE

La China de Mao Zedong lanzó el programa de reformas conocido como Gran Salto Adelante para hacer de China una potencia industrial a la altura de Estados Unidos. Los habitantes del campo en China vivían en comunas masivas en las que el trabajo era comunitario y muchos bienes y servicios eran gratuitos. Las distorsiones políticas resultantes, combinadas con sequías e inundaciones, causaron hambre a gran escala. Planeada para cinco años, la campaña fue abandonada a los tres.

«Una revolución es una lucha a muerte entre el futuro y el pasado.»

FIDEL CASTRO, DISCURSO (1961)

2 enero 1959

FIDEL CASTRO TOMA EL PODER EN CUBA

Aprovechando el descontento popular con el régimen corrupto del presidente Fulgencio Batista, la guerrilla dirigida por Fidel Castro y Che Guevara tomó las armas en 1953 y ganó gradualmente apoyo a pesar de reveses como la derrota, la cárcel y el exilio. Desde su base en la Sierra Maestra, desgastaron a las tropas gubernamentales enviadas contra ellos hasta ser capaces al fin de emprender la ofensiva, y hacer una entrada triunfal en la capital, La Habana.

△ **Billete cubano** que conmemora la revolución de 1959

29 julio 1958 Se funda en Estados Unidos la Administración Nacional de Aeronáutica y del Espacio (NASA).

1959

4 octubre 1958 Se establece la Quinta República Francesa, con Charles de Gaulle como primer presidente.

◁ Cartel promocional del Gran Salto Adelante

1926-2016

FIDEL CASTRO

Tras llevar a la guerrilla a la victoria, Castro sirvió como primer ministro hasta 1976, y luego como presidente hasta 2008. Convirtió Cuba en un Estado comunista de partido único.

1960-1970
LA CONTRACULTURA

A mediados de la década de 1960, la prosperidad creciente y el pleno empleo alimentaron la contracultura de los jóvenes de clase media en Reino Unido y Estados Unidos, que cuestionaron los valores convencionales y lo establecido en un movimiento por una sociedad alternativa basada en ideales de amor, paz y valores comunales. Reflejado en apelativos diversos, como *freaks*, *hippies* o el *underground*, experimentaron con drogas psicodélicas como el LSD, religiones alternativas y la libertad sexual, buscando expandir la conciencia o romper barreras sociales. Esta cultura experimental se expresó en la música, la literatura y el cine. Autores como Jack Kerouac, Tom Wolfe y Hunter S. Thompson exploraron nuevas libertades y temas, como el sexo, las drogas y la vida sin ataduras, mientras los músicos combinaban folk, rock y psicodelia como banda sonora de la nueva cultura.

La contracultura produjo algunas de las mayores protestas habidas en Estados Unidos, como en la campaña «haz el amor y no la guerra» de cientos de miles de personas por el desarme nuclear y contra la guerra de Vietnam (1955-1975). Las nuevas libertades de la década de 1960 alentaron también el movimiento por los derechos civiles en Estados Unidos, que logró varias resoluciones legales que ilegalizaron algunas formas de discriminación contra las mujeres y los afroestadounidenses.

MOMENTOS CLAVE

1966 *Turn On, Tune In, Drop Out*
El psicólogo estadounidense Timothy Leary publicó un álbum hablado sobre su concepción del significado de la vida interior, el LSD y la paz, entre otros muchos temas. Fue una chispa que promovió el festival Verano del Amor en San Francisco en 1967.

1967 *Sgt Pepper's Lonely Hearts Club Band*
El grupo británico The Beatles abrazó la contracultura en un álbum con referencias a las drogas y la expansión de la conciencia. Era el grupo más famoso del mundo en aquel entonces, y su álbum *Sgt Pepper* expuso a millones de personas a los valores *hippies*.

1969 Protestas antibélicas
Más de 500 000 personas se manifestaron en Washington D. C. el 15 de noviembre de 1969 para exigir la retirada de las tropas de Estados Unidos de Vietnam. Fue un acto pacífico, pero la policía atacó a la gente con gases lacrimógenos; el presidente Nixon ignoró las protestas.

El festival de Woodstock del 15 al 18 de agosto de 1969 atrajo a 400 000 personas a una granja en Bethel (Nueva York), para ver las 32 actuaciones de «3 días de Paz y Música». Un documental de 1970 y la banda sonora del festival contribuyeron a la reputación legendaria de Woodstock.

1 mayo 1960

EL INCIDENTE U-2

Un avión espía U-2 de Estados Unidos pilotado por Gary Powers fue abatido sobre territorio de la URSS por un misil superficie-aire. Otras misiones con éxito habían hecho confiar a las autoridades de Estados Unidos en que la altura a la que volaban los U2 los protegía. Powers sobrevivió y fue capturado. El incidente incrementó la tensión de la Guerra Fría, e hizo descarrilar una cumbre de cuatro potencias en París dos semanas después.

▷ **Gary Powers,** piloto de U-2

1960

8 noviembre 1960 **John F. Kennedy** es elegido 35.º presidente de Estados Unidos.

5 julio 1962 **Argelia se independiza** de Francia tras una dura lucha de ocho años.

1917-1963

JOHN F. KENNEDY

Como el candidato más joven elegido presidente de Estados Unidos, Kennedy trajo encanto y atractivo al cargo. Las esperanzas que generó su presidencia fueron segadas por su asesinato.

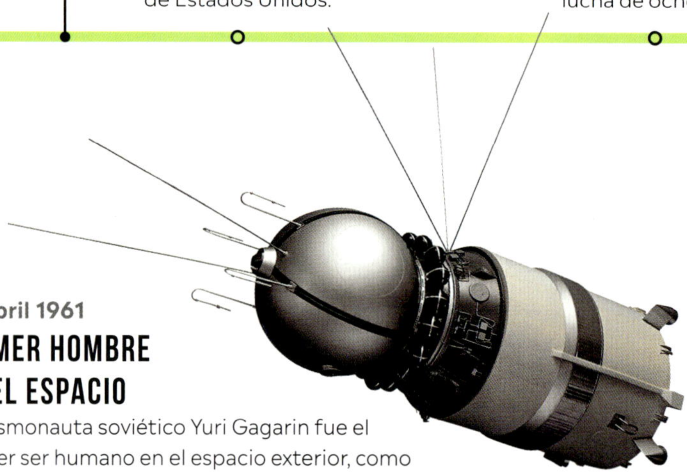

△ **Cápsula** *Vostok 3KA*

12 abril 1961

PRIMER HOMBRE EN EL ESPACIO

El cosmonauta soviético Yuri Gagarin fue el primer ser humano en el espacio exterior, como único pasajero del primer vuelo de la nave *Vostok 1*, lanzada desde el Cosmódromo de Baikonur, al sur de Kazajstán. La cápsula en la que voló (llamada *Vostok 3KA*) completó una órbita alrededor de la Tierra tras separarse de los cohetes impulsores. Mientras caía de vuelta a la Tierra, Gagarin fue eyectado y aterrizó con paracaídas. El acontecimiento supuso otro triunfo del programa espacial soviético.

«¡Veo la Tierra! ¡Qué hermosa es!»

YURI GAGARIN, SOBRE LA VISTA DESDE LA CÁPSULA DE LA *VOSTOK 1* (1961)

16-29 octubre 1962

LA CRISIS DE LOS MISILES DE CUBA

Como respuesta a los misiles desplegados por Estados Unidos en Turquía e Italia, el líder soviético Nikita Jruschov quiso instalar misiles en Cuba, cerca de territorio estadounidense. EE UU exigió su retirada bajo amenaza de represalia militar. El posible conflicto nuclear se evitó al retirar Jruschov los misiles.

▽ **Buques de EE UU y la URSS** se encuentran cerca de Puerto Rico

25 mayo 1963

SE FORMA LA ORGANIZACIÓN DE LA UNIDAD AFRICANA (OUA)

Tras la disolución de la Unión de Estados Africanos (1958-1962), líderes de 32 países africanos reunidos en Adís Abeba (Etiopía) crearon la OUA para mejorar la cooperación política y económica y erradicar el colonialismo. La ausencia de cualquier aspecto militar limitó la capacidad de acción de la OUA. En 2002 fue sustituida por la Unión Africana, de 55 miembros y con estructura militar para salvaguardar la paz y la seguridad.

◁ **Delegados** en la primera sesión de la OUA

1962 **Estados Unidos envía tropas a Vietnam** para apoyar a las fuerzas de Vietnam del Sur contra los insurgentes comunistas internos (el Vietcong).

20 octubre 1962 **Estalla el conflicto bélico** fronterizo entre China e India.

Julio 1963 **Se cortan formalmente los lazos entre** los partidos comunistas chino y soviético.

5 agosto 1963 **La URSS, Estados Unidos y Reino Unido** firman un tratado de prohibición parcial de ensayos nucleares.

1963

22 noviembre 1963

ASESINATO DEL PRESIDENTE DE ESTADOS UNIDOS JOHN F. KENNEDY

A los casi tres años del inicio de su presidencia, Kennedy viajó a Dallas (Texas) en una gira electoral. Mientras la caravana de vehículos recorría las calles, recibió dos disparos desde el sexto piso de un edificio próximo. El magnicidio afectó profundamente al país, y las teorías conspirativas sobre los motivos continuaron hasta muchos años después. Tras el asesinato, el vicepresidente Lyndon B. Johnson asumió el cargo como 36.° presidente de Estados Unidos.

△ **John F. Kennedy en la caravana presidencial** momentos antes de su asesinato

«¡La revolución no es un crimen! ¡La rebelión está justificada!»

LEMA DE LA REVOLUCIÓN CULTURAL CHINA (1966-1976)

△ El *Pequeño libro rojo*, de Mao

1964

21 febrero 1965 Malcolm X, ministro musulmán negro, activista por los derechos humanos y líder destacado de Nación del Islam, es asesinado en Nueva York.

14 octubre 1964
Leonid Brézhnev sucede a Nikita Jruschov como líder de la URSS.

▽ **Cartel chino** en apoyo a Vietnam del Norte

2 agosto 1964

EL INCIDENTE DEL GOLFO DE TONKÍN

Tres lanchas torpederas norvietnamitas dispararon torpedos a un barco de guerra de Estados Unidos en aguas que reclamaba Vietnam del Norte, cerca de su costa. Estados Unidos se sirvió del incidente —y de un segundo ataque inventado— para justificar la aprobación por el Congreso de la Resolución del golfo de Tonkín, que dejó libre al presidente para intervenir en la guerra de Vietnam.

Agosto 1965

ESTALLA EL CONFLICTO DE CACHEMIRA

Cachemira había sido dividida a la fuerza entre India y Pakistán durante la partición de 1947, pero ambos países seguían reclamando la soberanía. En la denominada «Operación Gibraltar», Pakistán organizó una insurgencia guerrillera respaldada por fuerzas especiales. La población de Cachemira no se unió al levantamiento, y después de varias batallas con el ejército indio, los contendientes regresaron a las fronteras anteriores.

△ **Combatientes de Waziristán** que se enfrentaron a India

16 mayo 1966

LA REVOLUCIÓN CULTURAL EN CHINA

Después del fracaso del Gran Salto Adelante, el líder chino Mao Zedong quiso recuperar el control proclamando una purga de elementos revisionistas y una vuelta a los fundamentos de la doctrina comunista, como recoge el *Pequeño libro rojo*, de Mao. Fueron atacados intelectuales y artífices culturales, la actividad económica se ralentizó y los jóvenes de la Guardia Roja acabaron con la vida de cientos de miles de supuestos opositores. Muchas antiguas estructuras y costumbres fueron destruidas, por considerarse la cultura tradicional como un obstáculo para lograr una verdadera revolución comunista.

◁ **Los partidarios de Mao** le respaldan en un acto masivo

24 noviembre 1965 **El general Mobutu** da un golpe de Estado y pone fin a cinco años de guerra civil en el Congo .

21 abril 1967 **Una junta militar** toma el poder en Grecia y pone fin a 23 años de democracia.

1967

◁ **Ian Smith,** primer ministro de Rodesia

11 noviembre 1965

RODESIA ANUNCIA SU DUI

Reino Unido se negó a ceder el poder a Rodesia si no introducía un gobierno mayoritario. El gobierno colonial controlado por los blancos anunció la declaración unilateral de independencia (DUI), declarándose Estado soberano. Siguieron quince años de conflicto antes del fin de la dominación blanca y la proclamación de Rodesia como Estado de Zimbabue en 1980.

▽ **Tanques israelíes** entrando en la Franja de Gaza

5-10 junio 1967

LA GUERRA DE LOS SEIS DÍAS

La tensión creciente entre Israel y Egipto condujo a ataques preventivos israelíes contra aeródromos egipcios. Las fuerzas israelíes dominaron la subsiguiente batalla terrestre contra Egipto y sus aliados Jordania y Siria. Cuando se declaró el alto el fuego, Israel había ocupado Jerusalén Este, los altos del Golán, la península del Sinaí y la Franja de Gaza.

▷ **Manifestantes** rodean los tanques soviéticos en su entrada en Praga

Agosto 1968

APLASTAMIENTO DE LA PRIMAVERA DE PRAGA

Con la elección de Alexander Dubček como líder del Partido Comunista Checo en enero de 1968 se inició una liberalización que no tardó en generar la hostilidad de la URSS. Tras siete meses de creciente malestar soviético, la URSS envió tanques y soldados de cuatro países del Pacto de Varsovia para restaurar el *statu quo*. La intervención fue muy criticada en el exterior, además de topar con una oposición feroz en los propios checoslovacos.

1968

2 marzo 1969 Choque de tropas chinas y soviéticas en el río Usuri.

△ **Funeral de Martin Luther King** en Atlanta (Georgia, Estados Unidos)

4 abril 1968

ASESINATO DE MARTIN LUTHER KING

Como líder más destacado del movimiento por los derechos civiles, el pastor baptista Martin Luther King era un objetivo de sectores racistas hostiles. De visita en Memphis (Tennessee) para apoyar una huelga local, recibió un disparo mortal de James Earl Ray, un delincuente con condenas anteriores por robo y atraco a mano armada. La muerte de King causó una conmoción general, y estallaron disturbios en muchas ciudades.

1930-2012

NEIL ARMSTRONG

El piloto de pruebas Armstrong entró en el programa de formación de astronautas de la NASA en 1962. Cuatro años después llegó su primer vuelo espacial en el Programa Gemini, anterior a Apolo. Se retiró de la NASA en 1971 para enseñar ingeniería.

▷ **Insignia** de la misión Apolo 11

▷ **Neil Armstrong** camina sobre la superficie lunar

Agosto 1969

EL CONFLICTO DE IRLANDA DEL NORTE

La división de Irlanda en 1921 dejó en minoría a los católicos del norte. La Asociación por los Derechos Civiles de Irlanda del Norte protestó contra el trato injusto del gobierno de mayoría protestante. Los lealistas protestantes (unionistas) del Ulster se opusieron a sus exigencias, y ante la violencia intervinieron tropas británicas. El conflicto no acabó hasta el Acuerdo de Viernes Santo de 1998.

△ **La policía del Ulster** lanza gases lacrimógenos

△ **Manifestación en Biafra**

14 enero 1970

ACABA LA GUERRA DE BIAFRA

La provincia nigeriana de Biafra declaró la independencia en 1967. El gobierno nigeriano respondió con un bloqueo que causó una gran hambruna. Hacia diciembre de 1969, cuando la ofensiva final obligó a los líderes de Biafra a rendirse, habían muerto unos dos millones de civiles.

Octubre 1969 **El canciller de la República Federal de Alemania** Willy Brandt adopta la *Ostpolitik*, política de distensión con los países del bloque soviético.

1 mayo 1970 **Tropas de EE UU invaden Camboya.**

28 septiembre 1970 **Muere el presidente Nasser** de Egipto y le sucede Anuar el Sadat.

1970

10 octubre 1970 **Las islas Fiyi,** del sur del Pacífico, obtienen la independencia plena de Reino Unido.

«Es un pequeño paso para un hombre, un gran salto para la humanidad.»

NEIL ARMSTRONG AL DAR EL PRIMER PASO SOBRE LA LUNA (1969)

20 julio 1969

LLEGADA A LA LUNA

En 1961, inquieto por los avances soviéticos en la exploración espacial, el presidente John F. Kennedy anunció el objetivo de poner a un hombre en la Luna antes de acabar la década. La ambición se hizo realidad al pisar la superficie de la Luna Neil Armstrong y Buzz Aldrin, tras posarse con éxito su módulo de alunizaje. La gesta fue la culminación del programa Apolo 11 de la NASA.

16 diciembre 1971

NACE BANGLADESH

Al independizarse, Pakistán constaba de dos mitades, Oeste y Este, separadas por unos 1600 km. Los nacionalistas bengalíes del este eran contrarios a la dominación del oeste, y las tensiones estallaron en una guerra de liberación, ganada por los bengalíes con ayuda militar india, y acabó con el establecimiento de un Bangladesh independiente.

◁ **El primer periódico** de Bangladesh

Octubre 1973

LA CRISIS DEL PETRÓLEO

Acabada la guerra del Yom Kipur, la Organización de Países Exportadores de Petróleo (OPEP) dirigida por Arabia Saudí impuso un embargo a los países que apoyaban a Israel. La medida triplicó el precio global del petróleo, obligando a los Estados afectados a imponer medidas extremas, como el racionamiento, que generó colas en las gasolineras. El precio del combustible se disparó, lo cual tuvo un fuerte impacto inflacionista.

▷ **El precio del combustible** subió casi un 50 % en las gasolineras

1971

21 febrero 1972 **El presidente estadounidense Nixon visita China,** e inicia relaciones más amistosas.

26 mayo 1972 **El presidente estadounidense Nixon y el líder soviético Leonid Brézhnev** concluyen las Conversaciones sobre Limitación de Armas Estratégicas (SALT I).

1 enero 1973 **Reino Unido, Irlanda y Dinamarca** ingresan en la Comunidad Económica Europea.

> «Hoy, Bangladesh es un país soberano e independiente.»
>
> DECLARACIÓN DE SHEIKH MUJIBUR RAHMAN (1971)

6-25 octubre 1973

LA GUERRA DEL YOM KIPUR

Tomando nota del ataque sorpresa israelí en la guerra de los Seis Días de 1967, el presidente egipcio Anuar el Sadat y sus aliados sirios escogieron la festividad judía del Yom Kipur para enviar tropas a territorios tomados previamente por Israel. Sus avances iniciales fueron rechazados, y la lucha acabó sin ganancias importantes para ninguno de los dos bandos, pero Israel vio cuestionada la confianza en su seguridad.

▷ **Vehículos blindados israelíes** en la península del Sinaí

30 abril 1975

PAZ EN VIETNAM

Al retirar Estados Unidos sus tropas de Vietnam en 1973, el ejército sudvietnamita tuvo que hacer frente por sí solo a las fuerzas armadas de Vietnam del Norte. Tras romperse un inicial acuerdo de paz, la guerra continuó otros dos años, y no acabó hasta que una ofensiva norvietnamita y del Vietcong en primavera superó al fin la resistencia del sur con la toma de Saigón. Las dos mitades del país fueron unificadas en julio de 1976.

▷ **Celebración de la caída de Saigón** con banderas del Vietcong

13 abril 1975 Estalla la guerra civil en Líbano, entre musulmanes propalestinos y cristianos respaldados por Israel.

1975

11 noviembre 1975 Angola se independiza de Portugal seis meses después que Mozambique.

20 noviembre 1975 La muerte del dictador Franco prepara el camino a la restauración de la democracia en España.

△ **Nixon** anuncia su dimisión

9 agosto 1974

EL ESCÁNDALO WATERGATE

Cuando la policía detuvo a cinco hombres que intentaban robar información de la sede del Partido Demócrata en el complejo de Watergate, en Washington D. C., el gobierno republicano negó cualquier implicación. El encubrimiento fracasó, y el presidente Nixon, amenazado de destitución, tuvo que dimitir del cargo.

1892–1975

GENERAL FRANCISCO FRANCO

Tras liderar la victoria del bando nacional en la Guerra Civil española, gobernó autocráticamente España hasta su muerte. En 1969 designó a Juan Carlos I, nieto de Alfonso XIII, para sucederle en la jefatura del Estado tras su muerte.

8 marzo 1978
CHINA CAMBIA DE RUMBO

En el vacío que siguió a la muerte de Mao Zedong, ascendió al liderazgo de China Deng Xiaoping. Empleó su posición para introducir reformas de libre mercado y mayores libertades personales, cambios que trajeron un crecimiento económico rápido que marcó el inicio de la Reforma y Apertura en China.

▷ **Mural** de las Cuatro Modernizaciones chinas

1976

9 septiembre 1976 Muere Mao Zedong; su esposa y otros tres dirigentes (la Banda de los Cuatro) son detenidos.

13 julio 1977 Fuerzas somalíes invaden Etiopía, y comienza la guerra del Ogadén.

17 septiembre 1978
ACUERDOS DE CAMP DAVID

En la estela de la guerra de Yom Kipur, el presidente de Estados Unidos Jimmy Carter trató de hacer revivir el proceso de paz en Oriente Próximo, y logró reunir al presidente israelí Menachem Begin y al egipcio Anuar el Sadat en Camp David, en Maryland (Estados Unidos). Firmaron un acuerdo marco que seis meses más tarde condujo a un tratado de paz entre ambos.

△ **Sadat y Begin se abrazan** mientras Carter aplaude

1976-2007
LA REVOLUCIÓN INFORMÁTICA

Antes exclusivos de empresas, instituciones y universidades, los ordenadores empezaron a ser utilizados de forma general desde la década de 1970.

1976 Steve Jobs y Steve Wozniak fundan la Apple Computer Company y presentan el Apple 1, con una sola placa de circuitos.

1981 IBM lanza el Acorn, primer ordenador personal (PC) que usó el sistema operativo MS-DOS, desarrollado por Microsoft.

1990 Tim Berners-Lee desarrolla el lenguaje de marcación de hipertexto (HTML), que despeja el camino a la World Wide Web.

2007 La introducción del iPhone y otros *smartphones* llevan la potencia de procesado al bolsillo del consumidor.

▷ El ayatolá Ruhollah Jomeini

11 febrero 1979

LA REVOLUCIÓN IRANÍ

El sah de Irán fue forzado a exiliarse debido al descontento popular con su régimen. Dieciséis días después, el ayatolá Jomeini, líder opositor exiliado, volvió a Teherán, y fue recibido como un héroe. Tras grandes manifestaciones y algunos altercados, el último primer ministro del sah huyó del país y dejó Irán en manos de los revolucionarios.

«Es nuestro objetivo extender por el mundo la influencia del islam.»

AYATOLÁ JOMEINI, *EXÉGESIS DE LOS MEDIOS DE SALVACIÓN* (1986)

1 enero 1979 Estados Unidos y la República Popular de China establecen relaciones diplomáticas plenas.

1979

4 mayo 1979 Margaret Thatcher, primera ministra de Reino Unido, lleva la ideología del libre mercado al poder.

17 julio 1979

REVOLUCIÓN EN NICARAGUA

Entre la oposición creciente a la familia Somoza, que gobernaba Nicaragua desde hacía 42 años, los rebeldes sandinistas lanzaron una campaña guerrillera. Las medidas represivas del gobierno para suprimirla causaron la pérdida del apoyo de Estados Unidos. Entre la indignación por el asesinato del destacado editor de prensa Joaquín Chamorro, los revolucionarios fueron ganando apoyos por todo el país, y el 17 de julio entraron en la capital, Managua. El presidente Somoza dimitió y marchó al exilio, dejando el poder en manos de los sandinistas.

△ **Cartel de propaganda del** Frente Sandinista de Liberación Nacional

31 agosto 1980

SE FUNDA EL SINDICATO POLACO SOLIDARIDAD

Surgido en los Astilleros Lenin, en Gdansk, Solidaridad fue el foco de la agitación por los derechos laborales y la oposición al gobierno respaldado por Moscú. Antes de un año se ganó el apoyo de un tercio de la población trabajadora. A pesar de los intentos de acabar con el sindicato, incluida la imposición de la ley marcial, sobrevivió y tuvo un papel decisivo en el fin del sistema comunista en Polonia.

▷ **Lech Wałęsa,** cofundador de Solidaridad, se dirige a una multitud

1980

CHINA INTRODUCE LA POLÍTICA DE HIJO ÚNICO

Desde 1970, y ante el rápido crecimiento de su población, China había introducido un máximo recomendado de dos hijos por cada familia. De esto se pasó a la restricción a uno solo, y la política se aplicó fijando estímulos económicos para quienes cumplieran y multas onerosas para quienes no lo hicieran. En la práctica, la población continuó creciendo, aunque más lentamente.

▷ **Cartel** de la política de hijo único

1980

4 noviembre 1980 Ronald Reagan es elegido 40.º presidente de Estados Unidos.

19 abril 1980 Robert Mugabe es elegido primer ministro del Zimbabue independiente.

> «Practica el control de la natalidad por la revolución.»
>
> ESLOGAN DE LA POLÍTICA DE HIJO ÚNICO EN CHINA (1980)

▷ **Soldados iraquíes** celebran una victoria

22 septiembre 1980

ESTALLA LA GUERRA ENTRE IRÁN E IRAK

Tratando de lograr la supremacía en la región rica en petróleo del golfo Pérsico, el líder iraquí Sadam Huseín envió tropas al vecino Irán, aún sacudido por la revolución islámica de 1979. La invasión perdió fuelle a los tres meses, tras los cuales el conflicto quedó letalmente estancado durante ocho años, muriendo más de medio millón de soldados y civiles.

▽ El *Columbia* **despega** del Centro Espacial Kennedy

12 abril 1981

PRIMERA MISIÓN DEL TRANSBORDADOR ESPACIAL DE ESTADOS UNIDOS

Lanzado desde el Centro Espacial Kennedy, en Florida, el *Columbia*, con dos tripulantes, inició una era de naves reutilizables que volvían a la Tierra después de las misiones. A lo largo de las tres décadas siguientes hubo 135 misiones de cinco transbordadores (o lanzaderas), dos de las cuales acabaron en desastre.

◁ **Insignia** de la misión Columbia

1983

6 octubre 1981 **Asesinato del presidente Sadat** de Egipto durante un desfile militar.

6 junio 1982 **Israel invade Líbano,** y sitia la capital, Beirut.

23 marzo 1983 **Ronald Reagan anuncia** la Iniciativa de Defensa Estratégica.

1911–2004

RONALD REAGAN

Famoso como actor de cine, el conservador Reagan fue gobernador de California antes que presidente de Estados Unidos. Neoliberal en economía, su mandato coincidió con el fin de la Guerra Fría y la disolución de la URSS.

△ **Tropas británicas** marchan hacia Puerto Stanley

Abril-junio 1982

GUERRA DE LAS MALVINAS ENTRE REINO UNIDO Y ARGENTINA

Después de la invasión argentina de las islas Malvinas, dependencia colonial británica en el Atlántico Sur desde 1833, el gobierno conservador de Margaret Thatcher envió una fuerza naval para recuperarlas. El conflicto duró diez semanas, y acabó con la rendición argentina y el restablecimiento de la soberanía británica.

«El pueblo soviético quiere una democracia plena e incondicional.»

MIJAÍL GORBACHOV, DISCURSO (1988)

11 marzo 1985

MIJAÍL GORBACHOV LIDERA LA URSS

Después de la muerte de Konstantín Chernenko, el Politburó de la URSS recurrió al reformador Mijaíl Gorbachov para el cargo de secretario general del Partido Comunista. Gorbachov promovió políticas aperturistas, como la *glasnost* («transparencia») y la *perestroika* («reestructuración»), y fomentó el debate político, lo cual redujo el poder del partido y aceleró la disolución de la URSS.

◁ **Mijaíl Gorbachov**

1984

31 octubre 1984 Indira Gandhi, primera mujer primer ministro de India, es asesinada por sus propios guardaespaldas.

△ **Refugiados** huyendo de Etiopía

1984

HAMBRUNA EN ETIOPÍA

Con tres cuartas partes de la población viviendo de la agricultura de subsistencia, el hambre era un riesgo constante en Etiopía. A inicios de la década de 1980, la guerra civil y la política represiva de la junta militar volvieron aún más precaria la vida. En 1984, la escasa lluvia causó una hambruna generalizada, especialmente en la provincia rebelde del Tigray (o Tigré), en el norte. Pese a la ayuda internacional, incluida la campaña de recaudación de Live Aid, se cree que murió medio millón de personas.

△ **Corazón Aquino** celebra la victoria

25 febrero 1986

DERROCAMIENTO DEL PRESIDENTE MARCOS EN FILIPINAS

Ferdinand Marcos gobernaba Filipinas desde hacía 20 años, pero el declive económico iniciado a partir de 1983 atrajo la atención sobre la corrupción de su gobierno. Tras el asesinato del líder de la oposición Benigno Aquino en el mismo año, Corazón Aquino, su viuda, lideró el movimiento de resistencia que culminó en la Revolución del Poder del Pueblo, que llevó a Marcos al exilio y a ella a la presidencia.

26 abril 1986
EXPLOSIÓN EN CHERNÓBIL

El peor desastre nuclear del mundo se produjo al fallar una prueba de seguridad en un reactor de una central en Ucrania (entonces parte de la URSS), que causó una reacción en cadena. La explosión y el incendio resultantes emitieron radiactividad que alcanzó incluso amplias áreas de Europa occidental. Se creó una zona de exclusión de 10 km de radio, y unas 60 personas murieron directamente por el accidente. Se estima que fueron miles las personas que murieron debido a los efectos a largo plazo.

◁ **Chernóbil** después de la explosión

15 abril 1986 Estados Unidos bombardea objetivos «relacionados con el terrorismo» en los puertos libios de Trípoli y Bengasi.

20 agosto 1988 La guerra entre Irán e Irak acaba tras casi ocho años.

9 noviembre 1989 Cae el Muro de Berlín, primer paso de la reunificación alemana.

1989

8 diciembre 1987
FIRMA DEL TRATADO INF

El Tratado sobre Fuerzas Nucleares de Alcance Intermedio (INF) fue negociado por Estados Unidos y la URSS, firmado por los presidentes Reagan y Gorbachov y ratificado el mes de junio siguiente. Prohibía los misiles basados en tierra de corto y medio alcance, y llevó a eliminar más de 2500 armas y a un programa de inspecciones *in situ* de 10 años. En 2019, el presidente de Estados Unidos Donald Trump suspendió el tratado, y luego lo abandonó, alegando un supuesto incumplimiento ruso.

◁ **Misiles Pershing II**

1980-1991

LA DISOLUCIÓN DEL IMPERIO SOVIÉTICO

El llamado «Telón de Acero» —la barrera ideológica y militar establecida por la Unión Soviética— había separado a los países comunistas y no comunistas de Europa desde el final de la Segunda Guerra Mundial. Sin embargo, a principios de la década de 1980, la economía soviética estaba fallando gravemente, y la necesidad urgente de reformas llevó al Politburó a nombrar líder al reformista Mijaíl Gorbachov en 1985. Su política aperturista (la *glasnost*) dejó a la luz un profundo resentimiento con el sistema y sus fracasos. Libres de la censura, en los países satélites de la URSS empezaron a exigirse mayores libertades. Primero, el sindicato Solidaridad ganó apoyo en Polonia; luego, las repúblicas bálticas exigieron el autogobierno; y, en enero de 1989, el parlamento húngaro permitió la formación de partidos de oposición.

En noviembre de 1989 cayó el Muro de Berlín, seguido por los regímenes comunistas de Rumanía y Checoslovaquia, y después los de Lituania, Polonia y Alemania Oriental. En 1991, el nacionalista liberal Borís Yeltsin era presidente de Rusia, y la Unión Soviética fue formalmente disuelta en diciembre de ese año.

MOMENTOS CLAVE

22 diciembre 1989

Caída de Ceaușescu

Nicolae Ceaușescu, jefe de Estado rumano respaldado por la URSS durante dos décadas, presidió un régimen cada vez más represivo y una economía en declive. El 17 de diciembre de 1989, ordenó a la policía abrir fuego sobre los manifestantes en el oeste de Rumanía, y hubo nuevas protestas y disturbios (izda.) en Bucarest. Ceaușescu intentó huir, pero fue apresado y ejecutado.

29 diciembre 1989

La Revolución de Terciopelo

En Checoslovaquia, un movimiento de protesta no violenta —que sería luego conocido como Revolución de Terciopelo— derrocó el antiguo régimen prosoviético. Su líder era el dramaturgo Václav Havel (izda.), que había cumplido largas condenas de cárcel bajo el régimen comunista. Havel asumió la presidencia, negoció la retirada de las tropas soviéticas del país y organizó elecciones libres para 1990.

El Muro de Berlín se construyó para evitar la marcha de ciudadanos de Alemania Oriental al oeste. El 9 de noviembre de 1989, tras difundirse la noticia errónea de que se levantaban las restricciones de paso, miles de manifestantes acudieron a derribar el muro, un símbolo de opresión.

«Nuestra lucha ha alcanzado una fase decisiva. Nuestra marcha hacia la libertad es irreversible.»

NELSON MANDELA, AL SER LIBERADO DE PRISIÓN (1990)

◁ Nelson Mandela

2 febrero 1990

EL GOBIERNO SUDAFRICANO ANUNCIA EL FIN DEL *APARTHEID*

Después de años de presión internacional, el nuevo presidente sudafricano De Klerk anunció el fin de las leyes discriminatorias, así como del veto al Congreso Nacional Africano (ANC) y otros grupos anti-*apartheid*. Nueve días después, el líder de la campaña anti-*apartheid* y del ANC, Nelson Mandela, fue liberado después de 27 años en prisión. Las negociaciones iniciadas entre el gobierno y el ANC llevarían a las primeras elecciones generales por sufragio universal del país cuatro años después.

1990

1 octubre 1990 **Comienza el Proyecto Genoma Humano** para leer la secuencia completa del ADN humano.

3 octubre 1990 **Reunificación de Alemania** tras 45 años de división.

4 octubre 1991 **Se acuerda el Protocolo de Madrid** para conservar la Antártida.

3 noviembre 1992 **Bill Clinton** es elegido 42.º presidente de Estados Unidos.

△ **Soldados iraquíes** confiados en la victoria

2 agosto 1990

LA INVASIÓN IRAQUÍ DE KUWAIT DESENCADENA LA GUERRA DEL GOLFO

En una disputa por la producción petrolífera, el líder iraquí Sadam Huseín ordenó invadir el vecino Kuwait. Para liberar el país, el presidente estadounidense George H. W. Bush organizó una fuerza multinacional (que llamó «coalición de los dispuestos»), a la que se unieron 35 Estados, aportando la mayoría de las tropas Estados Unidos, Arabia Saudí, Reino Unido y Egipto. Después de seis semanas de combates en 1991, la independencia de Kuwait fue restaurada.

1 noviembre 1993

LA COMUNIDAD EUROPEA SE CONVIERTE EN LA UNIÓN EUROPEA

La Comunidad Económica Europea (CEE) se convirtió en la Unión Europea (UE) al entrar en vigor el Tratado de Maastricht, firmado por los doce países miembros en febrero de 1992. Este introducía nuevos pilares de cooperación relativos a la seguridad y a asuntos internos, y dio a los ciudadanos de cualquier país de la UE el derecho a vivir y trabajar en cualquier otro. Más adelante, los países miembros y firmantes acordaron la supresión de fronteras y el uso de una moneda común, el euro.

◁ **Banderas de la UE** y de algunos Estados miembros

13 septiembre 1993 **Israel y la Organización para la Liberación de Palestina** firman el primer Acuerdo de Oslo.

1 enero 1994 **Entra en vigor el acuerdo NAFTA,** que crea una zona de libre comercio entre Estados Unidos, Canadá y México.

11 diciembre 1994 **Fuerzas rusas** entran en Chechenia y comienza la primera guerra chechena.

1994

1994

MASACRE MASIVA EN RUANDA

El peor genocidio cometido desde el Holocausto tuvo lugar cuando milicias de la mayoría hutu en Ruanda atacaron a la minoría tutsi que dominaba tradicionalmente el país. La matanza fue desencadenada por el asesinato del presidente hutu de Ruanda, que había negociado una paz con rebeldes tutsis. Se estima que murieron hasta un millón de personas.

▷ **Monumento** en memoria de las víctimas del genocidio de Ruanda, en Kigali

1991-1998
LAS GUERRAS DE LOS BALCANES

El Estado de Yugoslavia fue creado tras la Segunda Guerra Mundial como federación de seis repúblicas. Las tensiones étnicas acabarían en conflicto.

25 junio 1991 **Eslovenia y Croacia se independizan** de Yugoslavia; Croacia y Serbia mantienen cuatro años de guerra.

2 abril 1992 **La guerra se extiende a Bosnia;** Sarajevo soporta casi cuatro años de asedio en una guerra brutal entre grupos étnicos.

14 diciembre 1995 **Los Acuerdos de Paz de Dayton** dividen Bosnia-Herzegovina en entidades serbobosnia y bosniocroata.

28 febrero 1998 **Guerra en Kosovo** entre separatistas albaneses y la República Federal de Yugoslavia, dominada por Serbia.

> «El Tribunal tiene jurisdicción [...] sobre los siguientes crímenes: a) genocidio; b) crímenes de lesa humanidad; c) crímenes de guerra; d) el crimen de agresión.»

ESTATUTO QUE ESTABLECE EL TRIBUNAL PENAL INTERNACIONAL (1998)

27 septiembre 1996

LOS TALIBANES TOMAN EL CONTROL DE AFGANISTÁN

La inestabilidad política siguió al derrocamiento del último rey de Afganistán en 1973. Diez años de ocupación soviética vieron surgir milicias islámicas respaldadas por Estados Unidos, opuestas al programa antirreligioso de los comunistas. Tras la retirada soviética en 1989, señores de la guerra rivales lucharon por el poder hasta la toma de Kabul por los talibanes, y con ella la mayor parte del país.

◁ Soldado talibán

1995

10 abril 1998 El Acuerdo de Viernes Santo pone fin a 30 años de conflicto en Irlanda del Norte.

26 marzo 1995 El acuerdo de Schengen entra en vigor y elimina las fronteras internas en la mayor parte de la Unión Europea (UE).

10 septiembre 1996 Firma del Tratado de Prohibición Completa de los Ensayos Nucleares, luego ratificado por 170 Estados.

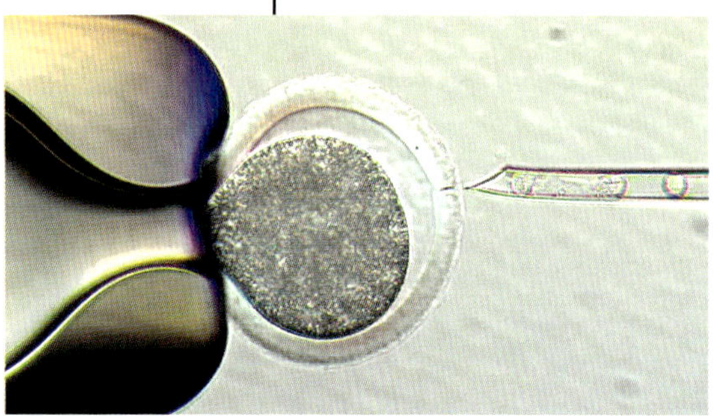

△ El proceso de clonación

5 julio 1996

CLONACIÓN DE LA OVEJA DOLLY

La oveja Dolly fue el primer mamífero clonado con éxito. Trabajando en el Instituto Roslin de la Universidad de Edimburgo, científicos británicos lograron transferir un núcleo celular no embrionario a un óvulo no fecundado y sin núcleo, e implantar este óvulo en una oveja para que llevara la gestación a término. Dolly vivió hasta los seis años y parió seis crías.

31 diciembre 1999

VLADÍMIR PUTIN PASA A SER PRESIDENTE INTERINO DE LA FEDERACIÓN RUSA

El primer ministro Putin sucedió a Borís Yeltsin tras su renuncia a la presidencia de Rusia en medio de una profunda crisis económica. Consolidó su cargo en las elecciones presidenciales del año siguiente, en las que derrotó a sus oponentes y obtuvo más del 50 % de los votos. Gracias al alto precio del petróleo, sus primeros años de gobierno fueron de crecimiento económico ininterrumpido, con aumentos de más del doble de los ingresos reales en todo el país. Al presentarse de nuevo a las elecciones en 2004, su porcentaje de voto subió al 71%.

△ **Vladimir Putin** (izda.) da la mano a Borís Yeltsin

17 julio 1998 **El Tribunal Penal Internacional** se instituye para perseguir crímenes de lesa humanidad.

24 marzo 1999 **Los ataques aéreos de la OTAN** obligan al gobierno yugoslavo a desistir de controlar Kosovo.

26 agosto 1999 **Estalla la segunda guerra chechena,** que acabará en victoria rusa.

1999

1 julio 1997

HONG KONG SE DEVUELVE A CHINA

Hong Kong estaba bajo soberanía británica desde 1841, con gran parte del territorio bajo un arrendamiento de 99 años firmado por el gobierno imperial chino en 1898. Al expirar este, Reino Unido cedió la soberanía de todo Hong Kong a la República Popular de China, a cambio de la garantía de conservar la estructura política y económica existente durante 50 años. En el momento de la transferencia, el territorio era ya un núcleo financiero global.

◁ **Hong Kong** celebra el fin del dominio británico

1973-2021
LA CRISIS CLIMÁTICA

La idea de que prácticas agrícolas como el cultivo, el riego y la deforestación afecten a los patrones locales de temperatura y lluvias se remonta al mundo antiguo. En cambio, la idea de que la actividad humana pueda afectar al clima global no surgió hasta el siglo XIX. Científicos como Joseph Fourier y John Tyndall comprendieron que ciertos gases de la atmósfera terrestre —en particular el CO_2 y el metano— absorben el calor del sol y calientan la atmósfera en el llamado efecto invernadero. A mediados del siglo XX, los estudios relacionaron el aumento de CO_2 en la atmósfera —debido a los combustibles fósiles— con el ascenso de las temperaturas globales. Estos hallazgos llevaron al oceanógrafo estadounidense Roger Revelle a escribir: «Los seres humanos están realizando un experimento geofísico a gran escala [...]».

El geoquímico estadounidense Charles Keeling hizo observaciones de la atmósfera en la década de 1950, y detectó un claro aumento de las concentraciones de CO_2. Luego, la nueva ciencia de los modelos informatizados empleó los datos para predecir situaciones futuras tales como mayores temperaturas globales, sequías, fusión de glaciares y casquetes polares y aumentos del nivel del mar. En 1965, un comité consultivo de Estados Unidos consideró el efecto invernadero como una cuestión grave, y el cambio climático apareció así en la agenda política.

MOMENTOS CLAVE

1973 Conferencia sobre medio ambiente
Estocolmo (Suecia) acogió la primera conferencia de la ONU sobre cuestiones ambientales globales. Hubo compromisos para estudiar la relación entre el crecimiento y problemas como la deforestación.

1989 Evaluaciones del IPCC
El primer informe del Grupo Intergubernamental de Expertos sobre el Cambio Climático (IPCC) mostró una subida de las temperaturas de 0,3-0,6 °C en los últimos 100 años. El quinto informe de evaluación (2014) señaló, con un 95 % de certeza, que la actividad humana es la principal causa del calentamiento global y del cambio climático desde la década de 1950.

1997-2021 Acuerdos y desacuerdos
Tratados internacionales como el Protocolo de Kioto (1997) y el Acuerdo de París de 2015 (izda.) buscaron el compromiso para reducir las emisiones de gases de efecto invernadero. Muchos países no cumplieron sus objetivos, y Estados Unidos se retiró en 2017, pero regresó en 2021.

Millones de jóvenes han exigido acciones sobre el clima a sus líderes políticos. Movimientos como Extinction Rebellion y huelgas escolares han dado voz a la cuestión del cambio climático, que sigue siendo una de las preocupaciones más destacadas en el siglo XXI.

△ **Las Torres Gemelas se derrumban** tras el ataque

11 septiembre 2001

ATAQUES TERRORISTAS A ESTADOS UNIDOS

Cuatro vuelos comerciales desde aeropuertos estadounidenses fueron secuestrados por terroristas haciéndose pasar por pasajeros en una serie de ataques coordinados. Al Qaeda, el grupo islamista radical responsable, fue fundado por el saudí Osama bin Laden, que había combatido con las guerrillas muyahidines a los soviéticos en Afganistán. Dos aviones destruyeron las Torres Gemelas del World Trade Center en Nueva York, otro impactó en el Pentágono, mientras que el cuarto se estrelló en Pensilvania tras un enfrentamiento a bordo entre pasajeros y secuestradores. En conjunto fue el ataque terrorista más mortífero hasta la fecha, con casi 3000 muertes.

2000

13 diciembre 2001 **Un grupo insurgente cachemir** lanza un ataque suicida contra el Parlamento indio.

8 febrero 2002 **Acaba una década de guerra civil** en Argelia al rendirse los islamistas al gobierno.

△ **Soldados estadounidenses** a bordo de un helicóptero en Afganistán

7 octubre 2001

ESTADOS UNIDOS COMIENZA LA «GUERRA AL TERROR»

En respuesta a los ataques terroristas del 11 de septiembre de 2001, Estados Unidos emprendió y lideró la llamada «guerra contra el terrorismo» (o «guerra al terror») bombardeando bases del gobierno islamista talibán de Afganistán. A esto siguió la Operación Libertad Duradera, que supuso la invasión de Afganistán por Estados Unidos y fuerzas aliadas, y que se prolongó durante 20 años.

«Los Estados Unidos de América no permitirán a los regímenes más peligrosos del mundo amenazarnos con las armas más destructivas del mundo.»

PRESIDENTE GEORGE W. BUSH, DISCURSO DEL ESTADO DE LA NACIÓN (29 DE ENERO DE 2002)

4 enero 2004

ROVERS DE LA NASA LLEGAN A MARTE

La Administración Nacional de Aeronáutica y del Espacio (NASA) logró posar el *rover* robot Spirit en la superficie de Marte. Tres semanas después llegó su compañero, el Opportunity, que aterrizó en la cara opuesta del planeta. A lo largo de los años siguientes (Opportunity siguió activo hasta 2018), los *rovers* reunieron datos sobre las rocas y los suelos de Marte y buscaron indicios de la presencia de agua.

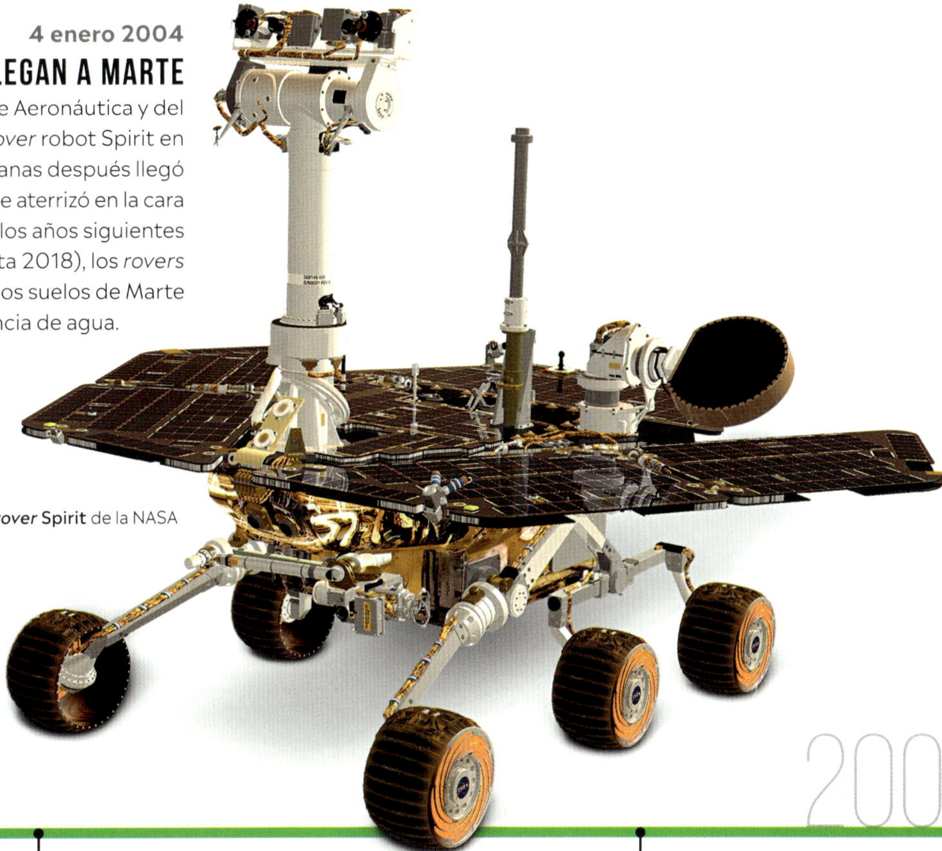

▷ **El *rover* Spirit** de la NASA

26 febrero 2003
Estalla el conflicto de Darfur en el oeste de Sudán.

2004

△ **Tanques de Estados Unidos en Irak**

20 marzo 2003

ESTADOS UNIDOS INVADE IRAK

Alegando la supuesta existencia de armas de destrucción masiva en manos del dictador iraquí Sadam Huseín y la consiguiente amenaza para Occidente, el presidente de Estados Unidos George W. Bush formó una coalición de países aliados para forzar el cambio de régimen en Irak. La campaña militar tuvo éxito, y Sadam fue derrocado, pero el vacío de poder subsiguiente generó un conflicto civil, y se inició una larga insurgencia contra las fuerzas ocupantes.

▽ **Banda Aceh,** en Sumatra (Indonesia), después del tsunami

26 diciembre 2004

TSUNAMI EN EL OCÉANO ÍNDICO

Causado por un terremoto submarino, este tsunami fue el tercero mayor registrado, y generó olas de hasta 30 m en las costas de Indonesia, Tailandia, Sri Lanka y el sur de India, y afectó al menos a otros diez países. El número de víctimas de este tsunami se estima en unas 227 000 personas, lo cual lo convierte en el suceso más letal conocido de este tipo.

«Lo que sabemos de la crisis financiera global es que no sabemos mucho.»

PAUL SAMUELSON, ECONOMISTA ESTADOUNIDENSE (2008)

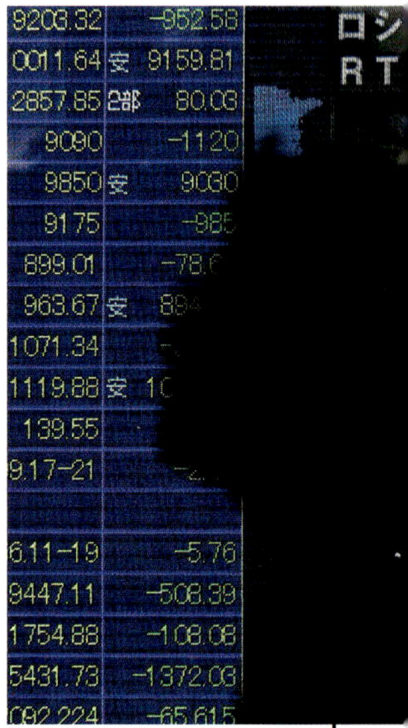

25 agosto 2005

EL HURACÁN KATRINA

Este huracán tocó tierra primero en el sur de Florida, pero ganó ímpetu al avanzar hacia el oeste por el golfo de México. Al volver a tocar tierra en el sur de Luisiana y Misisipi, causó una devastación masiva, sobre todo en Nueva Orleans, que estuvo semanas inundada. En total, el Katrina causó más de 1800 muertes y unos 125 000 millones de dólares en daños.

△ **Devastación** causada por el huracán Katrina

2005

30 enero 2005 **Se celebran elecciones en Irak,** pero la violencia continúa.

▽ **Emisión de gases y vapor contaminantes** de una central térmica

16 febrero 2005

ENTRA EN VIGOR EL PROTOCOLO DE KIOTO

Adoptado en 1997 y firmado inicialmente por 84 países, entró en vigor en 2005, después de que un porcentaje acordado de los principales contaminadores se adhiriera a sus términos. El acuerdo comprometía a los firmantes a aceptar objetivos para reducir las emisiones de gases de efecto invernadero. Hoy son 192 los firmantes.

12 julio 2006 **Estalla la guerra en Líbano** entre fuerzas israelíes y paramilitares de Hezbolá.

△ **Coronas de luto por Benazir Bhutto**

27 diciembre 2007

ASESINATO DE BENAZIR BHUTTO

Benazir Bhutto ejerció dos mandatos como primera ministra de Pakistán (1988-1990 y 1993-1996) antes de ser expulsada del cargo, acusada de corrupción. Tras nueve años en el exilio, volvió a Pakistán para presentarse a las elecciones, pero fue asesinada cuando se marchaba de un acto público. No está claro quién fue responsable, pero en el propio Pakistán fue imputado el expresidente Musharraf, entonces en el exilio.

2008
LA CRISIS ECONÓMICA GLOBAL

Después del colapso del mercado inmobiliario en Estados Unidos, bancos y entidades financieras de todo el mundo se vieron incapaces de cumplir con sus compromisos. El pánico iniciado a finales de 2007 fue en aumento con la quiebra del banco de inversiones Lehman Brothers en septiembre de 2008, y después se extendió a gran parte de América del Norte y Europa, causando la recesión económica más grave desde la Gran Depresión en la década de 1930.

◁ **Los operadores de bolsa** observan el desplome de los mercados

n. 1961
BARACK OBAMA

Nacido en Hawái, Obama pasó casi cuatro años como senador antes de ser nominado por el Partido Demócrata para las elecciones presidenciales de 2008. Fue presidente durante dos mandatos, hasta 2017.

1 agosto 2008 **Estalla la guerra de Osetia del Sur** entre Rusia y Georgia.

8 agosto 2008 **China alberga** sus primeros Juegos Olímpicos en Pekín.

4 noviembre 2008 **Barack Obama** gana las elecciones presidenciales; es el primer presidente afroestadounidense.

2009

18 mayo 2009 **En Sri Lanka,** acaban 26 años de conflicto civil con la derrota de la guerrilla separatista de los Tigres Tamiles.

10 septiembre 2008
SE ACTIVA EL GRAN COLISIONADOR DE HADRONES (LHC)

El LHC del CERN —el mayor colisionador de hadrones— entró en funcionamiento el 10 de septiembre de 2008. Situado en un túnel de 27 km de largo bajo la frontera entre Francia y Suiza, permite acelerar partículas hasta casi la velocidad de la luz y estudiar el efecto de las colisiones. Esto aporta información sobre el comportamiento de las partículas fundamentales del universo.

▷ **El Gran Colisionador de Hadrones,** de la Organización Europea para la Investigación Nuclear (CERN)

4 enero 2011

COMIENZA LA PRIMAVERA ÁRABE

El descontento con las condiciones de vida y la represión se extendió del norte de África a Oriente Próximo, y alcanzó nuevas cotas cuando la autoinmolación de un vendedor callejero desató nuevas protestas en Túnez. En las luchas de poder subsiguientes, cayeron los regímenes de Túnez, Libia, Egipto y Yemen, mientras que manifestaciones masivas sacudieron Argelia, Marruecos, Siria, Irak, Líbano, Jordania y Omán, entre otros países.

△ **Manifestantes tunecinos**

25 agosto 2012

LA VOYAGER 1 ENTRA EN EL ESPACIO INTERESTELAR

Desde su lanzamiento en 1977, la sonda espacial Voyager 1 realizó sobrevuelos con éxito de Júpiter, Saturno y el mayor satélite de este, Titán, antes de dirigirse a los límites del Sistema Solar. Fue la primera nave en llegar al espacio interestelar al salir de la heliosfera, más allá de la cual la influencia del Sol ya no es dominante. La Voyager 1 sigue reuniendo datos que envía a la Red del Espacio Profundo de la NASA.

▽ **Voyager 1**

2010

Marzo 2010 **La erupción del volcán islandés Eyjafjallajökull** interrumpe el tráfico aéreo en el norte de Europa.

31 octubre 2011 **La ONU anuncia** que la población del planeta sobrepasa los 7000 millones de habitantes.

5 marzo 2013 **Hugo Chávez,** presidente de Venezuela desde 2002, muere al inicio de su cuarto mandato.

2013 **China lanza el proyecto Nueva Ruta de la Seda** para desarrollar infraestructura global.

3 julio 2013

EL PRESIDENTE MORSI DE EGIPTO ES EXPULSADO DEL PODER

Mohamed Morsi llegó al poder después de las manifestaciones de la Primavera Árabe, que obligaron a dimitir a su predecesor, Hosni Mubarak. Antiguo líder del partido islamista Libertad y Justicia, las medidas de Morsi generaron a su vez protestas por parte de los antiislamistas. El ejército respondió con un golpe que depuso a Morsi, que fue sustituido por el general Abdel Fatah al Sisi.

1954-2013

HUGO CHÁVEZ

Tras llegar a la presidencia de Venezuela en 1998, Chávez ganó otras tres elecciones generales. Destinó los ingresos del petróleo a un programa de reformas sociales para beneficiar a los más pobres.

△ **Manifestantes** en la plaza Tahrir, en El Cairo

2014-2015

LA UNIÓN EUROPEA ENCARA UNA CRISIS MIGRATORIA SIN PRECEDENTES

La Unión Europea (UE) era ya antes un destino elegido por quienes huían de la guerra y la persecución, pero su número creció mucho en 2014-2015. Refugiados de las guerras de Siria y Afganistán trataron de llegar a la UE desde Turquía, y miles más arriesgaban la vida atravesando el Mediterráneo en pateras desde el norte de África. A fines de 2015, casi un millón de personas habían solicitado asilo solo en Alemania, el país de acogida más favorable.

▷ **Refugiados desembarcando** en la isla griega de Lesbos, en 2015

16 septiembre 2014
Estalla la guerra civil en Yemen entre el gobierno y los rebeldes hutíes.

2014

△ «Crimea es Ucrania» (grafiti)

27 febrero 2014

RUSIA SE ANEXIONA CRIMEA

El presidente ruso Vladímir Putin reaccionó a la destitución del presidente prorruso de Ucrania Víktor Yanukóvich reavivando la reivindicación rusa de Crimea, territorio transferido por Rusia a Ucrania en 1954. Se enviaron tropas rusas para instalar un gobierno prorruso, y después de un referéndum y una declaración de independencia, este aceptó la condición de república dentro de la Federación Rusa.

△ Miembros del Estado Islámico

10 junio 2014

TERRORISTAS DEL ESTADO ISLÁMICO TOMAN MOSUL, EN IRAK

Entre el caos desatado por la guerra de Irak, los partidarios del grupo insurgente suní Estado Islámico de Irak y el Levante (EIIL) se apoderaron de Mosul, la ciudad más importante del norte del país, tras huir las tropas gubernamentales que la defendían. Los terroristas la ocuparon durante tres años, oprimieron brutalmente a las minorías y ejecutaron sumariamente a más de 2000 personas. El ejército iraquí, con el respaldo de fuerzas internacionales, reconquistó la ciudad tras una campaña de nueve meses.

1924-2019
ROBERT MUGABE
Celebrado como padre de la nación al ser elegido presidente del Zimbabue independiente en 1980, Mugabe se mantuvo 37 años en el poder, pese a acusaciones de corrupción y abusos de derechos humanos.

4 noviembre 2016

ENTRA EN VIGOR EL ACUERDO DE PARÍS SOBRE EL CLIMA

Firmado parcialmente en abril de 2016, el Acuerdo de París entró en vigor al alcanzar la firma de 55 países responsables de al menos el 55 % de las emisiones globales de gases de efecto invernadero. El acuerdo busca limitar el calentamiento global a un aumento de menos del 2 % sobre los niveles preindustriales, y compromete a los firmantes a informar regularmente de los pasos dados. Hasta 2022, 192 países y la UE lo habían ratificado.

△ **Signatarios del acuerdo**

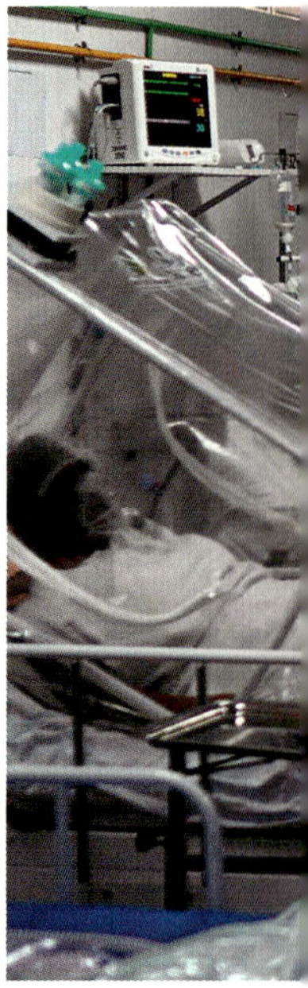
▽ **Pacientes de covid-19** bajo tratamiento

2015

21 noviembre 2017 Robert Mugabe es expulsado de la presidencia de Zimbabue después de casi cuatro décadas en el poder.

23 junio 2016 Reino Unido vota por abandonar la Unión Europea después de 43 años en el referéndum del Brexit.

8 noviembre 2016 Donald Trump es elegido 45.º presidente de Estados Unidos.

«Desde este día en adelante va a ser solo Estados Unidos primero. Estados Unidos primero.»

DONALD TRUMP, DISCURSO PRESIDENCIAL INAUGURAL (ENERO DE 2017)

▽ **Musulmanes rohinyás** huyen de la persecución

9 octubre 2016

EL EJÉRCITO BIRMANO REPRIME A LOS MUSULMANES ROHINYÁS

Después de la violencia entre los musulmanes rohinyás y los budistas en el estado birmano de Rakáin y de ataques a puestos fronterizos, el ejército birmano inició una represión brutal de las aldeas rohinyá en Rakáin, limítrofe con Bangladesh. La represión militar dejó más de 20 000 civiles muertos y un millón de desplazados.

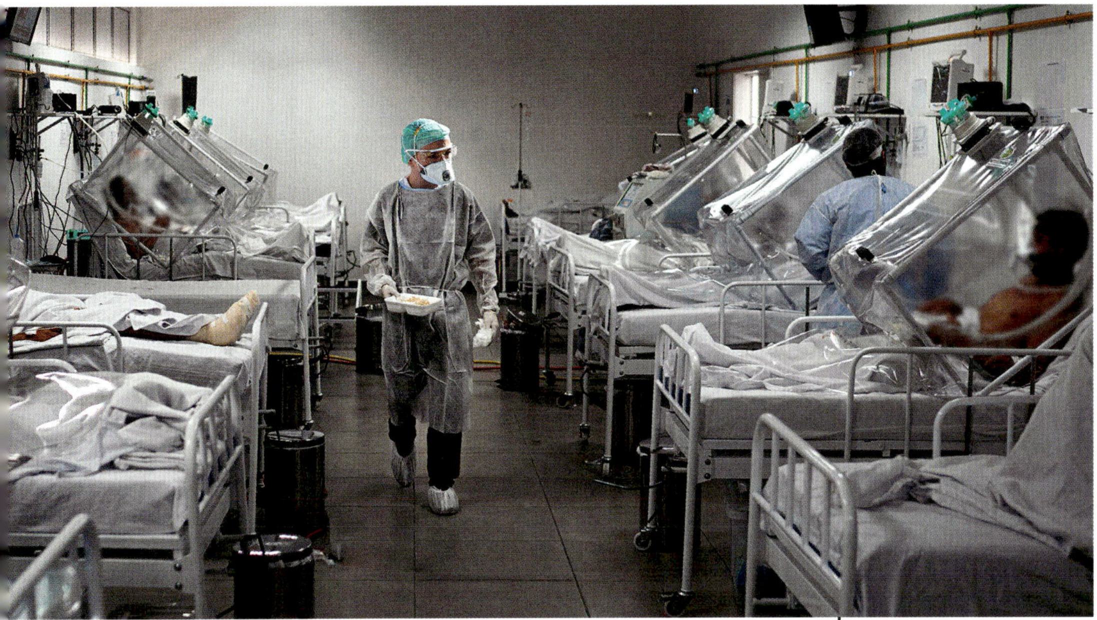

Marzo 2020

PANDEMIA DE LA COVID-19

El brote del coronavirus SARS-CoV-2, iniciado en Wuhan (China) a finales de 2019, fue declarado pandemia por la Organización Mundial de la Salud el siguiente mes de marzo. En pocos meses se extendió a todo el mundo, e infectó a más de 200 millones de personas. En otoño de 2021 había causado más de 4,25 millones de muertes.

22 marzo 2018 El presidente Trump anuncia la aplicación de aranceles que inician una guerra comercial con China.

15 marzo 2019 Protestas masivas prodemocráticas en la Región Administrativa Especial de Hong Kong, en China.

25 mayo 2020 La muerte del negro George Floyd, asfixiado por un policía blanco en Estados Unidos, desata protestas en muchos países.

2021

▷ **Manifestante de los «chalecos amarillos»**

Noviembre 2018

PROTESTA DE LOS «CHALECOS AMARILLOS» EN FRANCIA

Motivada inicialmente por los impuestos sobre la emisión de CO_2 y la subida del combustible, los *gilets jaunes* —así llamados por sus chalecos amarillos de alta visibilidad— extendieron su protesta a la creciente desigualdad económica y a los deficientes servicios públicos en las áreas rurales. Se cree que participaron unos tres millones de personas en total, y la protesta solo se detuvo debido a la pandemia de la covid-19.

▽ **Partidarios de Trump** asaltan el Capitolio de Estados Unidos

6 enero 2021

MANIFESTANTES ASALTAN EL CAPITOLIO EN WASHINGTON

Respondiendo a las falsedades vertidas por Donald Trump sobre el robo por los demócratas de las elecciones presidenciales de 2020, sus partidarios asaltaron violentamente el Capitolio en Washington D. C., con el resultado de cinco muertes. El demócrata Joe Biden fue declarado 46.º presidente al día siguiente.

ÍNDICE

Los números de página en **negrita** remiten a una entrada principal sobre el tema.

A

D

E

AGRADECIMIENTOS

El editor desea dar las gracias a Diana Vowles por la revisión del texto.

Los editores agradecen a las siguientes personas e instituciones el permiso para reproducir sus imágenes

(Clave: a-arriba; b-abajo; c-centro; e-extremo; i-izquierda; d-derecha; s-superior)

1 Alamy Stock Photo: blickwinkel (c). **2 Alamy Stock Photo:** Historic Images (c). **4-5 Shutterstock:** Dima Moroz (c). **6 Alamy Stock Photo:** The Picture Art Collection (ci); IanDagnall Computing (c1); CPA Media Pte Ltd (c2); Pictorial Press Ltd (c3); De Luan (cd). **7 Alamy Stock Photo:** Nick Higham (ci). **Getty Images:** Photo Josse/Leemage (c1). **Alamy Stock Photo:** Heritage Image Partnership (c2). **NASA:** (c3). **Alamy Stock Photo:** REUTERS (cd). **8-9 Alamy Stock Photo:** Michele Falzone (c). **10-11 Alamy Stock Photo:** Andia (s). **10 Alamy Stock Photo:** blickwinkel (si); HeritagePics (c). **Dorling Kindersley:** Harry Taylor / Natural History Museum, London (bi). **11 Dorling Kindersley:** Colorado Plateau Geosystems Inc / NASA (ci). **British Museum:** Trustees of the British Museum (bd). **12-13 akg-images:** Balage Balogh (s). **12 Shutterstock:** omurbilgili (bi). **13 Getty Images:** Heritage Images (sd). **Alamy Stock Photo:** www.BibleLandPictures.com (cd). **Dorling Kindersley:** Geoff Brightling / Butser Ancient Farm, Hampshire (bi). **Shutterstock:** Lubo Ivanko (bc1); Xidong Luo (bc2). **Wikimedia Commons:** Osado (bd). **14 Alamy Stock Photo:** Granger Historical Picture Archive (si); Elitsa Lambova (bc). **Getty Images:** DEA PICTURE LIBRARY (bd). **15 Shutterstock:** Simon Edge (s). **Alamy Stock Photo:** Suzuki Kaku (bi); Granger Historical Picture Archive (bd). **16-17 Getty Images:** Roland Birke (d). **16 Getty Images:** Giampaolo Cianella (ci). **Shutterstock:** Gurgen Bakhshetyan (cib); Benvenuto Cellini (bi). **18 Dorling Kindersley:** Dreamstime.com (si). **Alamy Stock Photo:** Adam Eastland Art + Architecture (sd). **Shutterstock:** iuliia_n (bd). **19 Getty Images:** DEA / G. DAGLI ORTI (sc); Photo 12 (bi). **Alamy Stock Photo:** CPA Media Pte Ltd (bd). **20-21 Alamy Stock Photo:** Artokoloro (bd). **20 Alamy Stock Photo:** CPA Media Pte Ltd (si). **Metropolitan Museum of Art:** Gift of Nanette B. Kelekian, in memory of Charles Dikran and Beatrice Kelekian, 1999 (ci). **Alamy Stock Photo:** INTERFOTO (bi). **Shutterstock:** Donna Carpenter (bc). **21 Getty Images:** Universal History Archive (s). **Alamy Stock Photo:** Richard Ellis (b). **22 Alamy Stock Photo:** CPA Media Pte Ltd (si); Peter Horree (cd). **Getty Images:** DEA / M. SEEMULLER (bi). **Shutterstock:** Only Fabrizio (bd). **23 Shutterstock:** Dima Moroz (si). **Getty Images:** Buyenlarge (bd). **24-25 Alamy Stock Photo:** Danita Delimont (cb). **24 Getty Images:** Heritage Images (si). **Alamy Stock Photo:** funkyfood London - Paul Williams (sd). **Metropolitan Museum of Art:** Jan Mitchell and Sons Collection, Gift of Jan Mitchell, 1999 (bd). **25 Alamy Stock Photo:** World History Archive (s); Album (bd). **26 Alamy Stock Photo:** The Picture Art Collection (si). **Metropolitan Museum of Art:** Rogers Fund, 1914 (bc). **Getty Images:** Zhang Peng (bd). **27 Shutterstock:** maratr (si); Kamira (bi). **Alamy Stock Photo:** AGF Srl (bd). **28-29 Alamy Stock Photo:** MeijiShowa (s). **28 Bridgeman Images:** Boltin Picture Library (c). **Getty Images:** Heritage Images (bi). **29 Getty Images:** Heritage Images (sd). **Alamy Stock Photo:** www.BibleLandPictures.com (bi). **30 Alamy Stock Photo:** HeritagePics (si); www.BibleLandPictures.com (cd); Science History Images (bi); Lanmas (bc1). **30 Getty Images:** UniversalImagesGroup (bc2); Heritage Images (bd). **31 Alamy Stock Photo:** Giannis Katsaros (ca); CPA Media Pte Ltd (cda). **Getty Images:** DEA PICTURE LIBRARY (bi). **Alamy Stock Photo:** robertharding (bd). **32-33 Metropolitan Museum of Art:** Gift of Mrs. Heyward Cutting, 1942 (s). **32 Shutterstock:** wayak (si). **Alamy Stock Photo:** Nick Bobroff (cd); Gina Rodgers (bc). **33 Alamy Stock Photo:** adam eastland (sd). **Getty Images:** extravagantni (bc). **34 Getty Images:** Heritage Images (sd). **Alamy Stock Photo:** www.BibleLandPictures.com (bi); Reciprocity Images Editorial (bd). **35 Alamy Stock Photo:** Chronicle (sd); Heritage Image Partnership Ltd (c); Heritage Image Partnership Ltd (bi); INTERFOTO (bc1). **35 Getty Images:** DEA / G. DAGLI ORTI (bc2). **Shutterstock:** Gilmanshin (bd). **36-37 Shutterstock:** Hung Chung Chih (d). **36 Alamy Stock Photo:** incamerastock (ci); Science History Images (bi). **38-39 Getty Images:** Sepia Times (cb). **38 Alamy Stock Photo:** Dinodia Photos (sc); agefotostock (bi). **39 Alamy Stock Photo:** colaimages (si). **Getty Images:** ullstein bild Dtl. (ca). **Alamy Stock Photo:** Leonardo Lazo (bd). **40-41 Alamy Stock Photo:** Granger Historical Picture Archive (b). **40 Alamy Stock Photo:** Historic Images (si); www.BibleLandPictures.com (sc); The Artchives (sd). **41 Getty Images:** Richard I'Anson (sd). **Alamy Stock Photo:** Erin Babnik (cd). **42-43 Alamy Stock Photo:** PRISMA ARCHIVO (ca). **42 Alamy Stock Photo:** Album (si). **Bridgeman Images:** Ashmolean Museum (cd). **Alamy Stock Photo:** Peter Horree (bc). **43 Getty Images:** PHAS (sd). **Alamy Stock Photo:** Artefact (bd). **44-45 Alamy Stock Photo:** IanDagnall Computing (s). **44 Alamy Stock Photo:** Cristiano Fronteddu (bi). **45 Alamy Stock Photo:** Jon G. Fuller, Jr. (sc); Jose Lucas (cd). **Getty Images:** Fototeca Storica Nazionale (bi). **Alamy Stock Photo:** Russell Mountford (bc1); Album (bc2); imageBROKER (bd). **46 Alamy Stock Photo:** Erin Babnik (sc); World Religions Photo Library (bd). **47 Alamy Stock Photo:** Adam Ján Figel' (sd). **Getty Images:** flik47 (bi). **Alamy Stock Photo:** Heritage Image Partnership Ltd (bd). **48-49 Shutterstock:** kavram (d). **48 Alamy Stock Photo:** Granger Historical Picture Archive (ci); Ivan Vdovin (bi). **50 Alamy Stock Photo:** Science History Images (si); GL Archive (bi). Heritage Image Partnership Ltd (bd); **51 Alamy Stock Photo:** IanDagnall Computing (sd). **Metropolitan Museum of Art:** Gift of J. Pierpont Morgan, 1917 (bi). **52-53 Alamy Stock Photo:** Independent Picture Service (s). **52 Getty Images:** AGF (si); Dreamframer (b). **53 Shutterstock:** Gilmanshin (sd). **Alamy Stock Photo:** Anita Nicholson (ci); CPA Media Pte Ltd (bi); The Picture Art Collection (bc1); World History Archive (bc2). **54-55 Alamy Stock Photo:** Lanmas (s). **54 Alamy Stock Photo:** Artokoloro (bi). **Getty Images:** DE AGOSTINI PICTURE LIBRARY (bd). **55 Alamy Stock Photo:** INTERFOTO (sd). **Bridgeman Images:** Stefano Baldini (bc). **56-57 Alamy Stock Photo:** Brian Overcast (c). **56 Alamy Stock Photo:** Kevin Schafer (bi1); Design Pics Inc (bi2); Juan Vilata (bi3). **58 Getty Images:** Sepia Times (si). **Metropolitan Museum of Art:** Rogers Fund, 1923 (sd). **Alamy Stock Photo:** Kevin Archive (bc); David Lyons (bd). **59 Alamy Stock Photo:** CPA Media Pte Ltd (sc); Richard Slater (ci); adam eastland (bc). **60-61 Getty Images:** Heritage Images (s). **60 Getty Images:** Sepia Times (si). **Shutterstock:** Alexandre Laprise (bi). **61 Alamy Stock Photo:** CPA Media Pte Ltd (bi). **Shutterstock:** ansharphoto (bd). **62-63 Getty Images:** Godong (si). **62 Alamy Stock Photo:** Heritage Image Partnership Ltd (c); Peter Horree (bd). **63 akg-images:** Cameraphoto (sc). **Alamy Stock Photo:** imageBROKER (bi). **Shutterstock:** Lefteris Papaulakis (bc1). **Alamy Stock Photo:** Granger Historical Picture Archive (bc2); GL Archive (bd). **64-65 Alamy Stock Photo:** Azoor Photo (d). **64 Alamy Stock Photo:** Peter Cripps (ci); North Wind Picture Archives (cib); Peter Horree (bi). **66 Alamy Stock Photo:** Science History Images (si); THP Creative (bd). **67 Alamy Stock Photo:** Heritage Image Partnership Ltd (si). **Getty Images:** UniversalImagesGroup (cd). **Alamy Stock Photo:** Imaginechina Limited (bi); CPA Media Pte Ltd (bc1); Album (bc2); Niday Picture Library (bd). **68-69 Alamy Stock Photo:** Album (s). **68 Alamy Stock Photo:** Panther Media GmbH (sc). **Getty Images:** Heritage Images (bi). **69 akg-images:** Eric Vandeville (c). **Alamy Stock Photo:** Stefano Ravera (bi). **70 Alamy Stock Photo:** INTERFOTO (si); The Print Collector (ci); Suzuki Kaku (bd). **71 Alamy Stock Photo:** Album (si); Chronicle (sd); World Discovery (bd). **72 Alamy Stock Photo:** Matteo Omied (si); Granger Historical Picture Archive (bd). **73 Alamy Stock Photo:** Granger Historical Picture Archive (ci); agefotostock (cd); Granger Historical Picture Archive (bd). **74 Bridgeman Images:** Leonard de Selva (si). **Alamy Stock Photo:** Album (b). **75 Alamy Stock Photo:** Maidun Collection (si); Jonathan Orourke (c); Rapp Halour (b). **76-77 Alamy Stock Photo:** Album (sc). **76 Alamy Stock Photo:** Granger Historical Picture Archive (bi). **77 Bridgeman Images:** Photo Josse (s). **Alamy Stock Photo:** The Print Collector (ci); Album (bi). **77 Getty Images:** The Print Collector (bc1). **Alamy Stock Photo:** Heritage Image Partnership Ltd (bc2); Peter Righteous (bd). **78-79 Alamy Stock Photo:** Fedor Selivanov (c). **78 Bridgeman Images:** Photo Josse (si). **Alamy Stock Photo:** The Print Collector (bi). **Dorling Kindersley:** iStock: duncan1890 (bd). **79 Alamy Stock Photo:** Stephen Coyne (sd); Granger Historical Picture Archive (b). **80-81 Alamy Stock Photo:** Album (c). **80 Alamy Stock Photo:** Science History Images (bi1). **Getty Images:** Universal History Archive (bi2). **Alamy Stock Photo:** Science History Images (bi3). **82-83 Alamy Stock Photo:** PRISMA ARCHIVO (c). **82 Alamy Stock Photo:** Science History Images (si); The Picture Art Collection (b). **83 Alamy Stock Photo:** Historic Collection (sd); HeritagePics (bi); CPA Media Pte Ltd (bd). **84 Alamy Stock Photo:** Heritage Image Partnership Ltd (si); Heritage Image Partnership Ltd (sd); MichaelGrant (bi). **85 Alamy Stock Photo:** Peter Horree (si); Wolfgang Kaehler (bd). **86-87 Alamy Stock Photo:** CPA Media Pte Ltd (c). **86 Alamy Stock Photo:** Scott Hortop Images (si); CPA Media Pte Ltd (b). **87 Alamy Stock Photo:** Ancient Art and Architecture (cd); History and Art Collection (bi); Stefano Politi Markovina (bc1); Michael Foley (bc2); Everett Collection Inc (bd). **88 Getty Images:** Heritage Images (sd). **Alamy Stock Photo:** Chronicle (ci); Natalia Lukiianova (bd). **89 Alamy Stock Photo:** Heritage Image Partnership Ltd (sd); CPA Media Pte Ltd (bd). **90-91 Getty Images:** Sepia Times (sc). **90 Shutterstock:** Fotowan (bi). **Alamy Stock Photo:** Album (bd). **91 Alamy Stock Photo:** Shelly Rivoli (c); Yogi Black (bi); Konstantin Kalishko (bd). **92-93 Alamy Stock Photo:** The Picture Art Collection (c). **92 Alamy Stock Photo:** CPA Media Pte Ltd (bi1). **akg-images:** Pictures from History (bi2); Ronald and Sabrina Michaud (bi3). **94-95 Alamy Stock Photo:** funkyfood London - Paul Williams (d).**94 Alamy Stock Photo:** Granger Historical Picture Archive (si); Album (cd). **95 Alamy Stock Photo:** The Picture Art Collection (si); Artokoloro (bd). **96 Alamy Stock Photo:** The Picture Art Collection (si). **akg-images:** ROLAND & SABRINA MICHAUD (ci). **Alamy Stock Photo:** PA Images (bi). **97 Alamy Stock Photo:** Science History Images (s). **Getty Images:** Werner Forman (cd). **Alamy Stock Photo:** Nature Picture Library (bi). **98 Alamy Stock Photo:** Science History Images (s); imageBROKER (b). **99 Alamy Stock Photo:** Joris Van Ostaeyen (si); PRISMA ARCHIVO (sd). **Metropolitan Museum of Art:** Edward Elliott Family Collection, Purchase, The Dillon Fund Gift, 1982 (bd).

100 Shutterstock: Uwe Aranas (si). **Alamy Stock Photo:** World History Archive (c). **Bridgeman Images:** St. Louis Museum of Science & Natural History, Missouri, US (bd). **101 Alamy Stock Photo:** World History Archive (si); The Picture Art Collection (bd). **102 Alamy Stock Photo:** World History Archive (si); Dinodia Photos (sd); The Picture Art Collection (b). **103 Alamy Stock Photo:** Album (si). **Getty Images:** The Print Collector (bd). **104 Getty Images:** Heritage Images (sd); DEA / A. DAGLI ORTI (c); Heritage Images (bd). **105 Dorling Kindersley:** Richard Leeney / Faversham Town Council (si). **Alamy Stock Photo:** Peter Horree (sc). **Getty Images:** UniversalImagesGroup (bd). **106 Alamy Stock Photo:** The Picture Art Collection (sd). **Shutterstock:** ppl (bi). **107 akg-images:** (bd). **Alamy Stock Photo:** The Picture Art Collection (si); Science History Images (sd). **akg-images:** (bc). **Getty Images:** Universal History Archive (bd). **108-109 Alamy Stock Photo:** CPA Media Pte Ltd (b). **108 Alamy Stock Photo:** HeritagePics (si); CPA Media Pte Ltd (sd). **Wikimedia Commons:** Gary Todd (bc). **109 Alamy Stock Photo:** Heritage Image Partnership Ltd (sd). **110 Alamy Stock Photo:** Dietmar Rauscher (si). **Getty Images:** Heritage Images (bd). **111 Shutterstock:** Rachelle Burnside (si). **Alamy Stock Photo:** Science History Images (sd). **Getty Images:** Werner Forman (ci). **Alamy Stock Photo:** The Granger Collection (bd). **112-113 Alamy Stock Photo:** Aliaksandr Mazurkevich (b). **112 Alamy Stock Photo:** Heritage Image Partnership Ltd (sd). **Dorling Kindersley:** Gary Ombler / University of Aberdeen (cia). **Shutterstock:** Everett Collection (ci). **Getty Images:** Heritage Images (cib). **113 Alamy Stock Photo:** Niday Picture Library (sc). **114 Getty Images:** Photo Josse/Leemage (ci). **Alamy Stock Photo:** Pictorial Press Ltd (cib). **Getty Images:** Heritage Images (bi). **115 Alamy Stock Photo:** Pictorial Press Ltd (d). **116-117 Getty Images:** Angelo Hornak (s). **116 Getty Images:** Sepia Times (si). **Alamy Stock Photo:** CPA Media Pte Ltd (bi); Robert Kawka (c). **117 Getty Images:** UniversalImagesGroup (sd). **Alamy Stock Photo:** Album (bi); PRISMA ARCHIVO (bc1); The History Collection (bc2); Album (bd). **118-119 Getty Images:** Photo 12 (s). **118 Metropolitan Museum of Art:** Gift of Florence and Herbert Irving, 2015 (si). **Alamy Stock Photo:** CPA Media Pte Ltd (bc). **119 Shutterstock:** neftali (sd). **Getty Images:** Carl Court / Staff (bi). **Alamy Stock Photo:** Niday Picture Library (bd). **120 Getty Images:** Print Collector (ci). **Alamy Stock Photo:** Historical Images Archive (cib); Granger Historical Picture Archive (bi). **121 Alamy Stock Photo:** Science History Images (d). **122 Alamy Stock Photo:** CPA Media Pte Ltd (si); Joaquin Ossorio-Castillo (bd). **123 Alamy Stock Photo:** AF Fotografie (cia); Benjamin Phelan (sd). **123 Getty Images:** Leemage (bc). **Alamy Stock Photo:** World History Archive (bd). **124 Getty Images:** DEA PICTURE LIBRARY (sc); Print Collector (bi). **124 Getty Images:** ullstein bild Dtl. (cd). **125 Alamy Stock Photo:** Tim Brown (si); Science History Images (ci). **Getty Images:** Heritage Images (bd). **126 Alamy Stock Photo:** UtCon Collection (si); REUTERS (sd). **Dorling Kindersley:** Dreamstime.com: Daniel Prudek / Prudek (bd). **127 akg-images:** (si). **Alamy Stock Photo:** Artokoloro (cdb); Granger Historical Picture Archive (bd). **128-129 Alamy Stock Photo:** GL Archive (s). **128 Alamy Stock Photo:** Leonardo Emiliozzi (si). **Getty Images:** Print Collector (bi). **129 Dorling Kindersley:** Dreamstime.com: Javarman (cib). **Alamy Stock Photo:** PjrStatues (bi); Science History Images (bc1); CPA Media Pte Ltd (bc2). **Getty Images:** Culture Club (bd). **130 Alamy Stock Photo:** Ivan Vdovin (si); Granger Historical Picture Archive (sd); Matteo Omied (bi). **131 Alamy Stock Photo:** Science History Images (si). **Getty Images:** Stock Montage (cib). **Alamy Stock Photo:** Heritage Image Partnership Ltd (bd). **132 Getty Images:** Print Collector (si). **Alamy Stock Photo:** World History Archive (bd). **133 Getty Images:** Heritage Images (s). **Alamy Stock Photo:** PRISMA ARCHIVO (ca). **Getty Images:** Heritage Images (bi). **Alamy Stock Photo:** World History Archive (bc1); CPA Media Pte Ltd (bc2); zhang jiahan (bd). **134-135 Getty Images:** Heritage Images (b). **134 Alamy Stock Photo:** Rosemarie Mosteller (si). **Getty Images:** Buyenlarge (s). **135 Alamy Stock Photo:** Album (si). **Getty Images:** Universal History Archive (cdb). **Alamy Stock Photo:** IanDagnall Computing (bd). **136 Alamy Stock Photo:** Album (si). **Getty Images:** Heritage Images (sd). **Alamy Stock Photo:** Granger Historical Picture Archive (bi). **137 Alamy Stock Photo:** Science History Images (si); Album (ci). **Dorling Kindersley:** Dreamstime.com: Takepicsforfun (bi). **Shutterstock:** marryframestudio (bc1). **Alamy Stock Photo:** dbtravel (bd). **138 Shutterstock:** GTW (sd). **Getty Images:** Print Collector (bd). **139 Getty Images:** Heritage Images (si). **Alamy Stock Photo:** Chris Dorney (sd); The Picture Art Collection (bi). **Shutterstock:** Avigator Fortuner (bd). **140-141 Alamy Stock Photo:** Niday Picture Library (s). **140 Alamy Stock Photo:** CPA Media Pte Ltd (bd). **Getty Images:** Photo 12 (bc). **141 Getty Images:** MPI / Stringer (sd); Stefano Bianchetti (bi). **Dorling Kindersley:** Gary Ombler / Whipple Museum of History of Science, Cambridge (bc1). **Alamy Stock Photo:** ClassicStock (bc2); dotted zebra (bd). **142 Alamy Stock Photo:** Album (si); Eraza Collection (sd). **Getty Images:** Werner Forman (bi). **Alamy Stock Photo:** PRISMA ARCHIVO (bd). **143 Alamy Stock Photo:** Hemis (s). **Shutterstock:** NORTHERN IMAGERY (b). **144-145 Alamy Stock Photo:** Chronicle of World History (c). **144 Getty Images:** Sepia Times (bi1); Sepia Times (bi2); UniversalImagesGroup (bi3). **146-147 Alamy Stock Photo:** IanDagnall Computing (s). **146 Alamy Stock Photo:** INTERFOTO (bi); Album (bd). **147 Getty Images:** Science and Society Picture Library (sd). **Alamy Stock Photo:** Art Collection 3 (bi). **Getty Images:** The Print Collector (bd). **148 Getty Images:** Photo 12 (si). **Alamy Stock Photo:** INTERFOTO (bd). **149 Alamy Stock Photo:** Art Collection 3 (sd); Heritage Image Partnership Ltd (ci); Magite Historic (b). **150-151 Alamy Stock Photo:** incamerastock (s). **150 Alamy Stock Photo:** GL Archive (bi); CPA Media Pte Ltd (bd). **151 Alamy Stock Photo:** Glasshouse Images (sd); CPA Media Pte Ltd (bd). **152-153 Alamy Stock Photo:** Chronicle (b). **152 Alamy Stock Photo:** INTERFOTO (si). **Getty Images:** Heritage Images (c). **153 Alamy Stock Photo:** GL Archive (ci); Photo 12 (sc). **154-155 Alamy Stock Photo:** The History Collection (sc). **154 Alamy Stock Photo:** miscellany (cd). **Getty Images:** Universal History Archive (b). **155 Getty Images:** Science and Society Picture Library (ci). **Alamy Stock Photo:** ephotocorp (cd). **156 Getty Images:** Heritage Images (s). **Alamy Stock Photo:** Album (c); Image Professionals GmbH (bi). **157 Alamy Stock Photo:** Pictures Now (sc); The Natural History Museum (ci). **Getty Images:** Heritage Images (bi). **Alamy Stock Photo:** The Granger Collection (bc1). **Getty Images:** The Print Collector (bc2). **158 Alamy Stock Photo:** Heritage Image Partnership Ltd (si); IanDagnall Computing (bd). **159 Alamy Stock Photo:** AIFA Visuals (ci); The History Collection (sd); Dinodia Photos (b). **160-161 Alamy Stock Photo:** De Luan (sc). **160 Getty Images:** Robert Alexander (bi). **Alamy Stock Photo:** North Wind Picture Archives (bd). **161 Alamy Stock Photo:** Heritage Image Partnership Ltd (sd); Paul Nichol (ci); RKive (bd). **162 Alamy Stock Photo:** PjrTravel (si); Granger Historical Picture Archive (bi). **Getty Images:** Universal History Archive (c). **Alamy Stock Photo:** INTERFOTO (cd). **163 Alamy Stock Photo:** Artokoloro (s). **akg-images:** Heritage Images (b). **164-165 Getty Images:** Heritage Images (sc). **164 Bridgeman Images:** Peabody Essex Museum, Salem, Massachusetts, USA (b). **165 Getty Images:** The Print Collector (sd). **Alamy Stock Photo:** BTEU/RKMLGE (ci). **Getty Images:** Science and Society Picture Library (bi). **Alamy Stock Photo:** The Granger Collection (bc). **Getty Images:** Hulton Archive (bd). **166 Alamy Stock Photo:** CPA Media Pte Ltd (s). **Getty Images:** Heritage Images (bi); Zhang Peng (bd). **167 Alamy Stock Photo:** Science History Images (s). **Getty Images:** Wolfgang Kaehler (bi). **Alamy Stock Photo:** Matteo Omied (bd). **168-169 Alamy Stock Photo:** Science History Images (c). **168 Bridgeman Images:** Private Collection (bi1). **Alamy Stock Photo:** INTERFOTO (bi2); Pictorial Press Ltd (bi3). **170 Alamy Stock Photo:** World History Archive (si). **Getty Images:** UniversalImagesGroup (sd). **Alamy Stock Photo:** GL Archive (bc); World History Archive (cd). **171 Alamy Stock Photo:** robertharding (sd); The Picture Art Collection (bc); Tom Uhlman (bd). **172-173 Alamy Stock Photo:** Nick Higham (l). **173 Alamy Stock Photo:** North Wind Picture Archives (cd). **Getty Images:** Mfarr (bd). **174-175 Alamy Stock Photo:** Matteo Omied (b). **174 Alamy Stock Photo:** The Granger Collection (si); The Picture Art Collection (sc); Yakov Oskanov (bi); Historic Collection (bd). **175 Alamy Stock Photo:** Science History Images (ca); CPA Media Pte Ltd (sd). **176-177 Getty Images:** Photo 12 (s). **176 Dorling Kindersley:** Richard Leeney / Royal Academy of Music (si). **Alamy Stock Photo:** AF Fotografie (bd). **177 Alamy Stock Photo:** Niday Picture Library (bi). **Getty Images:** Archive Photos / Stringer (bd). **178-179 Alamy Stock Photo:** imageBROKER (s). **178 Alamy Stock Photo:** GL Archive (si). **Getty Images:** Sepia Times (bi). **Alamy Stock Photo:** PS-I (bc). **179 Alamy Stock Photo:** CPA Media Pte Ltd (c). **Metropolitan Museum of Art:** Rogers Fund, 1942 (bi). **Dorling Kindersley:** Dave King / Durham University Oriental Museum (bc1). **Alamy Stock Photo:** World History Archive (bc2). **Metropolitan Museum of Art:** Purchase by subscription, 1879 (bd). **180 Getty Images:** Heritage Images (sd). **Alamy Stock Photo:** INTERFOTO (bi). **Getty Images:** Science & Society Picture Library (bd). **181 Getty Images:** Sepia Times (si). **Alamy Stock Photo:** Album (bi); Ian Dagnall (bd). **182-183 Alamy Stock Photo:** Photo 12 (d). **182 Getty Images:** DEA / A. DE GREGORIO (cib). **Alamy Stock Photo:** IanDagnall Computing (bi). **184 Getty Images:** Photo 12 (si); Culture Club (bd). **185 Getty Images:** MPI / Stringer (si). **Alamy Stock Photo:** B Christopher (sd); H.S. Photos (cdb). **185 Getty Images:** Heritage Images (bi). **Alamy Stock Photo:** PjrStatues (bc1). **Getty Images:** Nigel Jarvis (bc2); GraphicaArtis (bd). **186 Alamy Stock Photo:** INTERFOTO (sd). **Getty Images:** Epics (bi). **187 Alamy Stock Photo:** North Wind Picture Archives (si). **Bridgeman Images:** The Anson Collection / National Trust Photographic Library / John Hammond (sd). **Alamy Stock Photo:** Chronicle (bi). **Getty Images:** Hulton Archive / Stringer (bd). **188 Alamy Stock Photo:** Ian Dagnall (sd); Art Collection 2 (bi); Granger Historical Picture Archive (bd). **189 Alamy Stock Photo:** Tim Graham (sd); Science History Images (bi); Universal Art Archive (bd). **190 Getty Images:** DE AGOSTINI PICTURE LIBRARY (si). **Alamy Stock Photo:** Pictorial Press Ltd (sd); imageBROKER (bi). **Getty Images:** Print Collector (bc1); Culture Club (bc2). **Alamy Stock Photo:** Lebrecht Music & Arts (bd). **191 Alamy Stock Photo:** Masterpics (si); Science History Images (bi). **Getty Images:** Stock Montage (bd). **192-193 Alamy Stock Photo:** incamerastock (s). **192 Getty Images:** John Stevenson (bi). **Alamy Stock Photo:** Edwin Verin (bd). **193 Alamy Stock Photo:** J.R. Bale (si). **Getty Images:** Hulton Archive / Stringer (sc). **Alamy Stock Photo:** Filip Fuxa (bd). **194 Alamy Stock Photo:** Heritage Image Partnership Ltd (si); The Picture Art Collection (sd). **194 Dorling Kindersley:** 123RF.com: Rolando Da Jose / annika09 (bi); Dreamstime.com: Onur Ersin (bc). **195 Alamy Stock Photo:** Roland Bouvier (sc); Heritage Image Partnership Ltd (sd); The Granger Collection (bi). **196-197 Alamy Stock Photo:** REUTERS (d). **196 Alamy Stock Photo:** Album (ci). **Getty Images:** Heritage Images (bi1). **Alamy Stock Photo:** North Wind Picture Archives (bi2). **198 Alamy Stock Photo:** CPA Media Pte Ltd (si). **Getty Images:** Photo 12 (bd). **199 Alamy Stock Photo:** Niday Picture Library (si); Balfore Archive Images (ci); Arthur Greenberg (bd). **200-201 Getty Images:** Print Collector (s). **200 Alamy Stock Photo:** Alex Segre (sc); Heritage Image Partnership Ltd (bi); Science History Images (bc). **201**

Dorling Kindersley: 123RF.com: F. Javier Espuny / fxegs (bi). **202 Alamy Stock Photo:** FLHC (si); Album (cd). **202 Dorling Kindersley:** Gary Ombler / Whipple Museum of History of Science, Cambridge (bi); Clive Streeter / The Science Museum, London (bc1). **202 Wikimedia Commons:** Medgyes (bc2). **Getty Images:** Andrei Berezovskii (bd). **203 Alamy Stock Photo:** Nigel Reed QEDimages (si); Chronicle (sd); North Wind Picture Archives (bd). **204-205 Alamy Stock Photo:** Granger Historical Picture Archive (cb). **204 Alamy Stock Photo:** GL Archive (si). **Getty Images:** DEA / G. DAGLI ORTI (cd). **205 Getty Images:** API (si). **Bridgeman Images:** Private Collection (sd). **Dorling Kindersley:** Geoff Dann / David Edge (bd). **206 Alamy Stock Photo:** Niday Picture Library (sc); Lifestyle pictures (bi). **Alamy Stock Photo:** Album (bd). **207 Bridgeman Images:** British Museum, London (sd). **Alamy Stock Photo:** Artokoloro (bi). **akg-images:** ART TRADE, VAN HAM (bd). **208 Alamy Stock Photo:** North Wind Picture Archives (si). **Getty Images:** The New York Historical Society (cd). **Alamy Stock Photo:** The Picture Art Collection (bi); Granger Historical Picture Archive (bd). **209 Alamy Stock Photo:** Todd Strand (si). **Getty Images:** Interim Archives (bi). **Alamy Stock Photo:** David Ribeiro (bc1); Colin Waters (bc2); ARCHIVIO GBB (bc3); Pictorial Press Ltd (bd). **210-211 Getty Images:** Science & Society Picture Library (c). **210 Getty Images:** Science & Society Picture Library (bi1); UniversalImagesGroup (bi2). **212 Alamy Stock Photo:** INTERFOTO (si); Niday Picture Library (cd); GL Archive (ci); Ross Jolliffe (bi). **213 Getty Images:** Photo Josse/Leemage (s). **Alamy Stock Photo:** incamerastock (b). **214 Alamy Stock Photo:** INTERFOTO (si); CPA Media Pte Ltd (sd); Witold Skrypczak (cd); Wahavi (bd). **215 Alamy Stock Photo:** The Granger Collection (si). **Shutterstock:** Everett Collection (sd). **Alamy Stock Photo:** Chronicle (bi). **Shutterstock:** Estragon (bc1). **Alamy Stock Photo:** IanDagnall Computing (bc2); Science Picture Co (bd). **216-217 Alamy Stock Photo:** Heritage Image Partnership Ltd (b). **216 Alamy Stock Photo:** CPA Media Pte Ltd (s); World History Archive (bi). **217 Alamy Stock Photo:** MehmetO (si). **Shutterstock:** Everett Collection (sd). **Alamy Stock Photo:** Art Collection 2 (bd). **218 Alamy Stock Photo:** CPA Media Pte Ltd (si); Everett Collection Inc (bd). **219 Alamy Stock Photo:** Lordprice Collection (ci); CPA Media Pte Ltd (sd); Universal Art Archive (bi). **220-221 Alamy Stock Photo:** CPA Media Pte Ltd (c). **220 Alamy Stock Photo:** North Wind Picture Archives (bi1); Hamza Khan (bi2); INTERFOTO (bi3). **222-223 Getty Images:** PHAS (s).**222 Alamy Stock Photo:** Boaz Rottem (si); 915 collection (b). **223 Alamy Stock Photo:** Joern Sackermann (bi); Granger Historical Picture Archive (bd). **224 Getty Images:** Photo 12 (si). **Alamy Stock Photo:** PjrStatues (ci); IanDagnall Computing (bi). **Getty Images:** Fine Art (bc). **Alamy Stock Photo:** GL Archive (bd). **225 Alamy Stock Photo:** GL Archive (sd). **Getty Images:** Buyenlarge (bd). **Alamy Stock Photo:** Everett Collection Inc (bc). **226 Alamy Stock Photo:** The History Collection (si); Austrian National Library/ Interfoto (cd); Granger Historical Picture Archive (bi). **227 Alamy Stock Photo:** The Print Collector (si). **Getty Images:** Universal History Archive (cd). **Alamy Stock Photo:** The History Collection (bi). **Getty Images:** Otto Herschan Collection (bd). **228-229 Getty Images:** Geoffrey Clements (bc). **228 Getty Images:** Museum of the City of New York (si). **229 Getty Images:** Imagno (si); PHAS (sd). **Alamy Stock Photo:** Everett Collection Historical (ci). **Bridgeman Images:** Wallace Collection, London (bd). **230-231 Alamy Stock Photo:** Niday Picture Library (sc). **230 Alamy Stock Photo:** Peter Horree (si). **Getty Images:** Bettmann (bi); ullstein bild Dtl. (bd). **231 Alamy Stock Photo:** GL Archive (sd). **Getty Images:** Heritage Images (bi); Bettmann (bc1); Leemage (bc2); Heritage Images (bd). **232-233 Alamy Stock Photo:** North Wind Picture Archives (b). **232 Alamy Stock Photo:** North Wind Picture Archives (si); INTERFOTO (cd). **Getty Images:** Library of Congress (bi). **233 Bridgeman Images:** Michael Graham-Stewart (si). **Alamy Stock Photo:** PRISMA ARCHIVO (sd); Chronicle (bd). **234 Alamy Stock Photo:** CPA Media Pte Ltd (si); Pictorial Press Ltd (bi); Photo 12 (cd). **235 Alamy Stock Photo:** The Granger Collection (s); Kayte Deioma (ci). **Getty Images:** George Rinhart (bc). **Alamy Stock Photo:** IanDagnall Computing (bd). **236-237 Getty Images:** Keith Lance (sc). **236 akg-images:** akg (sd). **Alamy Stock Photo:** Everett Collection Inc (bi). **237 Alamy Stock Photo:** Heritage Image Partnership Ltd (sd); FLHC26 (bi); Pavel Dudek (bd). **238-239 Getty Images:** Bettmann (c). **238 Getty Images:** STR (bi1). **Alamy Stock Photo:** Historic Collection (bi2); RBM Vintage Images (bi3). 240 **Alamy Stock Photo:** The Picture Art Collection (s). **Getty Images:** Universal History Archive (bi); Photo 12 (bd). **241 Getty Images:** Hulton Archive (sd); Historical (bd). **242 Alamy Stock Photo:** Science History Images (si). **Getty Images:** Hulton Archive (b). **243 Getty Images:** DEA / A. DAGLI ORTI (s); Marka (bi); Galerie Bilderwelt (bc1). **Alamy Stock Photo:** Sueddeutsche Zeitung Photo (bc2); INTERFOTO (bd). **244 Getty Images:** Universal History Archive (si); Fred Stein Archive (sd). **Alamy Stock Photo:** Heritage Image Partnership Ltd (b). **245 Alamy Stock Photo:** Art Library /© Succession Picasso / DACS, London 2021 (s); Pictorial Press Ltd (bi); INTERFOTO (bd). **246 Alamy Stock Photo:** Time Trip (si); Shawshots (cd); Chronicle (b). **247 Alamy Stock Photo:** Ian Dagnall (sd). **Getty Images:** Bettmann (b). **248 Alamy Stock Photo:** Pictorial Press Ltd (s); Chronicle (bi). **Dorling Kindersley:** Andy Crawford / Imperial War Museum (bd). **249 Alamy Stock Photo:** Shawshots (si); Steve Allen Travel Photography (sd); Science History Images (bi); Shawshots (bd). **250 Alamy Stock Photo:** IanDagnall Computing (si); CPA Media Pte Ltd (bc). **Shutterstock:** Everett Collection (bd). **251 Alamy Stock Photo:** Marc Tielemans (sd). **Getty Images:** Paul Popper/Popperfoto (bi). **252-253 Alamy Stock Photo:** Science History Images (c). **252 Getty Images:** Topical Press Agency (si); Popperfoto (cd); Photo 12 (bi). **253 Alamy Stock Photo:** Entertainment Pictures (bi); Granger Historical Picture Archive (bd). **254-255 Alamy Stock Photo:** Sueddeutsche Zeitung Photo (c). **254 Getty Images:** New York Daily News Archive (bi1); Hulton Archive (bi2); Hulton Archive (bi3). **256 Alamy Stock Photo:** Dinodia Photos (si); CPA Media Pte Ltd (bi). **257 Getty Images:** Hulton Archive (sd); Photo 12 (ci). **258 Alamy Stock Photo:** World History Archive (si). **Getty Images:** Popperfoto (c); Universal History Archive (bd). **259 Getty Images:** ullstein bild Dtl. (si); Central Press / Stringer (cd). **Alamy Stock Photo:** mccool (cda); Granger Historical Picture Archive (bd). **260 Alamy Stock Photo:** Sueddeutsche Zeitung Photo (si). **Dorling Kindersley:** Dreamstime.com: Gepapix (sd). **Alamy Stock Photo:** Pictorial Press Ltd (bi). **Getty Images:** Fox Photos / Stringer (bd). **261 Alamy Stock Photo:** Photo 12 (sd); Andrew Harker (bd). **262-263 Getty Images:** Photo 12 (c). **262 Alamy Stock Photo:** Shawshots (si); CPA Media Pte Ltd (bi); Shawshots (bc1); Granger Historical Picture Archive (bc2). **Getty Images:** Keystone-France (bd). **263 Getty Images:** IWM (sd). **Alamy Stock Photo:** mccool (bd). **264 Alamy Stock Photo:** Heritage Image Partnership Ltd (si). **Getty Images:** Picture Post/IPC Magazines (sc). **Alamy Stock Photo:** World History Archive (bi). **265 Alamy Stock Photo:** Pictorial Press Ltd (si). **Getty Images:** Universal History Archive (bd). **266 Getty Images:** Bettmann (si). **Alamy Stock Photo:** World History Archive (sd). **Getty Images:** Bettmann (bc). **267 Getty Images:** HUGO H. MENDELSOHN (si). **Alamy Stock Photo:** DBI Studio (bd). **268-269 Alamy Stock Photo:** Everett Collection Historical (d). **268 Alamy Stock Photo:** Alexander Perepelitsyn (ci); Science History Images (bi). **270-271 Alamy Stock Photo:** World History Archive (si). **270 Getty Images:** MARIO TAMA / Stringer (ci). **Dorling Kindersley:** Gary Ombler / Wardrobe Museum, Salisbury (cd). **Alamy Stock Photo:** Everett Collection Inc (bd). **271 Alamy Stock Photo:** INTERFOTO (bi). **Getty Images:** Popperfoto (bd). **272 Getty Images:** Sovfoto (si). **Alamy Stock Photo:** Historic Collection (ci); World History Archive (c). **Getty Images:** PAGES Francois (bd). **273 Alamy Stock Photo:** World History Archive (si); INTERFOTO (sd); Stephen Saks Photography (bi); Everett Collection Inc (bc1); Glasshouse Images (bc2); Science History Images (bd). **274-275 Alamy Stock Photo:** CPA Media Pte Ltd (b). **274 Getty Images:** Central Press / Stringer (si). **Alamy Stock Photo:** PhotoStock-Israel (sd). **Getty Images:** Stringer (cb). **275 Alamy Stock Photo:** Mick Sinclair (sd); Dennis Brack (bd). **276-277 Getty Images:** New York Daily News Archive (c). **276 Getty Images:** Bettmann (bi1). **Alamy Stock Photo:** CBW (bi2); Granger Historical Picture Archive (bi3). **278 akg-images:** (sd). **Getty Images:** New York Daily News Archive (bi); Science & Society Picture Library (bd). **279 Getty Images:** Bettmann (si); STRINGER / Stringer (sc); Bettmann (bd). **280-281 Alamy Stock Photo:** World History Archive (s). **280 Getty Images:** CARL DE SOUZA / Staff (bi); Hulton Archive / Stringer (bd). **281 Alamy Stock Photo:** PA Images (bi). **Getty Images:** Handout (bd). **282-283 NASA:** (b). **282 Alamy Stock Photo:** REUTERS (si). **Getty Images:** Bettmann (cib). **282 NASA:** (cb); (cdb). **283 Getty Images:** Rolls Press / Popperfoto (si); Stringer (sd). **284 Alamy Stock Photo:** World History Archive (si). **Dorling Kindersley:** Gary Ombler / Rob Arnold, Automobilia UK (cd). **Getty Images:** Rolls Press / Popperfoto (bd). **285 Getty Images:** Jacques Pavlovsky (sd); Bettmann (bi). **Alamy Stock Photo:** Pictorial Press Ltd (bd). **286 Getty Images:** Paolo KOCH (sd). **Alamy Stock Photo:** Newscom (cdb). **Getty Images:** Science & Society Picture Library (bi). **Alamy Stock Photo:** betty finney (bc1). **Getty Images:** Karjean Levine (bc2). **Alamy Stock Photo:** REUTERS (bd). **287 Alamy Stock Photo:** ITAR-TASS News Agency (si). **Getty Images:** Universal History Archive (bd). **288 Alamy Stock Photo:** FORUM Polska Agencja Fotografów (sc). **Getty Images:** Peter Charlesworth (cda). **Alamy Stock Photo:** Peter Jordan (bi). **289 NASA:** (si); (c). **289 Shutterstock:** mark reinstein (bi). **Getty Images:** IWM (bd). **290-291 Alamy Stock Photo:** BRIAN HARRIS (s). **290 Getty Images:** TASS (c); The Asahi Shimbun (bi); SHONE (bd). **291 Alamy Stock Photo:** Hum Images (b). **292-293 Getty Images:** STR (d). **292 Getty Images:** JOEL ROBINE (ci); Chip HIRES (bi). **294 Getty Images:** David Turnley / Corbis / VCG (si). **Alamy Stock Photo:** Sueddeutsche Zeitung Photo (bi). **295 Alamy Stock Photo:** JAUBERT French Collection (si); Andia (cd). **Getty Images:** GABRIEL BOUYS / Staff (bi); Tom Stoddart / Reportage (bc1); PAUL J. RICHARDS / Staff (bc2); JOEL ROBINE / Staff (bd). **296-297 Getty Images:** AFP / Stringer (b). **296 Getty Images:** Robert NICKELSBERG (ca); Staff (cb). **297 Getty Images:** TASS (sd). **298-299 Getty Images:** NurPhoto (c). **298 Getty Images:** Mint Images (bi1). **Alamy Stock Photo:** Noam Armonn (bi2); Xinhua (bi3). **300 Alamy Stock Photo:** Trinity Mirror / Mirrorpix (si); World History Archive (bi). **301 NASA:** (s). **Alamy Stock Photo:** Everett Collection Historical (ci); Mark Pearson (bd). **302-303 Alamy Stock Photo:** REUTERS (s). **302 Alamy Stock Photo:** UPI (ca); dpa picture alliance archive (bi); REUTERS (bd). **303 Shutterstock:** Evan El-Amin (sd). **Alamy Stock Photo:** James Brittain-VIEW (bd). **304 Getty Images:** FETHI BELAID (si). **Alamy Stock Photo:** UPI (sd). **Getty Images:** John van Hasselt - Corbis (bi). **Alamy Stock Photo:** Pool Photo (bd). **305 Getty Images:** NurPhoto (sd). **Alamy Stock Photo:** Gelia (ci); ZUMA Press, Inc. (cd). **306-307 Shutterstock:** faboi (sd). **306 Getty Images:** Ulrich Baumgarten (si). **Alamy Stock Photo:** COP21 (ca); Shoeb Faruquee (bi). **307 Getty Images:** Kiran Ridley (ci); Bill Clark (bd).

Las demás imágenes © Dorling Kindersley
Para más información: www.dkimages.com